新訂 幕末下級武士の絵日記

その暮らしの風景を読む

石城と彼をとりまく主な人びと

石城一家

藩内の柴田家

柴田母（尾崎進の母）
石城の家によくやって来る。武士の女らしく、いつも毅然とした姿である。

江戸の浅井家

浅井母（石城の母）
浅井篤志（石城の兄）
兄の妻
兄の嫡男鎮吉

下級武士の友人たち

土屋仁右衛門
人望厚い老武士、石城が最も尊敬する一人。彼の家にはいつも多くの下級武士たちが集まる。気さくな妻と出仕する嫡男真蔵、可愛い嫁入り前の娘の花がいる。

川佐覚左衛門（別称、川の舎または世渡という）
語彙などをともに研究し、また料理をつくってともに飲み合う。鰡の塩焼きが得意。

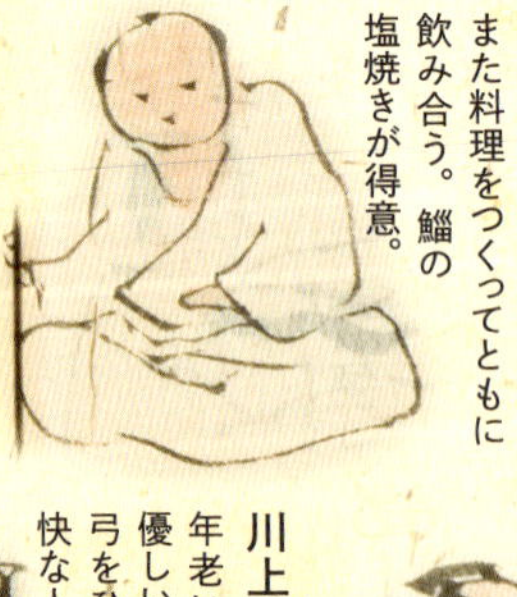

長谷川常之助
禄高が低い極貧の武士。石城を慕い、石城一家の年末の閉戸のときは、もらい湯などで助ける。

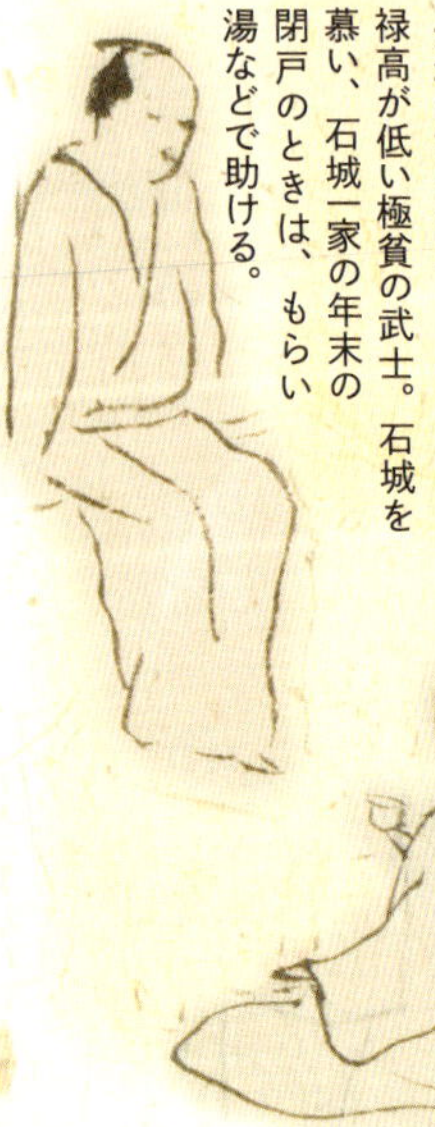

岡村荘七郎（別称、甫山）
石城の親友で真面目な学問仲間。年ごろも石城と同じく、しかも独身。弟との二人暮らしのようだ。

岸左右助
暮れの餅つきの助っ人にきてくれた。困ったときには頼りになる誠実な人。

川上豊太郎
年老いた赤犬と暮らす心優しい武士。美しい妻は胡弓をひっくり返って弾く愉快な人。

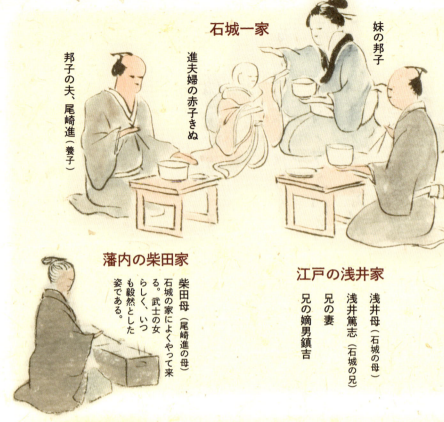

料亭の女将たち

料亭大利楼の女将
石城は三木と連れだって大利楼によく行く。その女将もなまめかしく、とくに湯上り姿は石城の心をゆさぶる。

料亭山本屋の女将
その風貌と舞いはあでやかであるが、別名末摘花とも呼ばれる。大蔵寺にもよく来て石城と和尚たちといっしょに酒を飲む。

熊谷の料亭
四つ目屋のおよし
女将のおよしは遠く離れた熊谷から時々土屋仁右衛門の家にやって来ては泊っていく。石城も、土屋宅や熊谷の料亭にいるおよしを訪ねる。

貧しい子どもたち

岸お俊
髷の内職をして三人の娘を育てる岸お仲の長女。石城の家の手伝いをし、礼に食事を振る舞う。

寺嶋元太郎
二、三歳の貧しい少年。弟の牛六とともに石城が何かと面倒を見ている。元太郎も石城の手伝いをよくする。

寺の和尚たち

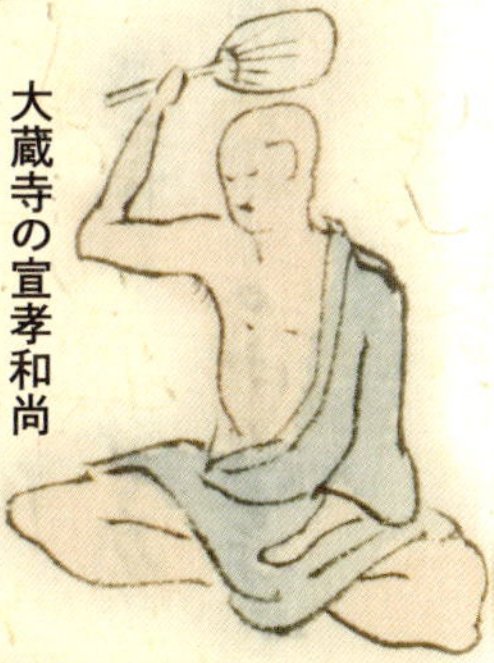

大蔵寺の宣孝和尚
酒好き、女好きの愉快な人物。石城は毎日のようにこの寺に行く。

龍源寺の猷道和尚
この和尚も酒好き、女好き。石城はこの寺をわが家のごとくに振る舞う。

奥山治兵衛（別称、笹ノ屋）
石城とはとても仲がよい。おおらかな一家で、はぶりがよく、度々の酒宴によく招かれる。

大蔵寺の修行僧の良敬
石城とはとても仲がよく、人柄もよい。

長徳寺の篤雲和尚
町人と武士に和術を寺で教える。絵にも造詣深く、元は武士か。指南名は泰流軒と称す。

中級武士の友人たち

奥山の妻

まえがき――新訂にさいして

江戸から北に一五里（約六〇キロ）ほど離れた武蔵野の一角に小さな城下町があった。幕末には松平氏所領の忍《おし》藩一〇万石の城下（現在の埼玉県行田市）である。そこに尾崎石城《せきじょう》という下級武士がいたが、彼の書き記した『石城日記・七巻』が残されている。

　この日記は絵日記である。そこには、石城の自宅、中下級武士の友人宅、そして寺や料亭での武士、僧侶、町人たちのさまざまな暮らしの風景が、数多くの挿し絵とともに丹念に描かれている。とくにその挿し絵は彩色であり、ほのぼのとして味わいのある見事な出来栄えである。

　この絵日記にみる幕末城下町の暮らしの風景をのべた本を、平成一九年に相模書房から、そして平成二六年に角川ソフィア文庫から出版したが、この度、水曜社から内容を大きく変えて新たに本書を出版するに至った。その理由はつぎの二つである。

　一つは、挿し絵のさらなる充実である。

相模、角川版でもすでにのべてきたが、この絵日記の貴重なることは、われわれがこれまで抱いてきた江戸時代の常識とされるイメージとは大きく異なる暮らしの風景が数多く見出されることである。

　それはまず、下級武士たちの暮らしはとても貧しかったが、それをはじき返すような闊達さやおおらかさがあった。たとえば九月八日の日記につぎのようなことがある。明日は重陽《ちょうよう》（節句）であるが、自分もこの家もすこぶる貧窮し、皆単衣《ひとえ》にて寒服（袷《あわせ》の着物）の用意はなし。よって仮病をしてその日の過ぎ去るのを待とうとするも、本当に風邪をひいて寝込んでしまったという。ところがこのような貧しさでも、友人を招いての酒宴となると、ふだんの食事とはちがう豪華な料理でもてなす。翌年四月二日には、あいにく持ち合せがないので帯一筋を典《てん》（質入れ）し、そのお金で、まぐろの刺し身、豆腐田楽、鯔《ぼら》の塩焼き、さけ、枸杞《くこ》めし、などを用意する。また石城は絵がたいへんうまかったので、友人知人たちから行灯《あんどん》絵、屏風《びょうぶ》絵、軸物絵、提灯《ちょうちん》絵などを頼まれることも多い。その謝礼が入ったときには友人を誘って豪勢に料亭に繰り出したり、江戸の母への送金などをする。

さらに学問好きの彼は、友人から購入していた書物代金の借金を払う。

つぎに身分の垣根を越えた日常的付き合いがあった。それは下級と中級の武士のあいだであり、下級のなかでも俸禄の上下に関係なく、さらに僧侶、町人たちとのあいだでもそうであった。石城を含めた下級武士の家には、中下級を問わず多くの武士が訪れ、寺の和尚や料亭の女将もやってきてはともに酒を飲み、場合によっては武士の家に泊まっていく。寺にも町人と武士たちがよく集まるが、長徳寺の和尚は元武士だったのか、居合、棒、太刀《たち》、長刀《なぎなた》、柔術などの和術を教えている。その寺には夜になると、大勢の町人と武士たちが稽古にやってきては、稽古が終わった後に皆で集まってお茶を飲んで談話し、夜更けにそれぞれ家に帰っていく。

そして特筆すべきことは、虐げられた者への、貧しい者への思いやりと助け合いの心である。一二月一八日、石城一家は思いもかけず藩の咎めにより逼塞《ひっそく》が命じられる。それは、昼間の外出はしてはならない、戸を閉じて家の中で謹慎せよ、ただし夜だけは潜り戸から人目につかないように出入りしてもよいという。いわゆる昼間の閉居である。よって友人知人たちの石城宅への訪問もはばかられたはずであったが、何と、咎めを受けた翌日から、赦免の日まで毎日のように友人の武士や町人、それに寺の僧侶たち、しかもその妻や子どもたちまでも大勢が続々と見舞いと差し入れにやってくる。中級武士の友人は酒一升をぶらさげ、肴に目ざしも持ってきたが、それをあたため焼いて皆で飲み食べ合う。下級武士の友人の妻は幼い子どもを連れて数の子をもってきてくれた。おそらく逼塞を監視する役人も家の近くにいたであろうが、それにお構いなしの見舞客たちであった。さらに近くの極貧の武士からはもらい湯の誘いを受け、一家は喜んで夜にこっそりと出て行く。

石城は内職で生きる母親の手ひとつで育てられている貧しい子どもの元太郎とお俊にも暖かいまなざしを向ける。家のことを手伝ってもらっては夕食に招き、ささやかなご馳走をする。また一人身の寺の和尚が重篤になったときには、別の寺の和尚と町人たち、それに石城の友人たちとともに相談をし、その和尚をある寺に引きとって面倒を見ようとする。ここには、現代のわれわれが見失ってしまった助け合いの心が流れているのである。

　挿し絵はそのような暮らしの風景の一こま一こまを丁寧に写実的に描いているが、思わず吹き出してしまうような滑稽で愉快な場面も多い。それは作者の優しくて、ひょうきんな人柄がにじみ出ているからであろう。このような挿し絵をさらに見やすくするためにできるだけ拡大し、その数もかなり増やした。とくに挿し絵の原画は彩色であるが、本書にそのまま載せることにした。これまでは、予算上の制約でモノクロにせざるを得なかったが、本書では彩色図をオールカラーで掲載できたことにより、石城らの暮らしの風景がより鮮やかに浮かび上がってこよう。

　またこの挿し絵は作者石城のひじょうに正確な観察力が見出される。おそらく、家に帰っての夜に思い出しながら描いたのであろうが、そこには抜群の記憶力がある。人びとの表情としぐさがこと細かく描かれているからである。ともかく、挿し絵に描かれた背景は正確であり、建築学、民俗学などの分野でも貴重な学術史料といえる。たとえば、この時代の家の竈《かまど》の焚口《たきぐち》は調理をする茶の間につづく板間の側にあった。これまでは流しのある土間側から焚口があるとみられていたからこれは発見であった。また酒店も描かれているが、時代劇でよく見る座卓やテーブルでの食事の風景はまったく出てこない。すべて畳に坐って、畳の上に料理の容器を置いた食事である。さらに大勢の人たちが集まっての酒宴風景も多く描かれているが、その真ん中の大皿や大鍋に料理を盛り、それを銘々が取り皿に採って食べている。このような食事風景もこれまで考えられなかった。

　さらに茶の間や座敷の風景も描かれているが、その柱に駕籠《かご》のようなものを掛け、水仙のような花を活けた花瓶を入れている。その上の鴨居《かもい》には風鈴が風に揺れる。何と静かで落ち着いた風情のある空間であろうか。やたら物が多い今の騒がしい家のリビングとは大きなちがいである。このように現代社会を考える上でもこの挿し絵の意味は大きい。拡大して鮮やかになった挿し絵の風景をじっくりと楽しんで見てもらえるようにしたことも本書の特質でもある。

　つぎに二つめである。それは絵日記作者尾崎石城の生涯がほぼ判明したことである。相模、角川版ではそのことが曖昧で、まちがいもあった。その前二者の本では、安政四年に石城は上書《じょうしょ》（藩に私見をのべる）したため蟄居《ちっきょ》の咎めを受け、これまでの御馬廻り一〇〇石の知行を没収され、わずか一〇人扶持に下げられた、とのべてきた。しかしそれは、慶應義塾大学所蔵の石城日記の解説文（石島薇山『忍の行田』を引用したもの）によったが、事実はこれまでの知行取り上げと逼塞（蟄居ではない）であり、そして養子をとって隠居せよというものであった。ふつうの隠居は高齢になって嫡男または養子に家督を譲ることを願い出てするものであるが、石城の場合は二九歳の若さにもかかわらず処罰による強制隠居である。そして一〇人扶持は石城ではなく養子に与えられた俸禄であった。

また絵日記のなかでは妹の邦子とその夫の進の夫婦と同居しているが、その進は義弟ではなく、石城の二代目の養子であり、進から見れば石城は養祖父にあたる。それを前二者の本では義弟と見做してきた。私のまちがいである。これらのことは、行田市博物館に所蔵されている数々の史料を検証すればわかったことであるが、この絵日記にみる暮らしの風景をいち早く本として世に伝えることに思い高まって奔走し、その歴史的実証を怠っていたことにある。歴史を云々する者としては失格であろう。前二書の読者にはお許しいただければ幸いである。

そこで行田市郷土博物館澤村学芸員の協力を得て、石城とその一家の動きなる年譜を新たに作成して本書の巻末に示している。それに基づきながら、石城の生涯の特徴をすこしのべてみたい。

石城は文政一二年に庄内藩の江戸詰め武士であった浅井勝右衛門の子として生まれた。名は舒之助、後に貞幹《さだもと》と称したようだ。一八歳になった弘化三年八月、忍藩の尾崎家に養子に入っている。そのとき養父（竹之助）はあることから咎めを受け隠居を命じられていた。石城は家督（小普請入りを含めて）を相続するが、その石高はわからない。歴代の分限帳によれば、尾崎家は寄合や御馬廻りを務め、石高も一〇〇石前後で推移している。おそらく石城が相続した石高もそれくらいであろう。彼は養子に入ったことを機に、名を隼之助《はやのすけ》に改めている。尾崎家の代々の多くの当主がつけた名であったからであろう。石城とは号であり、ほかに襄山、華頂、永慶などもある。当初の役職は在所（国許）の勝手（財務）担当であった。そして養父の咎めの赦免により御馬廻りに戻される。

　ところがこの石城、藩から度々の咎めを受ける。最初のそれは二三歳になった嘉永四年の九月である。咎めの理由はわからないが、逼塞と小普請入り（城の勤務を外され、普請のときだけ集められる）、そして在所（国許）への引っ越しを命じられる。ということは、それまで江戸詰めであったと思われる。その後、永慎《ながのつつしみ》が命じられるが、この罰は自宅に籠もり、一切外に出てはならないという。そして永慎の行先は江戸詰めだったようだ。その後、在所への引っ越し―江戸詰めに戻す、という命令が繰り返された。何かあると在所（国許）からは遠い江戸の地で謹慎させようとしたのであろうが、逆に自由の身になる機会も増える。まして江戸は石城が生まれ育ったところであり、父母もいた。彼が江戸の絵師福田永斎の門人であったこと（安政七年『安政文雅人名録』）や、文久二年の『文久文雅名人録』に尾崎隼之助の名があり、江戸の「名家」の一人とされていたことがうかがえる。度々滞在した江戸で絵の腕を磨いたのであろう。

　二度目の咎めは二九歳になった安政四年の二月である。その理由は記録には出てこないが、石城日記の解説文にあるように藩への上書とみられ、その罰は厳しい。逼塞と小普請入り、それに在所への引っ越しを命じられるが、そのときも江戸にいたようだ。その後また永慎と隠居を命じられ、知行は召し上げられる。そこで同年四月に急遽養子をとり、養子に一〇人扶持が与えられる。しかし二年後の安政六年八月に養子が病死し、藩内の柴田家から進が急養子に入るが、進は最初の養子の家禄を相続して一〇人扶持となる。そして江戸にいた石城の妹邦子を進に嫁がせたものと考えられる。

　ではなぜに藩から二度の咎めを受けたのか。その理由はわからないが、絵日記のなかに坂下門外の変の詳しい記述や襲撃した水戸浪士の所業に共鳴した文があることから尊王攘夷の心情に近かったのではないかと思われる。そのような考えから藩政を批判したのかもしれない。ところが忍藩は水戸と対立する親藩であったから、このような家臣の動きにはきわめて敏感で抑圧的であった。嘉永六年四月に、「此度之次第のため早々に在所へ引っ越すよう」命じられているが、この年の六月にペリーは浦賀に来航している。この動きを知った幕府からの情報を得た忍藩が早々に国許に戻れと命じたのかもしれない。

絵日記は二度目の咎めによる強制隠居のときの文久元年六月から翌年四月までを記しているが、そのときは養子の進夫婦と同居しており、その家は進の養子入りを機に尾崎家を出て下級武士たちが住む家に移ったものとみられる。その暮らしは、強制隠居させられた二度の咎めにも屈せず、むしろ現役の独身青年武士らしく学問と武芸に精を出し、中下級武士の友人たち、寺や料亭の多くの人びとと毎日のように交わり、日々の暮らしを淡々と、しかも愉快に楽しく生きている。とくに古学と源氏屏風絵などを学び、将来はその道を目指していたようだ。

この絵日記が終わる翌年の文久三年の一〇月に三度目の咎めを受けるが、その内容が実に面白い。それは「度々他出しており、行田町江借宅一件のため仏参差し留め」という。すなわち、隠居を命じて大人しくしておれというのに、相変わらず度々他出して（多くの人と会って）おりけしからん、さらに町人町の行田町に家を借りており、ますますけしからん。よって仏参（寺の出入り）を差し止めるというものであった。なぜ寺か。石城は毎日のように寺に赴き、そこに集まる武士仲間や和尚と町人たちと酒を飲んだり世相を話し合っていたからである。よほど石城の動きに神経をとがらしていたのであろうが、咎めを受けてもあまり動じない石城の暮らしぶりがまた愉快だ。しかしながら明治になって、藩の彼への認識と対応が大きく変わることになる。

最後になりましたが、改めて行田市郷土博物館の澤村怜薫学芸員に、また本書を出版していただき、しかも石城の生涯の検証などにご尽力いただいた水曜社代表の仙道様に深甚の謝意を申し上げます。なお、『石城日記・七巻』は慶応義塾大学文学部古文書室に所蔵されているものを、今回もまたその許可を得て用いたことを付記し、感謝申し上げる。

平成三一年　早春

大岡敏昭

目次

【注記】
本書では読者の便宜を考え、以下の項について原文に補足した。
・日記原文は旧仮名のくずし字だが引用に当たって適宜現代文に翻刻した。
・原文には句読点（「。」「、」）はないが適宜付加した。
・原文には振り仮名がないが日記原文の表記を参照しつつ、適宜付加した。
人名・屋号など固有名詞については他の読み方があるかもしれない。
・原文には本書中の（　　　　）内の説明文はない。
・日記文中の□記号は、判読不明の文字を示す。

第一章―― 江戸から帰藩後の風景

石城はしばらく、生まれ育った江戸に行っていた。藩の咎めで度々慎《つつしみ》の処分を受け、藩命によって江戸詰めになったが、今回もそうである。住居は忍藩の江戸屋敷であろう。庄内藩江戸詰め武士だった実父は数年前に亡くなり、家は兄が継ぎ、兄家族と母がいっしょに暮らしている。帰藩直後の母からの手紙によると、「この程は永々のご逗留《とうりゅう》でしたが、お会いしても、しみじみとお話もできず、誠にお名残り多くございました」と記しているので、母とはゆっくりと話せず、多くは屋敷での謹慎の命に服したのであろう。その間に、絵の師匠やその道の友人たちと会っていたものと思われる。

江戸詰めの赦免により六月一四日に帰藩したが、その朝に江戸を立ち、忍城下に着いたのは夕六ッ時（六時）であった。その出立の風景が愉快だ。彼は町外れの天神橋まで馬に乗る。その橋は隅田川の両国橋を渡ってさらに東へ行ったところ、十間《じっけん》川に架かる橋である。そこから忍城下までは歩きであるが、母や兄夫婦の見送りを受け、その勇壮な出で立ち姿を見せたかったのであろう。ところがその途中で彼は真っ逆さまに馬から落ちてしまう。幸い母は見ていなかったものの、後日に馬飼いから聞いたようだ。石城、落馬はしたものの怪我もなく、その日のうちに忍城下に帰り着く。このようなドジは絵日記でも度々みられ、すこしおっちょこちょいなところもあった。

まず帰藩後の数日をみよう。毎日、帰藩の挨拶を兼ねて実に多くの友人知人たちと会っている。そのことは、彼らもまたふだんは家にいたことになる。石城は城勤めの役職から外されるが、友人知人たちも七日間で一、二度の少ない登城勤務のようだ。ところで、これからみる絵日記の月日は陰暦であり、よって現代の陽暦の月日よりも一か月ほど早くなる。たとえばつぎにみる六月とは現代の暦では七月ごろとなる。

久しぶりの風景

――六月十五日曇微雨　文久元年夏帰藩後日箚《にっさつ》（夏に帰藩した後、今日一日を書きしるす）

「起出《おきいで》て拝畢《はいひつ》（拝み終わる）。久しく見さりし間《あいだ》に近隣も岸の老父死去し、西田文《ぶん》太右衛門《たえもん》引越《ひっこし》、其跡《そのあと》へ小山皆《みな》右衛門《えもん》うつりぬ。庭前ハ草とも弥《いや》ましに（ますます）茂りて茅茨《ぼうし》（茅の屋根）きらすをえし（遮る）。堯舜《ぎょうしゅん》の代《よ》のさま又原憲《げんけん》が家にも似たりいと（きわめて）物くさし（無精なり）。髪月代《かみさかやき》（頭頂を剃り、髪を結う）して津田《つだ》に至る。からし壱《ひとつ》持参。午後憲明《けんみょう》来る。午後仮寝《かりね》ス。井狩貢《いかりみつぐ》、高垣半助《たかがきはんすけ》来る。夜、龍源寺《りゅうげんじ》に至る。さくらつけ持参《じさん》。和尚幷《ならびに》大蔵寺《だいぞうじ》隠居も仏参御免《ぶっさんごめん》と相成候《あいなりそうろう》よし。一同と会し、四ッ（一〇時）過《すぎ》まで語談《ごだん》してかへる。午飯焼貝《ごはんやきがい》、夕食志《し》ゝ《じ》み汁、さけ」

六月一四日の早朝に江戸を出立し、その日の夕六ッ（六時）に忍城下の自宅に着いている。さっそく翌日からこの絵日記を書き始めた。

久しぶりに帰ってみると、近隣の老父は亡くなり、知人もどこかへ引っ越し、そこへは別の人が移り住んでいたという。そして自宅の庭の草はますます茂って茅葺きの屋根を遮るようで、その風景は堯舜《ぎょうしゅん》や原憲《げんけん》の家にも似て、きわめて無精なるさまだと記す。この堯と舜は中国古代の伝説上の名帝であり、徳が高く、質素な生活をまっとうしたとされる。また原憲とは孔子の弟子で、仕官をせずに清貧の暮らしをつづけ、雨漏りのする粗末なあばら家で生涯を終えた。

家は茅葺き屋根で、庭もある。下級武士の家とはいっても、小さいながらもれっきとした戸建てのようだ。そこに妹夫婦も同居しているが、庭は荒れていたと記しているので、その手入れはこまめで草花の大好きな石城の役割であったのだろう。まして妹は六か月前に長女きぬを生んだので、夫婦ともに庭の手入れまで手がまわらなかったとみられる。

彼は月代《さかやき》（頭頂）を剃《そ》り、髪結いをして津田宅に辛子《からし》のおみやげを持って帰藩の挨拶に行く。津田とは安左衛門《やすざえもん》といい、寄合衆《よりあいしゅう》一〇〇石の中級武士である。誰よりもまっ先に挨拶に行ったのは、津田は彼の叔父であり、何かと世話になっていたからであろう。そして午後に憲明が、さらに仮寝《かりね》（昼寝）の後に井狩貢と高垣半助がやってきた。憲明は龍源寺の若い僧である。井狩は御鉄砲《おてっぽう》二〇人扶持、高垣は御徒《かち》六石弐人扶持であり、下級武士である。石城が帰宅した翌日にさっそく訪ねてくるとは、さぞ仲のよい友人であったのであろう。

その夜はみやげのさくら漬を持って龍源寺に行く。そこにはちょうど和尚と大蔵寺《だいぞうじ》の隠居がきていたが、仏参すなわち仏のお勤めを後まわしにして石城と一〇時ごろまで和《なご》やかに語り合う。仏ほったらかしの夜の風景であった。その日の昼飯は焼貝である。それは干し貝を焼いたものか、或いは焼蛤《やきはまぐり》かもしれない。夕飯はしじみの味噌汁に酒であった。それらの食事は妹邦子の料理であろう。

龍源寺を訪ねる

―六月十六日　巳《み》碑《ひ》（一〇時）後晴

「追々《おいおい》つかれ出《いで》てねむし。朝大蔵寺に至りて皆語談し、午後は花壇、庭の草を刈《かる》、夕方畢《おわ》る。柴田はゝ来る。夜また龍源寺へ遊ふ。大蔵寺、越中や政にてさけ、政二郎予にとて酒肴《さかな》持参。四ッ（一〇時）過《すぎ》に至りて帰る。朝食つミいれ汁、午飯とうふ、夕食おなし」

石城は龍源寺だけでなく、大蔵寺にもよく行く。この二つの寺は石城の自宅の近くにあるようだ。この日も、昨日につづいて午前中は大蔵寺の和尚たちと語らい、午後は家の花壇や庭の草刈りをし、夜に龍源寺を訪ねる。その風景が図1である。

そこには午前に会った大蔵寺の和尚もきており、町人の越中屋政二郎もいる。越中屋は石城の帰藩を祝うために酒と肴

図1　龍源寺の酒宴

を持ってきてくれた。石城が龍源寺にくることを聞きつけ、久しぶりに会うのを楽しみにきたようだ。長火鉢に薬缶《やかん》をかけて湯を沸かし、横に木具膳《きぐぜん》（膳の両側の足を板でつくったもの）が置かれ、その上に酒の肴を載せている。それを銘々《めいめい》の小さな取り皿に取って食べている。そこへ修行僧の良敬《りょうけい》が酒の入った徳利《とくり》を持ってくる。蒸し熱いのか、うちわで仰ぎながらの酒宴であった。それぞれの表情が実に柔和であり、とくに政二郎の表情がとてもよい。

図の右手に坐って楽しそうに話しているのが石城（隼之助）であり、積もる江戸の話を皆にしているのであろう。それを政二郎がにこやかに聞いている。そばには大きな角型の行灯がある。このような武士、町人、僧侶たちの身分を超えた集まりは、これからみていくように頻繁に行われていた。

ところで日記文に書かれた柴田母とは養子進の実母で、近くに住んでいるらしく、石城の自宅をたびたび訪ねてくる。

さて今日の朝食はつみ入れ汁であった。それは摘《つみ》入れ汁といい、魚肉のすり身を適宜にまるめて汁のなかで茹《ゆ》でたものである。午飯（昼飯）と夕飯は豆腐だ。前日は焼貝としじみを食したが、内陸部の町なのにけっこう魚介をよく食べていた。

井狩宅に招かれる
—六月十七日　晴、進当番

「今日より案を出し、筆硯《ひっけん》につく。季《き》蔵《ぞう》手本したしむ。写《うつ》し物《もの》弐《に》葉《よう》かり張《はり》かく。宮崎平蔵《へいぞう》、河合勇《いさむ》来る。勇に今泉への状たのむ。大蔵寺に遊ふ。午後仮寝。高垣、井狩来る。夕、庭前に水を撒《ま》く。朝食午房《ごぼう》汁、午飯茄子漬《なすつけ》、夕食松魚ふし。夕方より井狩へ招かれゆく。酒肴出《いで》つ。五ツ（八時）過《すぎ》まて酌《くみ》てかへる。午房《ごぼう》、泥鰌《どじょう》、奴《やっこ》とうふ」

養子の進は当番で登城している。今日より構想して筆《ふで》と硯《すずり》に向かうが、そのそばでは、近くの季蔵という子どもが手習いにやってきて、手本の字を習っている。やがて写《うつ》し物《もの》（絵や文章を書き写す）の絵二枚を仕上げたところへ宮崎平蔵と河合勇がやってきた。宮崎は御馬廻役六六石の中級武士であり、河合は一〇人扶持の下級武士である。しばらくして大蔵寺を訪ね、それから帰って午後には仮寝すなわち昼寝をする。二日前の一五日にも昼寝をしていたが、石城はそれをよくする。江戸時代の農民は朝から晩まで野良で働き、夏には必ず昼寝をして身体を休めたが、武士の暮らしにおいても昼寝は習慣であったようだ。

図 2　井狩宅の酒宴

仮寝の後に高垣と井狩がやってきた。井狩は今夕石城を自宅での酒宴に招待することを告げる。今日の食事は、朝食が午房汁《ごぼうしる》、昼食が茄子漬《なすづ》け、夕食は松魚ふしと記す。松魚ふしとは鰹節《かつおぶし》のことで、鰹節の切り口が松の年輪に似ていることからそのように呼んだらしい。それはまた元気な子どもを産んで育てるという願いも込められていたようだ。ちょうど妹の邦子に長女のきぬが産まれたので、その思いもあったのであろう。

石城は夕食の松魚ふしを食べた後に井狩家に招かれるが、その風景が図2である。酒宴の部屋は、手前に縁があることから座敷のようだ。羽織をきちんと着た石城（隼之助）と小袖姿の井狩が対面して坐っている。大きな四角い行灯のそばの井狩の姿が毅然《きぜん》として描かれ、その表情は凛々《りり》しい。その井狩の右手には彼の小さな子どもがおり、行灯の向こうにも彼の娘が友人らしき娘（六平太娘）といっしょにいる。井狩の妻も彼の横に坐って何かと気づかっているようだ。そして石城の左手にいる豊助とは、井狩の元服前の長男であろう。このように一家を挙げての石城への温かいもてなしの風景である。

料理は大きな長方形の平膳《ひらぜん》（折敷《おしき》ともいう）に載せた大鉢と大皿に盛られ、それを各自の取り皿に入れて食べている。石城と井狩が酌《しゃく》を交わしながら、江戸の話をしているのであろう。その料理は「午房《ごぼう》、泥鰌《どじょう》、奴《やっこ》とうふ」であった。石城自宅の朝食も牛蒡であったが、当時は野菜のなかでも牛蒡はいろんな場所でよく食べられていたようだ。「奴とうふ」とは四角に切った豆腐のことで、それも江戸時代にはふだんと特別の日を問わずよく食べていた。それに「泥鰌」も夏の活力源としてどじょう汁や煮炊きにして食べていた。さらに後にも出てくるが、うなぎのかば焼きも当時のご馳走の一つであった。

ところで畳に坐っている二人には座布《ざぶ》団《とん》が描かれていない。このことは後に示す挿し絵のすべてにそうであり、江戸時代には一部を除いて座布団に坐る慣習がなかったものとみられる。座布団は明治になって広く普及したのであろう。

手習いを教える

―六月十八日　晴

「朝、人見甚兵衛《ひとみじんべえ》来る。夕、仁右衛門《にえもん》来る。季蔵、小弥太《こやた》手習い。午後仮寝ス。夕、高垣に遊ふ。早く臥ス。午飯八はいとうふ、夕食同、大黒屋《だいこくや》中二郎桃持参」

千客万来

―六月十九日　晴冷如秋気

「小弥太、鉄三郎手習。髪月代。夕、青山又蔵来る。同道《どうどう》ニ而中屋に遊ふ。途《と》（途中）、金毘羅《こんぴら》御供所に立寄《たちより》、篤雲《とくうん》に逢《あ》ふ。中屋ニて夜ニ入《いり》まて酌《くむ》。塩引奴とうふ、さけ、三百文、夫《それ》より岡村に遊ふ。同人不快。越智新右衛門《おちしんえもん》、土屋仁右衛門会す」

石城は文才と画才に優れ、友人知人から軸物絵、襖絵、行灯絵などをよく頼まれていたが、知り合いの子どもたちにも手習いを教えていた。一八日は季蔵と小弥太がきており、翌一九日には小弥太と鉄三郎がくる。小弥太とは叔父の津田、鉄三郎は友人宮崎の息子であった。図3は一九日のその風景である。文机《ふづくえ》を並べてせっせと習字をしている。髷《まげ》の形からして一三、四歳の元服前であろうか。鉄三郎は後ろに刀を無雑作に置いている

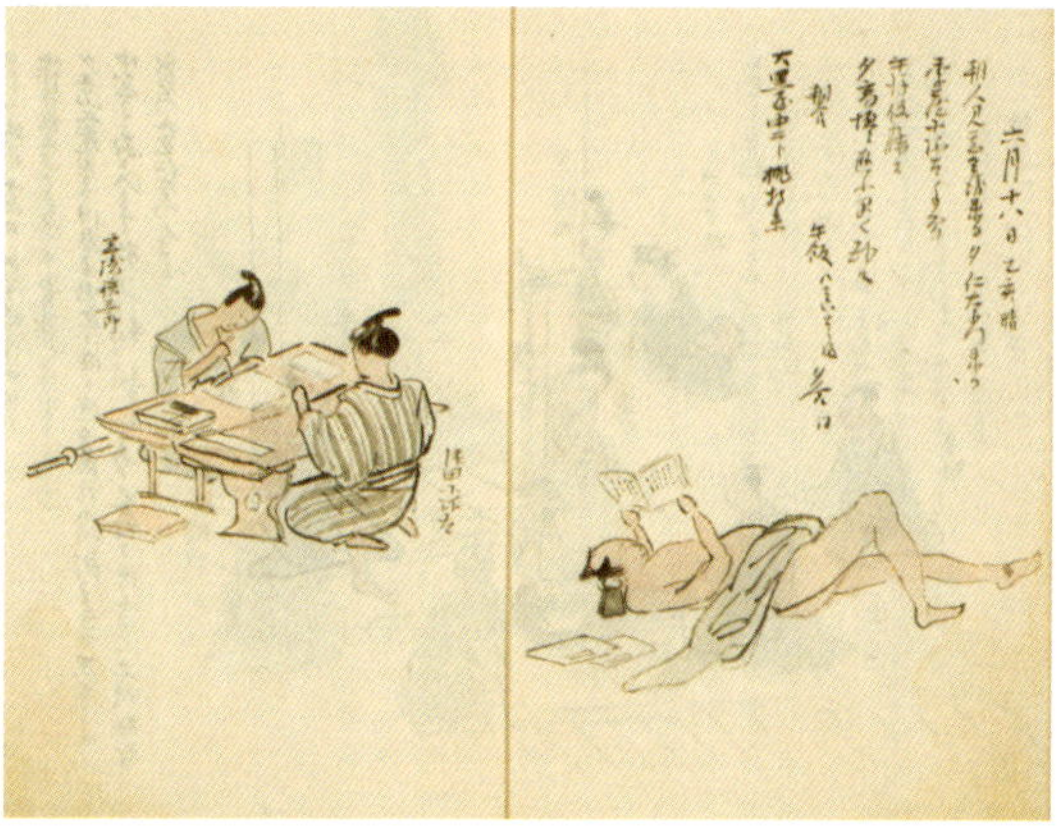

図3　自宅の手習い

が、すでに刀を腰に差す。石城はそのそばで暑いのか、着物の裾をふんどしまでめくり上げて読書にふける。その姿は怠《たい》惰《だ》な感じもするが、悠長《ゆうちょう》で愉快なさまである。

それにしてもよく人がやってくる。一八日には人見甚兵衛と土屋仁右衛門、それに大黒屋《だいこくや》中二郎たちがきた。仁右衛門とは元方改 役《もとかたあらためやく》一四石弐人扶持の下級武士で、かなりの年長であるが、石城とはとても仲がよい。また中二郎とは料亭大利楼《だいりろう》の若主人であり、今日は桃を持ってきてくれた。このように町人たちも石城の家をよく訪ねていた。その逆に、石城も友人宅、寺と料亭などをよく訪ねる。

一九日は、一〇〇石取りの中級武士の友人青山又蔵が夕方に訪ねてきたが、彼と連れ立って酒店の中屋に行く途中に金毘羅《こんぴら》に立ちよる。そこで長徳寺《ちょうとくじ》の篤《とく》雲《うん》和尚に会い、和尚も誘って中屋に行き、塩奴豆腐を肴に酒を飲む。その値段は三〇〇文であった。その後青山と和尚と別れた後に友人の岡村の家を訪ねる。

岡村の名は荘一郎といい、禄高はわからないが、一人身の下級武士のようだ。号を甫山《ほざん》と呼び、石城とはすこぶる仲がよい。下級武士ゆえに本を買う金が乏しいので、石城と本の貸し借りをする学問好きの真面目な青年武士である。その岡村宅の夜の風景が図4である。家人の岡村は座敷とみられる部屋の縁側の柱にもたれ、片膝を立てて何かを考えこんでいる様子。絵日記には「同人不快」の記述があり、深刻な状況がうかがえる。そこには越智新右衛門《おちしんえもん》がおり、後から庭を通ってやってきた土屋仁右衛門も縁に腰かけて話に加わっている。夜遅くまで石城たち三人が岡村の相談に乗っているのであろう。

ところでこの図にみる縁は図2の井狩宅にもあったが、江戸時代の武士の家には必ず設けられていた。縁の歴史は古い。源流は平安時代の貴族の家まで遡る。当時はそれを簀子《すのこ》と称していたが、縁《えん》と呼ぶようになったのは室町時代以降である。おそらく仏教と関係していると思われ、人と人との縁《えにし》を結ぶ空間として縁《えん》と称するようになったのではないか。このように武士の家を訪れる近隣の友人知人たちは、家族や客が出入りする土間玄関ではなく、庭を通って縁にやってきては、そこに腰を掛けて家人と語らったり、そこから座敷に上がって酒宴にも参加していた。縁は友人知人が気軽に出入りする空間であった。

それにしても豆腐をよく食べる。一八日の昼飯と夕飯も豆腐であった。その豆腐は八杯《はちはい》豆腐と記す。それは豆腐料理の一つで、水四杯、醤油二杯、酒二杯の割合でつくった汁で拍子木《ひょうしぎ》に似たかたちの豆腐を煮る。江戸時代庶民の人気料理であった。

皆がやってくる

―六月二十日　晴

「朝、新勇太郎、高垣半助、篤雲、宮崎平蔵来る。午後、大蔵寺に遊ふ。津坂《つさか》東作《とうさく》来る。夕、龍源寺に遊ふ。夫《それ》より津田に遊ふ。朝食茶つけ、午後同、夕食同」

料亭大利楼に登る

―六月廿一日

「朝拝後《ちょうはいのち》、運平《うんぺい》方へ至り、暫《しばら》く語談し、夫《それ》より忠治宅、龍源寺にゆく。夫より髪結《かみゆい》に至り、月代《さかやき》なす。憲明同道ニ而《て》同人部《へ》やニ至る。温飩馳走《うどんちそう》ニなる。今日、江戸への状、岡実《おかみ》、浅井、多賀《たが》等《など》認《したためる》、麦こかし弐袋多賀浅井へ送る。夕方ハ東作同道ニ而《て》行田《ぎょうだ》に遊ふ。途《と》、笹岡善三郎三月初《はじめ》国はね（引っ越し）仮宅《かりたく》へ立寄《たちよる》、大黒屋ニ至る。早速《さっそく》さけ出、あけもの、しそ茄子《なす》。爰《ここ》ニて大分酔《よい》、夫より丸やへ状たのミ、長徳寺に行《いき》しに和尚又直《なお》し（ロ直し）にしめもの出ス。予《よ》、酔中、殊《こと》ニ直しをたしまされハ（たしなまされハの書き間ちがいか）早々に辞しけるに、東作のすゝめにて大利の楼（大黒屋のこと）に登る。玉子やき、茶碗台、くるきなす甘煮、八百文。大《おおい》に酔《よい》てかへる。そのさま図のことし」

図4　岡村宅の集まり

　二〇日の朝には長徳寺の篤雲和尚、中級武士の宮崎平蔵や下級武士の高垣半助らがやってきたが、午後になって大蔵寺と龍源寺に行く。石城はこの二つの寺を毎日のように頻繁に訪れる。石城の自宅の近くにあるらしく、寺の和尚たちともすこぶる仲がよい。しかもその寺へは石城だけが行くのではなく、多くの武士や町人たちもよく集まる。それも男たちだけではなく、若い娘や中年の女たちもである。寺はさまざまな人びとが日常的に寄り合う心の拠《よ》り所《どころ》にもなっていた。この日の石城の食事は三食ともに茶漬けであった。

　翌二一日もいろいろな所へ出かける。図5（次頁）は龍源寺の若和尚憲明の誘いを受けてうどんをご馳走になっている風景である。その部屋は座敷のようだ。まん中に囲炉裏が切られ、その背面には間口《まぐち》（横幅）一間《いっけん》（約一・八メートル）の床の間があり、二幅対《にふくつい》（二つで一組の掛け軸）が掛けられている。また手前の床板《とこいた》に置かれた花瓶には小枝《こえだ》を生ける、左手の庭の方には幅の広い板を貼った寺独特の重厚な広い木口縁《きぐちえん》がある。このような立派な座敷で、憲明は文机《ふづくえ》の前に坐って先ほどまで読み書きをしていたようだ。

　石城は囲炉裏のそばでうどんをおいしそうに食べる。それは煮込みのうどんではなく、茹《ゆ》でたうどんを麺《めん》つゆにつけて食べているようだ。憲明もそのうどんを自分の赤子に食べさしているさまが愛らしくて微笑ましい。うどんの歴史は古い。すでに中世の貴族たちが宴会でうどんを食べたことが貴族日記にたびたび出てくる。さらにその時代には煮麺《にゅうめん》と冷麺《れいめん》も食べられていた。うどんは古くからのご馳走の一つであった。

　ところで文机の前には座布団が敷かれている。座布団は読み書きをする文机の前で用いていたが、やはり客用にはまだ使っていなかったことがこの図からもわかる。

　このように寺や友人宅を頻繁に訪ねては、そこで何かとご馳走になることの多い石城であるが、人へもすることはきちんとする。おおらかな一方で几帳面でもあった。それは三、四日に一度は月代《さかやき》（頭頂）を剃って髪を結《ゆ》い、身だしなみをきちんとする。そして友人や知人たち、そ

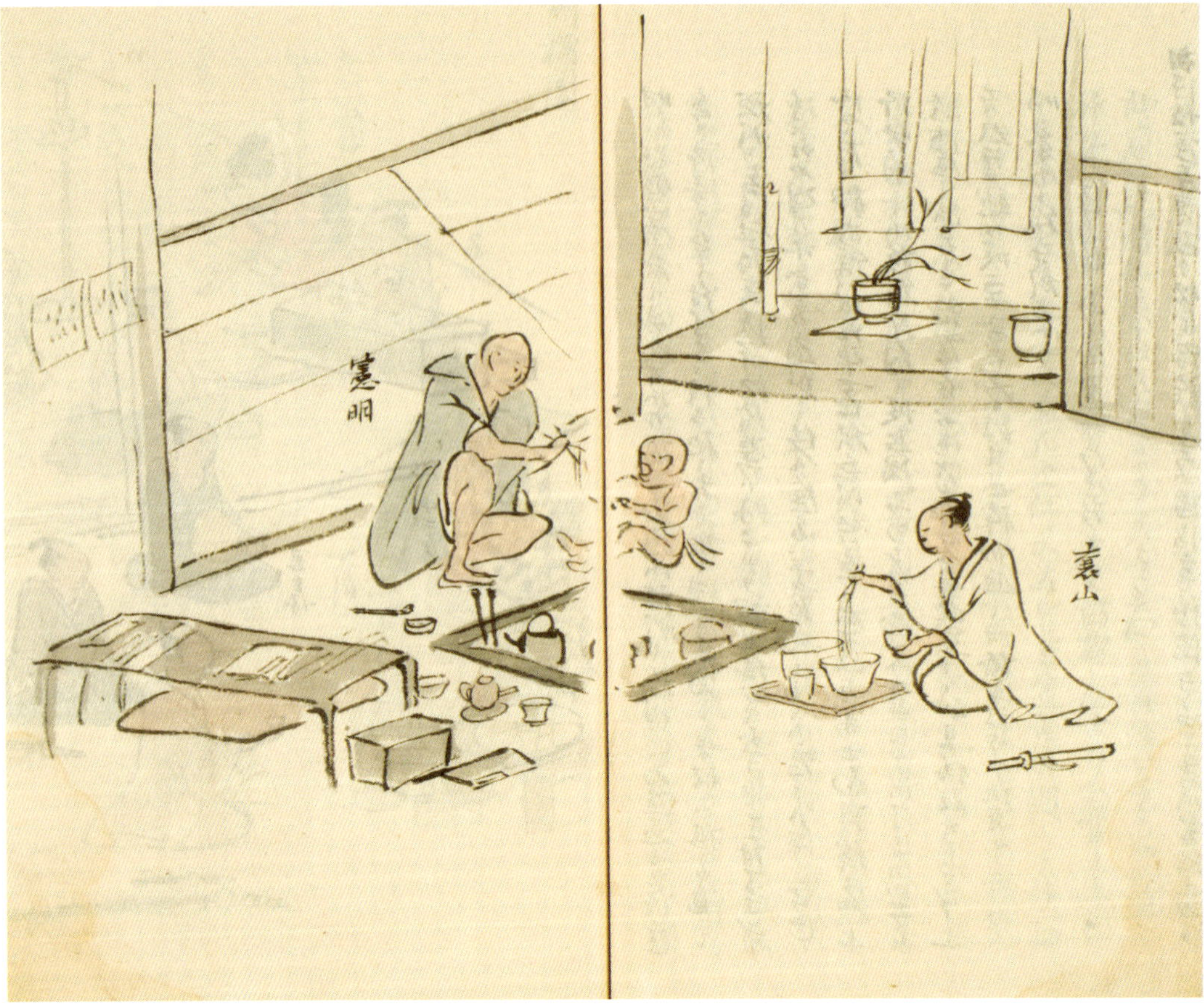

図5　龍源寺の食事

れに江戸の母や兄たちにも絶えず手紙を出し、また送金や贈り物もよくする。この日は友人の多賀と兄の浅井家に手紙を添えて「麦こがし」二袋を送る。それは大麦を炒《い》って粉にして砂糖を混ぜたもので、お湯で溶《と》いて食べる素朴なお菓子である。

石城は酒が大好きであった。この日も何度もはしごをしている。まず夕方になって友人の森東作といっしょに行田町にある料亭に出かけるが、そこはよく行く大利楼であった。さっそく酒を飲み、肴に揚げ物、茄子《なす》を紫蘇《しそ》でくるんだ紫蘇茄子を食べた後、近くの長徳寺に篤雲和尚を訪ねる。石城はこの篤雲和尚とも仲がよい。和尚は口直しのために「しめもの」すなわち鯖らしき肴と酒で彼らをもてなす。しかし二人ともかなり酔っていたのであろう、和尚にたしなめられて早々と寺を辞するが、東作の勧めでふたたび大利楼に向かう。その風景が図6である。

その左の絵は最初に行ったときの風景である。揚げ物か紫蘇茄子の入った大鉢を載せた平膳をまん中にして、東作と石城が暑いのか上半身裸になって向かい合い酒を飲む。その姿は豪快だ。東作は描

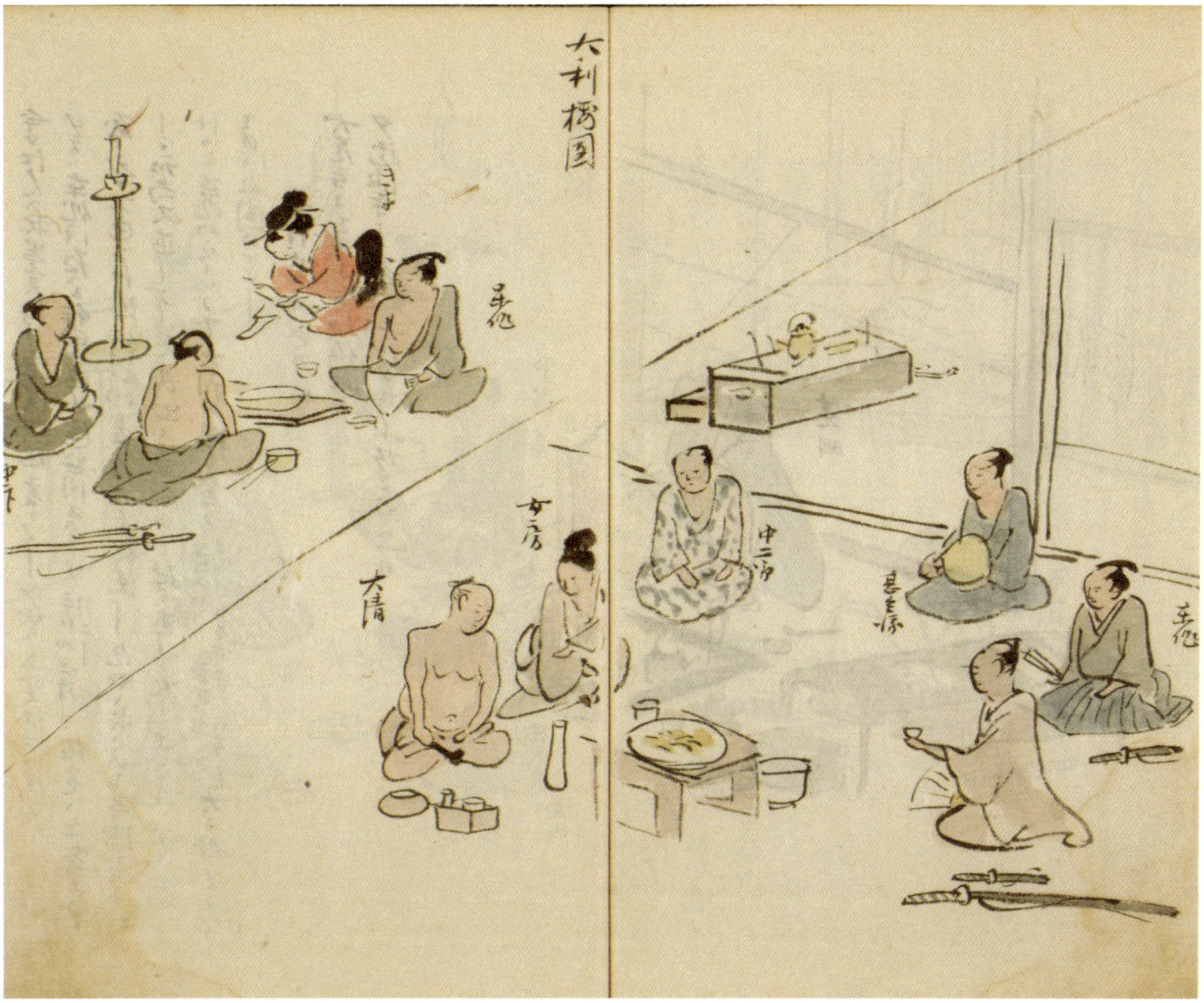

図６　料亭大利楼

かれた表情からして凛々しい青年武士にみえる。手前の後ろ姿が石城であり、大小両刀を無雑作に後ろに置いて酒を飲む。その左にいるのが自宅に桃を届けてくれた中二郎という仲のよい大利楼の若主人であるが、その風貌からして実直な人柄のようだ。そしてお銚子で酒を酌するのは仲居のおきよである。

つぎの右の絵は、その日にふたたび訪れたときの風景である。宴席の向こうに茶瓶のかかった長火鉢があり、そこは大利楼主人（大清）の部屋とみられる。すこし老いた主人は上半身裸で歓待し、そのそばには女房もいる。右手前が石城、その向こうに東作、さらに向こうに後からやってきたのか、友人の人見甚兵衛もいる。この酒宴でも、まん中にまとめて料理が出されているが、それは木具膳の上の大皿に盛っている。これまでもみてきたように、酒宴には銘々膳はあまり使わず、まん中にまとめて平膳や木具膳の上に置き、それをそれぞれの取り皿に取って食べるのがふつうのようだ。

この宴の料理は「玉子焼、茶碗蒸し、くるき茄子の甘煮」であったが、その値段は酒とで八〇〇文と記す。

土屋宅に集まる
—六月廿二日　晴

「大蔵寺に遊ふ。午後仮寝ス。夕、龍源寺より岡村、土屋に遊ふ。九ッ（一二時）前かへる」

　今日も大蔵寺と龍源寺に行き、その後に岡村荘七郎の家を訪ね、さらに彼といっしょに土屋仁右衛門の家を訪問するが、すでに夜もふけていた。その風景が図7である。新勇太郎もきていたが、絵にみるその風貌は仁右衛門と同じく、すこし白髪の混じった老武士のようだ。このとき石城は三三歳であるから、かなりの歳の差を超えた付き合いである。集まった部屋は茶の間のようで、縁が庭に面し、左手後ろには茶箪笥《たんす》があり、その上に植木鉢を置く。また柱にはへちまでつくった籠《かご》のようなものが掛けられているが、そのなかに花瓶を入れて花を生けるのだろう。そして茶の間と縁とのあいだの鴨居には風鈴が吊るされ、涼しそうな音色を出して風に揺れているようだ。なかなか風流な佇《たたず》まいである。小さな角火鉢を囲んで四人（嚢山と記すのが石城）は、出された饅頭とお茶を飲んで和やかに語っている様子。そばの行灯の明かりは、夜の一二時前まで四人をほのぼのと照しつづけていた。

図7　土屋宅の集い

　さてこれまで、江戸から帰って最初の数日の暮らしの風景をみてきたが、毎日実に多くの友人知人たちに会っている。その平均は五、六人、多い日は八、九人にもなる。

　このような暮らしの風景は絵日記全体を通してみられることから、当時はそれだけ人と人との交わりが密接であったといえる。

　そこで以下に、石城の自宅と友人宅、寺と料亭などにおけるさまざまな暮らしの風景を詳しくみていくが、その前に石城たちが暮らした城下町と家はどのようなものであったかをつぎにみていこう。

第二章――石城たちが暮らした城下町と家

武士の身分

まず江戸時代の武士の身分について簡単に触れておこう。それは知行《ちぎょう》取《ど》りと扶持《ふち》取《ど》りに大きく分かれていた。前者は上中級の身分で、禄高何石《こく》といって知行（土地）が与えられ、その年貢によって生活を賄《まかな》っていた。知行は米をつくる稲田ばかりでなく畑や山林などもあり、米の収穫高（石）に換算していた。その武士を家中《かちゅう》、侍《さむらい》、士分《しぶん》などと称した。禄高の幅は大きく、上級武士で三〇〇石台から数千石まで、中級武士で五〇石から二〇〇石台である。その実収入はいくらであったか。藩によって異なるが、江戸時代後期の関東の諸藩では、表石高《こくだか》の三割から三割五分程度が実収入になったといわれる。そこから家族が一年に食べる分を差し引いた残りを金に換え、身のまわりの衣類雑貨や食材、さらに交際費などのさまざまな生活費に充てた。

一方、後者は下級の武士であり、何人扶持といって俸禄米《ほうろくまい》が給せられた。その武士を上は徒《かち》、給人《きゅうにん》、足軽《あしがる》、中間《ちゅうげん》、下は小人《こびと》、同心《どうしん》などと称した。俸禄の幅は大きく、下はたった二～三人扶持から上は二〇人扶持前後までである。一〇人扶持の場合、一年に食べる一〇人分の米が支給される。一人一日五合として計算すると年に一石八斗となり、一〇人分では一八石となる。また切米《きりまい》といって現米を年俸として支給される場合もあり、それは扶持数に加算された。たとえば五石弐人扶持とは、年に切米五石と弐人扶持（三石六斗）の計八石六斗の米が支給される。

江戸時代初めごろの知行取りの武士は、自分の知行を耕作する村の農民から直接に年貢を受け取っていたが、中ごろになると村に赴くことはなく、扶持取りと同じように藩から年貢米相当の俸禄米が給せられるようになる。

またその身分に相応して数多くの役職があった。藩によっても異なるが、だいたい上級武士は家老、奉行、御勘定頭《おかんじょうがしら》、中級武士は番頭《ばんがしら》、寄合衆《よりあいしゅう》、御目付《おめつけ》、御用人《ごようにん》、御馬廻《おうままわり》、下級は元方《もとかた》改役《あらためやく》、御鉄砲《おてっぽう》、御小姓《おこしょう》、表坊主《おもてぼうず》などである。

身分の変動

このように武士の身分や役職は細かく分かれていたが、それは家禄として固定化されたものではなく、変動的であった。尾崎石城もそうであるが、彼のような理不尽な処罰と降格はとくに幕末ごろに頻発したようだ。

たとえば、信州飯田藩《いいだ》（現在の長野県飯田市）のＮ家一代目は長屋に住む足軽身分であったが、その後の明和《めいわ》三年（一七六六）に小頭《こがしら》役から氷餅方《こおりもちかた》に昇進する。下級武士の扶持取りから中級武士の知行取りへの出世である。家も長屋から庭付きの戸建てに移り住んだ。そして二代目のときに下目付《しためつけ》に、さらに文化二年（一八〇五）に町手代《まちてだい》に昇進する。出世はその後も順調につづき、三代目の天保《てんぽう》四年（一八三三）に山奉行《やまぶぎょう》、天保六年には上郷《かみごう》代官となる。ところが安政五年（一八五八）に、身に覚えのない職務不正の理由から突然蟄居申し渡され、身分は下士《かし》の坊主格に下げられてしまう。家も一代目のときに住んでいた狭い長屋に戻るという悲運の経過をたどった。このことはＮ家の子孫に伝えられた「家の記」に記されている。そこには藩の重役による何らかの作為が働いたようにも思える。このようなことは多くの藩で見られ、つぎに示すのもその一つである。

膳所《ぜぜ》藩（現在の滋賀県大津市）のＹ家は七〇石の中級武士であった、家も城門近くの大きな家に住んでいた。文久二年（一八六二）に尊王攘夷派の一人が登城途中の家老を襲撃するという事件が起こる。ところが藩は幕府への陳謝と家臣への見せしめのために、事件とはまったく関係のない一一人を捕らえ、家禄没収と切腹および斬首刑《ざんしゅけい》に処した。いわゆる膳所事件である。その罪状は城下の流言飛語《りゅうげんひご》によるきわめていい加減なものであったという。Ｙ家の当主もその一人と見做され処刑される。残された家族は城下追放となって各地を転々とし、五年後の明治維新にその無実が明らかになって城下に帰還する。しかし元の家には戻れず、小さな借家で暮らした。このことは、かつて武士住宅の調査でその家を偶然にも訪ねた折り、Ｙ家の子孫に当たるおばあさんが多くの史料をもとに今も語りつづけておられた話である。

但し、家老などの藩重役はこのような変動はなく、世襲制があった。よってその家柄に生まれたというだけで無能であっても藩の要職に就けたのである。

そのような藩の重役たちは、激動する幕末の世にあって変革の展望をまったく見出せず、ただ体制の温存と保身にのみ終始し、何かあると家臣に責任をかぶせて対処したのが実相のようである。よって中下級武士たちの藩上層部への不信と不満はかなり高まっていたようだ。そのことが、やがて尊王攘夷や倒幕の動きに共鳴する素地になったものと思われる。だが人びととの実際の暮らしにおいては、それらの武士や庶民（町人、寺の僧侶など）のあいだに身分や階級の垣根を超えた親しい交わりがあり、そこでは心温まる暮らしが日常的に行われていたのである。

忍藩城下町の特徴

江戸時代の城下町は約三〇〇もあった。それは金沢、仙台藩のように武士町人家族合わせて約一二万人が住む大きな城下町から東北の亀田藩のような四千人ほどの小さな城下町などさまざまである。多いのは一万人前後が住む城下町であるが、石城たちが暮らした忍藩の城下町もそのくらいの規模であった。

城下町の立地は、東日本は川の流域につくられた河岸段丘《かがんだんきゅう》、西日本は海に面した河口《かこう》デルタが多い。図８に幕末の忍藩城下町を示しているが、それは広い沼を要害《ようがい》（とりでの堀）としてつくられた。武蔵野の内陸部に立地する城下町はこのようなかたちが多い。また彦根、膳所《ぜぜ》、諏訪《すわ》藩などの城下町は湖に突き出すように面する。よって日本の城下町は河岸段丘型と河口デルタ型に加えて湖と沼を利用した湖沼型も多く存在した。

この忍藩の城下町の広さは約一・五キロ四方である。中央にかなり広い沼（堀）があって、そのなかのいくつもの曲輪《くるわ》（平場の島）と城とで城郭がつくられたが、このような城下町は全国的にも珍しい。城下町と外をつなぐ街道は四方に延び、それに沿って武士地と町人地が張り付いているので、城下町全体のかたちはアメーバー状となっている。

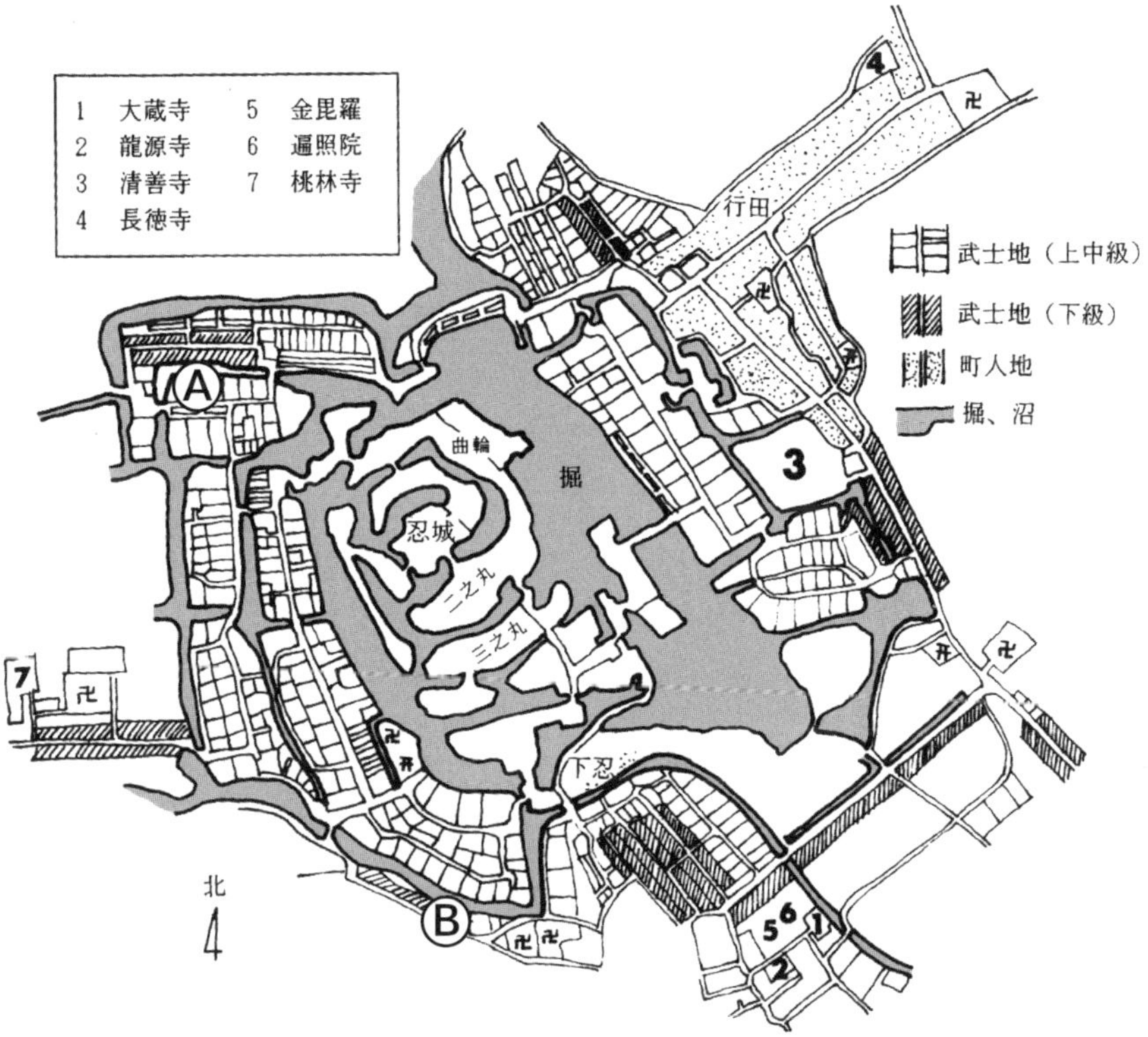

図８　石城たちが暮らした城下町（行田市博物館所蔵絵図より）

武士と町人たちの居住地

城下町に住む人びとの居住地はどのようになっていたか。まず城下町のまん中にある城郭と沼（堀）のまわりには武士の居住地が設けられた。そのうち、城郭に一番近いところは上級武士、その外側に中級武士、さらに外側の城下町周縁《しゅうえん》に下級武士の居住地が配置された。その居住地は徹兵《てっぺい》隊、足軽組などと称され、外からの敵に対する防備の役割を担っていた。このような身分ごとの同心円状の居住地のつくり方は全国どの城下町にも共通する

つぎに町人地は城下町東北端の行田町にまとめられている。その広さは武士の居住地にくらべてかなり狭い。よって周辺の下級武士の居住地のあいだの所々にも飛び地のような小さな町人地があったようだ。

また寺は下級武士と同じく城下町の周縁に散在していた。寺も防御の役目を担わされていたのである。

ではこの城下町にどれほどの人びとが住んでいたのか。絵日記を記した文久二年から九年後の明治四年に忍県《おしけん》が調査した士族数は一三六五人であった。よって当時もそれぐらいの武士人数であったと思われる。

　この人数を戸数とみなせば、全国の武士の平均家族人数は五、六人であったから、それにもとづいて計算すると、忍藩城下町に住む武士家族の総人数は八千人ほどになろう。それに町人、職人、寺人などの家族も武士家族と同じぐらいいたであろうから、合わせて一万五千人ほどが住んでいたものと思われる。

石城の自宅の場所

　このような城下町のなかに石城の自宅はどこにあったか。図にみる城下町は幕末の絵図を元にしているが、上中級武士に限ってその居住地には宅地割りとそこに住む武士の氏名が記載されている。しかし足軽などの石城たち下級武士の家も庭付きの戸建てであったが、その居住地は宅地割りと氏名が記載されていない。よって自宅の場所を推測すれば以下のようになる。

　石城は自宅から大蔵寺と龍源寺に毎日のように頻繁に出かけていた。その二つの寺は城下町の南端に近接して建つ。絵日記には自宅は龍源寺に近いところにあると記しており、よってその辺りの下級武士の居住地のなかにあったのではないだろうか。

　よく訪ねる友人の土屋仁右衛門や岡村荘一郎の家もおそらくこの辺りであろう。石城は中級武士の友人とも親交を密にしていたが、その身分の宮崎平蔵、青山又蔵の氏名は城下町絵図に記載され、宮崎宅は城下町の西にあり、青山宅はその南西にある。いずれも石城の自宅からはすぐに行ける距離であった。石城も以前は一〇〇石前後の中級武士だったから、この辺りに住んでいたのかもしれない。

　またよく飲みに行く料亭大利楼は町人地の行田町にあったから、石城の自宅からは七、八〇〇メートルほどのところである。それにまた仲のよい篤雲和尚の長徳寺も頻繁に訪ねているが、そこは行田町の北の端にある。このように石城は料亭に行くにしても、長徳寺を訪ねるにしても、城下町の南の端から北の端までをよく歩いた。

忍藩中下級武士の家

　それでは石城が暮らした自宅の家はどのようなものであったか。絵日記の挿し絵にはその家の一部の部屋の風景をみるだけで家全体の間取りはわからない。しかし石城の自宅ではないが、幕末の忍藩下級武士の一軒が昭和四〇年ごろまで残され、埼玉県教育委員会によって調査されているのでそれをみよう。

　図9は図8の城下町南端の記号Aのところに建っていた南入りの家の間取りであり、撤兵隊、足軽組と称された下級武士の家である。この家に住んでいた武士は北村三左衛門《さんざえもん》といい、一〇人扶持であった。屋根は板葺きの切妻屋根である。石城の自宅は茅葺であったから、下級武士の家の屋根はその両方があったことがわかる。また宅地はかなり広くて三〇〇坪ほどもあったという。宅地を自家菜園にすることで低い禄高を補っていたのであろう。

　家は縁の付いた座敷八畳、茶の間四畳半、部屋四畳半の三室と台所と土間玄関だけの一四・五坪しかない小さな家である。だが庭の付いた戸建てであり、それに簡素な門と垣根もあったという。石城の自宅や土屋、岡村など下級武士の友人たちの家もだいたいこのような家であろうが、それぞれにすこしずつちがっていた。石城の自宅での暮らしの風景をつぎにのべていくが、家の座敷は床の間と縁の付いた六畳であり、一方茶の間は縁の付いた六畳ほどの部屋である。石城はその座敷を書斎と寝室に使い、妹夫婦は四畳半の部屋で寝ていたようだ。さらに南の方に一部屋あった。石城は座敷からその部屋に書物などすべてを移したと記しているからである。そして茶の間は食事と団欒、それに友人たちが集まる部屋でもあった。また便所は図9の家にはないが、石城の自宅にはあったようだ。その自宅を描いた図26の挿し絵に座敷前の縁の端に手水鉢が描かれているからである。おそらく床の間の後ろに内便所があったものと思われる。さらに自宅に風呂があったことも絵日記に記されており、それは湯に浸かる桶風呂が台所の隅に置かれていたのであろう。

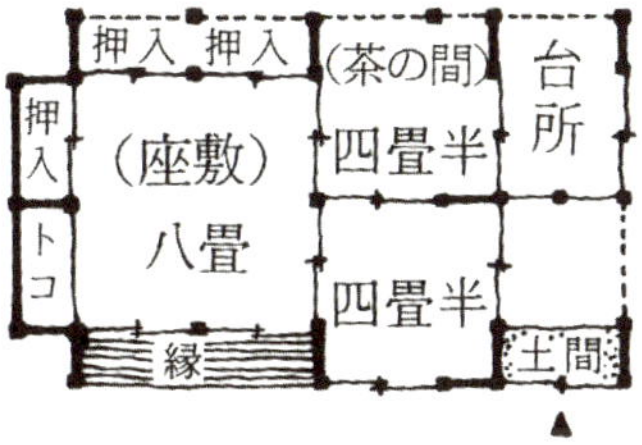

図9　忍藩下級武士の家（図8のAの宅地）（南入り、14.5坪）

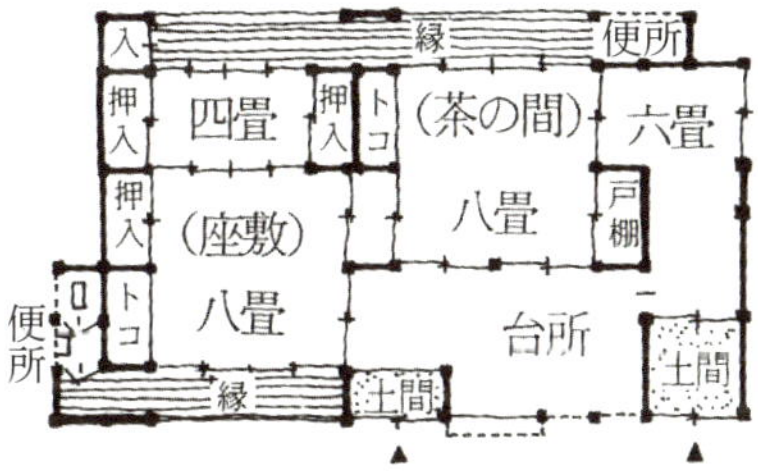

図10　忍藩中級武士の家（図8のBの宅地）（南入り、26.5坪）

　つぎに石城が御馬廻一〇〇石前後であったころの家や青山など中級武士たちの家はどのようであったか。それも昭和四〇年ごろまで残っていた家を参考にするが、この家も先にのべた埼玉県教育委員会の調査による。家は図8の城下町北側の記号Bの位置に建っていた。図10にその間取りを示す。そこに住んでいたのは菅沼何《か》右衛門《えもん》といい、八六石六斗六升取りの中級武士である。南入りの宅地は広くて四五〇坪もあり、そのかたちは南北に長く、家の北側はかなり広かったという。家は前にみた下級武士の家より大きく、二六・五坪である。縁の付いた八畳の座敷と、同じく縁の付いた四畳の次の間が奥行き方向に続き間として並ぶ。その右手の茶の間は広くて八畳もあり、そこには造り付けの戸棚や床の間、縁も設けている。設備の充実した立派な茶の間である。その右手の六畳の部屋が家族の寝室であろう。そして台所も広く、その場所は南側である。土間の玄関は二つあり、左手の土間が客玄関、右手の土間を家族の出入りに使ったものとみられる。また便所も二つあり、座敷の床の間裏に客用便所、茶の間の縁の端に家族用便所がある。そして桶風呂も台所隅に置かれていたであろう。この家の屋根も板葺きの切妻屋根であった。

拝領の家

　ところで武士の家は藩からの拝領《はいりょう》（領主から賜る）であった。そうはいっても自分の所有物ではなく、家賃のいらない借家である。家の間取りを指図《さしず》というが、それをつくるのは藩の作事方《さくじかた》（藩によっては屋敷奉行などもあった）とお抱えの大工《だいく》頭《がしら》である。前もって身分や禄高ごとに家の大きさや部屋数、そして座敷の広さ、玄関、門などの大きさが定められ、それにもとづいて間取りがつくられた。また住んでいる途中での増改築や建て替えもあったが、それは藩の作事方に届け出を必要とし、藩は家作規制にもとづいてそれを許可し、それに伴い木材などの建築資材の一部が支給された。

このように武士の家は、今でいえば家賃のいらない社宅のようなものであったが、その間取りはそれぞれに微妙に異なり、同じ間取りの家はまったくない。たとえば弘前藩の武士の家一〇六九戸、同じく盛岡藩の六五七戸、そして高遠藩の二六一戸の間取り図が残されているが、それをみても同じ間取りの家は一軒もない。社宅や公営住宅のようにどの家も同じ間取りの規格住宅とはちがう。大工頭が間取りをつくる際に入居予定の武士から家への要望を聞いたからであろうか。また住んでいる途中での増改築も影響したであろう。

拝領された武士の家は賃借が禁じられていた。にもかかわらず、その家の一部の部屋を他人に間貸しをして家賃の収入を得たり（飯田藩）、また家全部を他人に貸し、自分はもっと小さな家を借りて住み、その差額分を生活費に充てるちゃっかり武士もいたようだ（仙台藩）。

このように武士の家は拝領で、身分ごとに住む居住地が定められていたので、石城のように身分が変われば、居住地も移らざるを得なかった。

町人と僧侶たちの家

町人たちが住んだところは主に行田町である。その表通りには町屋が建ち並び、その一角によく行く料亭大利楼があった。表通りの町屋にはさまざまな職種の店持《たなも》ち（町屋の所有者）や店借《たなか》り（町屋の借家人）の上層町人（経営者）たちが住み、その表通りから細い路地《ろじ》を入った裏側の空間（会所《かいしょ》または裏庭という）には小さくて粗末な長屋が建てられ、そこに多くの下層町人（手代などの従業員）や職人たちが住んだ。武士の居住地にくらべてかなり狭い町人地には、武士家族と同じぐらいの町人家族が住んでいたから、その人口密度はきわめて高く、とくに下層町人たちはひしめき合って暮らしていた。

この町人地への入口には木戸《きど》（門）があり、そのそばには人の出入りを監視する自身番所があった。それは町務をする町代や町内警備を担当する番人の詰所でもある。

また武士が住む居住地への入口にもその出入りを監視する木戸があったが、しかし実際には武士たちは町人地をよく訪ね、また町人たちも同じように武士の居住地を訪ね、たがいの居住地を頻繁に自由に往来していた。木戸の監視は幕末には有名無実になっていたようだ。だが夜の一二時を過ぎるとその門は閉り、門札《もんさつ》がなければ通れなかった。よって夜の治安は厳重に守られていた。

さらに武士や町人たちが男女を問わずよく訪れる寺は、仏を祀る本堂と僧侶たちの住居部分の庫裡《くり》とに分かれていたが、人びとはその庫裡にも遠慮なく訪問していた。

そして城下町に暮らす人びとは、この城下に生まれ育った者だけではなく、石城や妹の邦子のように江戸やほかの土地から移り住んだ者も少なくはない。それは寺の和尚や町人たちにしても同じである。しかも武士の禄高はよく変動し、それに伴って住む家もよく変わっていた。したがって江戸時代の城下町は現在の都市ほどでもないが、やはり多くの人びとが頻繁に出入りしていた。

第三章―自宅の風景

ここでは石城の自宅のさまざまな暮らしの風景をみていくが、その前に自宅でのふだんの食事はどのようなものであったかをみてみよう。江戸から帰った最初の絵日記のなかにその日の食事が記されていたが、それに加えて、九、一一月の数日分を下のようにまとめてみた。

これをみると、里芋、大根、葱《ねぎ》、菜、まめ、午房、蕪《かぶ》などの野菜が多いが、しじみやいわしなどの魚介も結構食べていた。やはり多いのは葱汁や菜汁、つみ入れ、むきミなどの汁物である。むきミとは剥《む》き身《み》といい、あさり、蛤《はまぐり》など貝の殻を取った中身である。それを汁に入れたり、煮つけにしたりする。またすきミとは剝《す》き身《み》といい、魚肉の切り身をいう。それをやはり煮つけたのであろう。多い

ふだんの食事

	（朝食）	（午飯《ごはん》）	（夕食）
六月十五日	・―――	・焼貝	・志ゝみ汁、さけ
十六日	・つみ入れ汁	・とうふ	・おなし
十七日	・午房《ごぼう》汁	・茄子《なす》漬	・松魚ふし
十八日	・―――	・八はいとうふ	・同
二十日	・茶つけ	・同	・同
九月　五日	・―――	・茄子藤まめ	・おちゃ
六日	・かゆ	・玉子	・ゆとうふ
七日	・菜しる	・里芋、油揚《あぶらあげ》	・かもの汁
八日	・ねぎ汁	・里芋	・茶つけ
十一月四日	・菜しる	・―――	・とうふ汁、まめ飯
五日	・とうふ汁、さけ	・里いも、大こん	・―――
六日	・ねぎ汁	・すきミ	・茸《きのこ》したし
八日	・むきみ汁	・いわし	・むきミにつけ
十五日	・蕪《かぶ》汁	・茶つけ	・さつま芋

のは豆腐である。汁に入れたり、九月には湯豆腐にして食べていた。陰暦の九月とは現代の陽暦でいえば一〇月ごろであり、内陸部の忍城下はしだいに冷え込む。温かい湯豆腐の鍋を石城と妹夫婦、それに可愛い長女もいっしょに食していたのであろう。そして三食を粗末な茶漬けだけで済ます日もあるが、たまには貴重な玉子やめったに食べない鴨汁もある。ふだんは質素な食事ではあるが、その内容はなかなか変化に富んでいた。

　さらに後にのべるが、よく開かれる自宅や友人宅での酒宴においては、刺し身、焼き魚、鶏肉《けいにく》、茶碗蒸し、松茸《まつたけ》、田楽《でんがく》、すしなどの豪華な料理が出る。とくに刺し身はまぐろ、ぶり、ぼらであり、新鮮な魚が遠く離れたこの内陸部の城下町まで届いていた。したがって年間を通してみた場合、下級武士の食生活は思ったよりも多彩で豊かなものであった。

質入れの田楽酒宴

　石城の自宅には多くの友人たちが毎日のようにやってくる。図11は青山又蔵と川佐覚左衛門《かわさかくざえもん》を招いての座敷での酒宴の風景である。青山は前にのべたように中級武士であるが、川佐は一〇人扶持の下級武士である。その川左は号を川《かわ》の舎《や》、世《せ》渡《と》とも称していた。石城とは学問仲間であり、ときどきつくった詩や歌の語彙《ごい》（言語の総体）を論じ合い、たがいの家をよく訪ねあう。この酒宴の日は絵日記に記されていないが、八月のところにこの挿し絵があるので、その月のいずれかの日であろう。

　縁に腰をかけて煙草をうまそうに吸っているのは中級武士の津田である。酒宴の最中に庭を通って縁先にやってきたようだ。前にのべたように彼は石城の叔父にあたる。父の弟か、または母の兄弟で、この忍藩の津田家に養子に入っていたのかもしれない。その縁で石城も江戸から尾崎家へ養子に入ったのであろうか。ともかく津田も石城のその後を心配して自宅によくくる。

　まん中に置いた大きな平盆には料理を盛った多くの鉢が並び、それを取り皿に取って酒を飲みながらおいしそうに食べている。右手の石城（隼之助）が両手を叩くようなしぐさで何かを歌っているようだ。それを川佐覚左衛門がしんみりと聴いている様子。その右端にはあでやかな姿の妹邦子がにこやかな表情で燗酒《かんざけ》の入ったお代わりのお銚子を差し出そうとしている。

　さらに翌年の四月の風景であるが、自宅で田楽《でんがく》の酒宴が催された。

—四月二日晴

「朝、川の舎に遊ひしに、今日、田楽《でんがく》を催したしとの事也《なり》。三木を招くへしと思ふに同人不在也。川の舎両人ニて酌《くむ》へしとて、吾《われ》、折節《おりふし》（ちょうど）嚢中《のうちゅう》（財布の中）乏し。同人に託し帯一筋《おびひとすじ》を典《てん》し（質入れ）、六恍《ろっこう》を得て右にて酒食し、長谷川常之助を焼方《やきかた》に命し、八碑《ひ》半（三時）より始む。川の舎肴を求め来り、同人料理薄暮より酌《く》む。（後略）」

　朝に川の舎宅を訪ね、自宅での田楽酒宴を催したいと告げ、さらに友人の三木新平も招こうとするが、あいにく彼は不在であり、よって川の舎と二人での田楽酒宴となった。ところがちょうど石城の懐には金はあまりない。そこで帯一筋《おびひとすじ》を質入れして金をつくる。これを六恍《ろっこう》を得たと記す。恍とは水が湧き立ち光輝くさまをいうが、よって六〇〇文ほどの金を得た喜びを表現しているのであろう。それで酒と肴を買い、田楽の準備を三時ご

図 11　自宅の酒宴

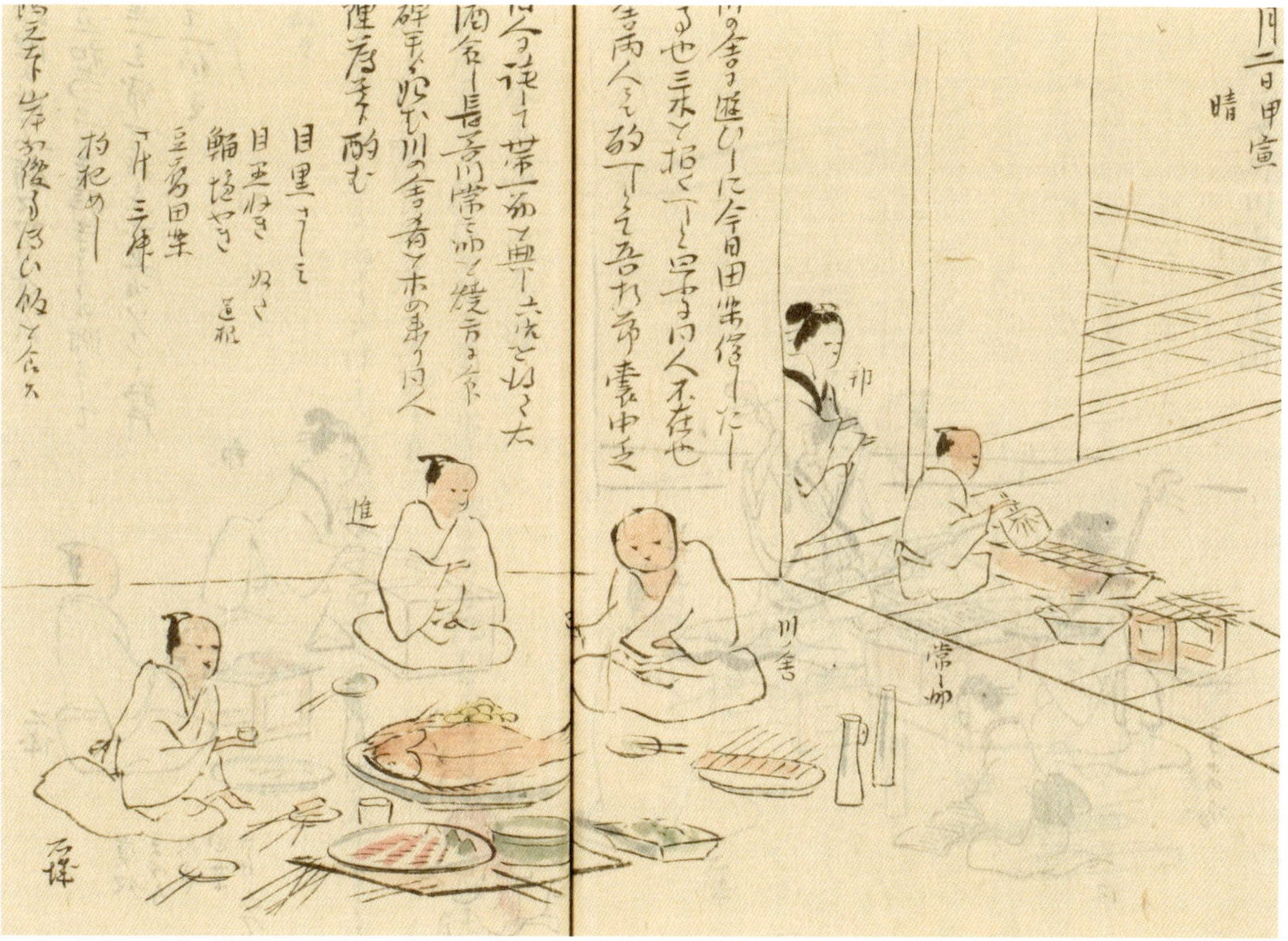

図 12　田楽の酒宴

ろよりする。そして川の舎も肴を買ってきたので、彼がそれを料理して、田楽酒宴は夕方より始まった。今日の料理は「目黒さしミ、目黒ねき、ぬた、鯔《ぼら》塩やき、蓮根《れんこん》、豆腐田楽、さけ三升、枸杞《くこ》めし」と記すが、その目黒さしミとは何の魚か。翌日の絵日記には、朝食に昨日の残り肴に「まくろ」を食したとあり、それはまぐろのことであった。小さめのまぐろのことを目ぐろと称したらしい。また「ぬた」とは膾《なます》の一つで、ねぎ、魚類、海藻、貝類などを酢味噌で和《あ》えた料理をいう。そして枸杞めしとは、枸杞の葉と根を入れた混ぜご飯であった。このようにふだんは質素な食事であるが、友をもてなす酒宴となると、見ちがえるほどの豪華な料理となる。

図12はその酒宴の風景である。まん中の大皿にはかなり大きな鯔《ぼら》一匹の塩焼きがあり、その横の皿にはまぐろの刺し身が盛られ、となりの鉢にはぬたや蓮根などを入れているのであろう。主菜の豆腐田楽は川の舎の前に盛られている。右手の縁でそれを必死に焼いているのは、石城に命じられた長谷川常之助である。彼の俸禄は四石二斗弐人扶持しかない下級武士だ。炭をうちわで仰ぎながら四角に小さく切った豆腐を焼く。その手元にはすり鉢があるので、そのなかの味噌たれをつけて焼いているのであろう。一人だけ何も食わず飲まずに焼く常之助を妹邦子が気づかっているようだ。この酒宴には養子の進も参加していた。この日の田楽以外の料理は川の舎がつくったと記しており、彼は料理が得意のようだ。

翌朝は昨日の残り肴を食べ、また酒を飲む。そのことをつぎに記す。

—梅月《ばいげつ》（四月）三日晴

「昨日の残肴《のこりざかな》あり、且《かつ》また宿酔《しゅくすい》（二日酔い）のこゝちゆへ朝食前より一盃《いっぱい》をくむ。夫《それ》より午睡《ごすい》す。午後大蔵寺に遊ふ。折から書肆《しょし》（貸し書物屋）来る。夜龍源寺に遊ふ。餅をやき食す。五ッ（八時）過《すぎ》和尚かへる。天祥寺《てんしょうじ》よりの謝として方《ほう》金一乞紙一ッ持参、右受取《うけとり》いろ〳〵物語《ものがたり》なして一泊す」

朝の食事の風景が図13である。昨日の残り肴を食べ、そして二日酔い気味なので迎え酒も飲む。邦子は田楽を長火鉢で焼いている。姪の赤子のきぬはそのまわりで「はいはい」をしている。進は当直で登城しているようだ。挿し絵には今朝の料理を「煮奴、まくろ、ぬた、田楽、さけ五合」と記す。挿し絵を見ると、石城のそばに大きな皿が置かれており、まぐろの刺し身がまだ随分残っているようだ。

石城は昼寝をした後、大蔵寺から龍源寺に至るが、そこで天祥寺《てんしょうじ》からの方金《ほうきん》（方形の金貨、一朱金など）を包んだ謝礼をもらう。それは三月のまつりに使う道具や飾りを彼が修復したお礼であろう。そのことは寺の風景のところで詳しくのべる。そしてこの夜は龍源寺で一泊する。

元太郎とお俊

田楽酒宴を催した四月二日の絵日記はさらにつづく。

「寺嶋元太郎《てらしまげんたろう》、岸お俊《しゅん》手伝いひ飯《めし》を給ス。夜ニ入《いり》、勇来る。後《のち》、寺内来り。一《いち》二盃《にはい》を喫し帰る。予、酔臥《よいふ》す。午後、井狩六助来り、扇子たのミ認遣《したためつかわ》ス」

この日の田楽酒宴が終わった後も多くの友人知人たちがやってきては食事をし、酒を飲んでは帰って行く。そのなかの寺嶋元太郎と岸お俊は石城が日ごろから何かと面倒をみている人たちだ。元太郎はまだ少年であり、父はすでにおらず、母

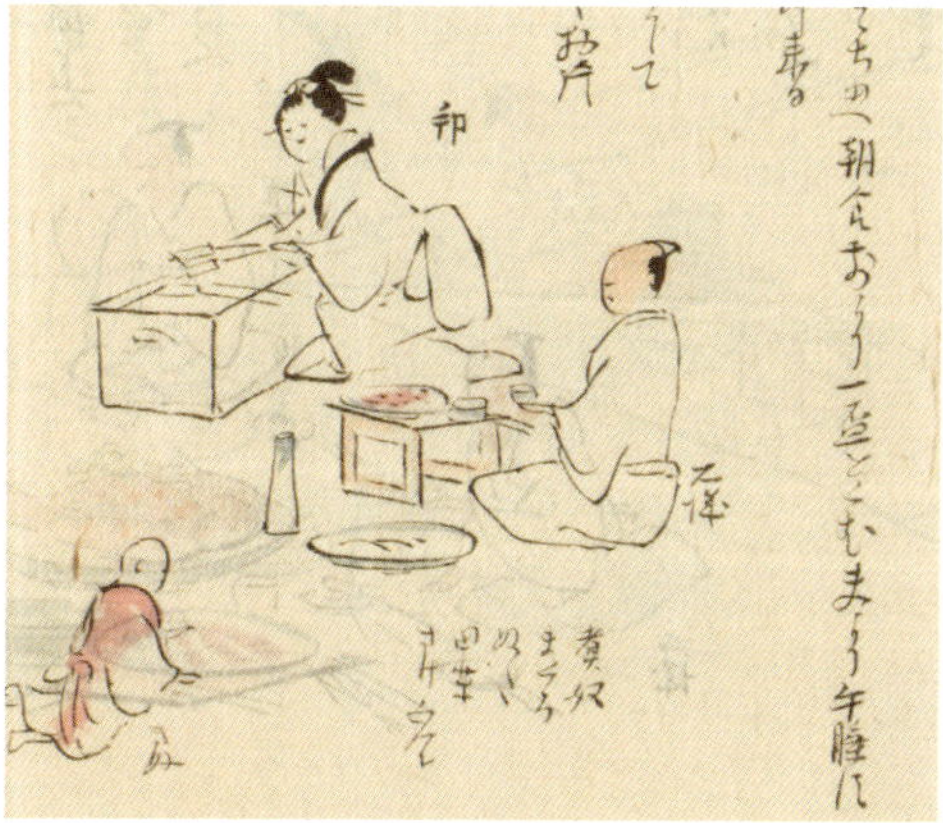

図 13　田楽酒宴の翌朝の食事

図 14　岸後家の内職

は内職をして元太郎と弟牛六《うしろく》の二人を必死に育てている。寺嶋という名字があることから武士の系譜であろう。その暮らしはきわめて貧しく、万福寺《まんぷくじ》の隠居からも哀れんで一朱《いっしゅ》援助されたこともある。石城の自宅に近いところに住んでいるらしく、石城は彼に襖絵、行灯絵などの作成の準備やこまごまとした用事を手伝ってもらい、そのお礼をもって彼を援助しているようだ。よって石城の自宅に元太郎はしょっちゅうやってくる。

また岸お俊とは岸後家《ごけ》の娘である。後家とは夫に死別した婦人のことをいうが、お俊はその母から女手一つで育てられたようだ。岸という名字があることから、彼女の家も武士の系譜であろう。絵日記には「岸後家髷《まげ》形内職図」と記す挿し絵を描いているが、それが図14である。内職の髷を一生懸命につくる後家の様子が描かれ、そのそばには出来上がった髷を入れた箱が積まれている。後家の前にはまだ若い留女《とめおんな》（宿屋の客引き女）が坐り、彼女の髷をつくっているのであろうか。その姿は辛い仕事をする留女への優しさと思いやり、それにお俊と妹の三人の娘を育てる気丈さとたくましさがにじみ出ている。すこしでも客の目を引くようなきれいな髷をつくろうとしているのであろう。この岸後家は名はお仲という。お俊は三人姉妹の長女のようだ（図104にその家族四人が描かれている）。石城はこの貧しい家族に何かと目をかけ、長女のお俊からいろいろと手伝ってもらってはお礼をしたりして気づかう。

今日も石城は、この元太郎とお俊に手伝ってもらい、お礼に飯を給する。もちろんわずかであろうが、すこしばかりの暮らしの糧《かて》にと金子《きんす》も渡しただろうと想像するのは楽しい。

絵日記は昨年に飛ぶが、師走の一二月にも二人に家の煤払《すすばら》いを手伝ってもらい、その後、皆で夕食をともにする。

—大呂《たいりょ》（十二月）六日快晴暖

「早朝よりすゝ払《はらい》仕度《したく》。宮崎鉄三郎、小山鉞二郎《えつじろう》、元太郎、お俊等手伝ひ。八ツ（二時）過全畢《すぎすべておわ》る。風呂に浴ス。春三郎終《おわりて》而来る。八ツ（二時）後より篦頭《へらず》（髪結い）に出て越中や、磯二郎物語有《ものがたりあり》。夜一盃《いっぱい》と酌興《しゃっきょう》に乗し、龍源寺へ至り少し内談有《ないだんあり》。朝食ねき汁、午飯にしめ、夕食ゆとうふ、にしめ、すきミ、数《かず》の子」

今日は正月に向けての家の大掃除だ。

朝早くから元太郎とお俊、それに手習いにきていた宮崎平蔵の子どもの鉄三郎らも駆けつけてくれた。その煤払いは二時ごろにすべてが終わった。その後、皆で風呂に入る。下級武士とはいえ、どの家も湯舟に浸《つ》かる桶《おけ》風呂が土間の隅に据《す》えられていた。上中級武士の家になると、湯殿と称する板敷きの風呂が設けられるのが多い。それは湯舟に浸かる入浴ではなく、沸し湯を湯殿に持ちこんでのかかり湯であった。

　石城はそれから篦頭《へらず》に行く。その篦とは櫛《くし》やへらをいい、頭髪をそれで整えるという意味である。よって篦頭とは髪結いのことをいう。そして夕方になり、手伝ってもらった元太郎とお俊たちといっしょの食事となるが、その風景が図15である。夕食の料理は湯豆腐、煮しめ、剥《す》き身《み》、数の子であり、ふだんよりすこし豊かであった。石城が大きな薬缶《やかん》をかけた長火鉢のそばに坐り、興に入って酒を飲んでいる様子。その前にお俊、そして左手に元太郎とその弟の牛六が坐る。それぞれが銘々の木具膳に盛られた料理をおいしそうに食べている。元太郎が飯のお代わりを差し出し、邦子がお櫃《ひつ》を開け

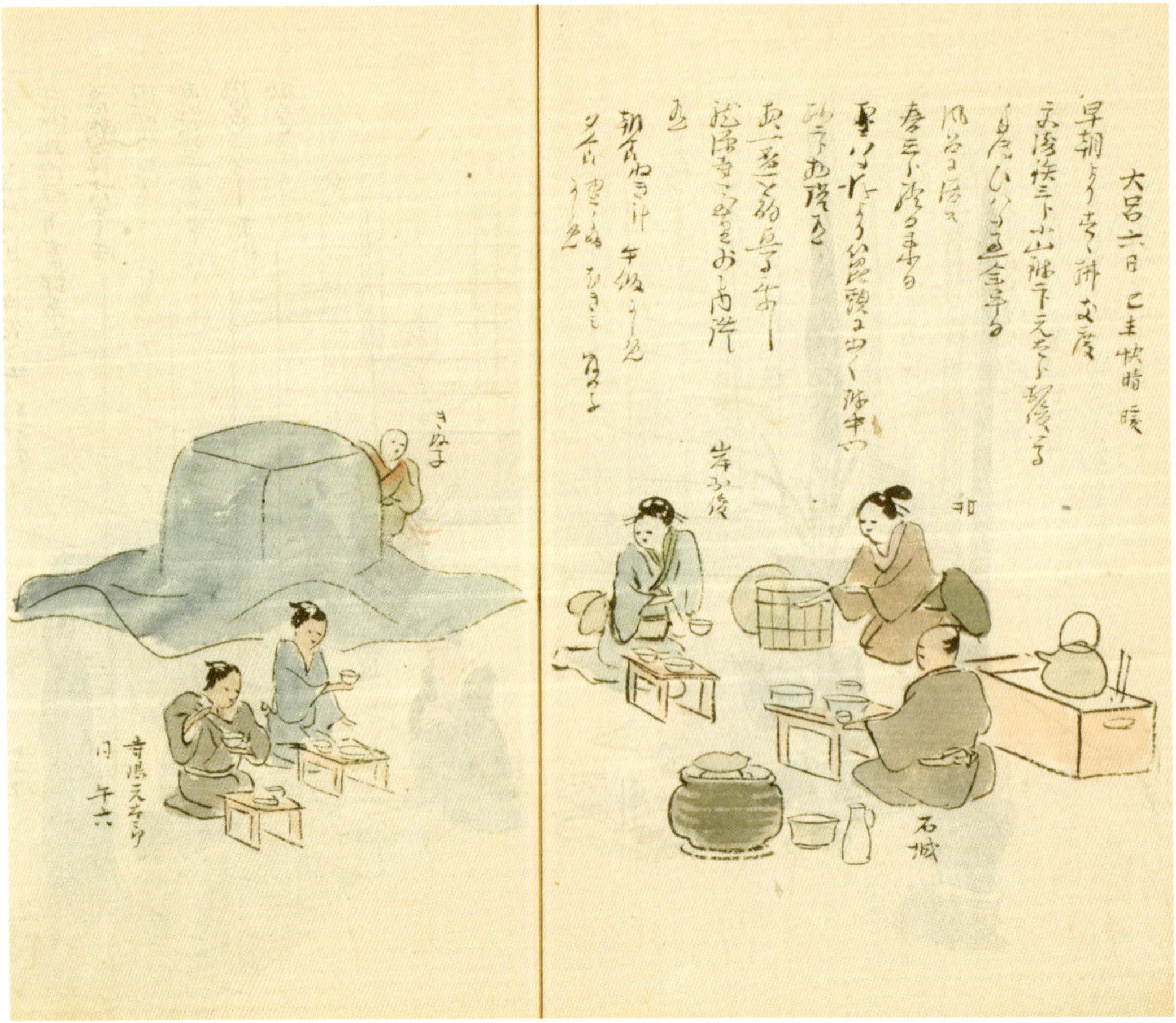

図 15　煤払い後の夕食

てそれを受け取ろうとする。そのあいだにいるお俊が優しそうな眼差しで元太郎を眺める。後ろの大きな櫓《やぐら》こたつには、掴《つか》まり立ちしているような誕生日前のきぬ子がこちらを見ている。進はいないが、おそらく当番で登城しているのであろう。温かくて優しい心が通い合う穏やかな夕食の風景であった。この夕食の後、石城は龍源寺に出かけて和尚たちと夜遅くまで語らう。

図 16　まぐろの刺し身で酒宴

まぐろ刺し身と値段

ところで、酒宴料理に使うまぐろなどの食材の値段はいくらであったか、そのことをつぎの絵日記に記す。

―二月十四日曇大風

「また〳〵宿酒《しゅくしゅ》（前夜からの酒）にて煩《わずら》いし、打臥《うちふ》す。午後、土屋来りて、兼《かね》て目沼《めぬま》に遊ふへしとの約、大風ゆへ晴日《はれび》にいたすへしとの事なり。餅《もち》をやき出す。岸左右助《そうすけ》来る。折《おり》から世川作之丞《せがわさくのじょう》、大黒の謝《しゃ》とてさけ札《ふだ》持参《じさん》せしかと幸《さいわい》なりと。左右助同道にて行田に至り、魚求めてかへりて料理し、夜ニ入《いり》て□□さけを酌《くむ》。大酔《たいすい》して帰る。まくろさしミ、たら、三つ葉、まくろにつけ、むきミ、うとぬた、ゆとうふ、さけ七合、ミリン三合、す一六文、まくろ三百文、たら七〇文、三つ葉四八文、わさひ二〇文、うと五六文」

昨夜は土屋宅で、石城や岡村などの五人に加えて料亭四つ目屋の女将およしも飛び入りしての愉快な酒宴が行われた。石城は翌日まで二日酔いで煩《わずら》い、打ち臥してしまう。午後になって土屋がやってくる。今日は彼と連れ立って目沼《めぬま》に行く予定であった。目沼とは、この忍城下からすこし離れた熊谷宿の向こうにあり、ここからは二里ほどのところである。あいにく今日は大風ゆえに晴れた日に行くことになった。すぐさま土屋に餅を焼いて出す。しばらくして岸左右助《そうすけ》がやってきた。彼の禄高はわからないが、下級武士のようだ。暮れには正月用の餅つきを手伝ってもらった仲のよい友人である。そこへ知人の世川作之丞が石城から大黒天の写し物を譲ってもらったお礼にと、酒札《さけふだ》（酒と交換できる札）を持ってきたので、これ幸いと、左右助とで酒宴を開くことになった。作之丞も二五人扶持の下級武士である。そこで二人で行田町の店に魚を買いに行く。その夜の酒宴の料理は、まぐろの刺し身と煮つけ、鱈《たら》の料理に貝の剥き身、うどぬた、湯豆腐であった。うどぬたとは、うど（うどの木の若葉、蕾、芽、茎など）のぬた（膾《なます》）のことである。今日の料理も豪華なものだ。

図16はその酒宴の風景である。丸くてかなり高い行灯を用いているが、図7でみた土屋宅での集まりにも四角の高い行灯であった。当時の行灯はかなり大きなものであったようだ。まん中に置かれた大きな平膳には大皿が二つあり、それにまぐろの刺し身と煮つけが盛られている。その横の大鉢はうどぬた（膾）であろうか。石城と左右助、それに進も加わって酒を飲みながらの楽しい酒宴であった。とくに行灯のそばで酌をする邦子の柔和な表情がとてもよい。

さまざまな客

これまでみたように、石城の自宅には多くの友人知人たちが訪ねてくるが、この日もそうであった。

―**極月《ごくげつ》（十二月）七日晴風**

「巳碑《みひ》（一〇時）より甫山《ほざん》来《きて》、遊ふ。午飯を出ス。大根、あふらけ、午後、龍源寺 并《ならびに》 書肆《しょし》（貸し書物屋）来ル。藩翰譜《はんかんぷ》六巻、西遊四巻返ス。西遊記三篇十巻おく。風呂をわかし、甫山、猷道《ゆうどう》浴ス」

友人の甫山（岡村荘一郎）が午前一〇時ごろにやってきて、語らっているうちに昼になったので飯をともにする。それは大根と油揚げの質素な食事であった。まもなくして龍源寺の猷道和尚もやってきたが、ちょうど書肆《しょし》（貸し書物屋）もきた。借りていた書物を返し、また新たに借りる。書物の内容は藩翰譜《はんかんぷ》という藩政を論じた硬派なものから中国小説の西遊記まで幅が広い。その風景が図17である。岡村も縁先にいる貸し書物屋が取り出す書物を見ながら何か面白そうなものはないかと物色の様子。この貸し書物屋の横にはたくさんの書物を何段にも収められる高い書物棚が置かれている。それを大きな風呂敷に包み背負って各家を訪ねていたようだ。幕末には後にのべるが、すしの訪問販売もあった。貸し書物屋は縁に腰掛け煙草をふかしながら書物の紹介をしているが、門から庭を通ってやってきたのであろう。このように縁とは、友人知人のみならず、訪問販売などの町人たちとも気軽につなぎ、人と人を結ぶ縁《えにし》の空間でもあった。

茶の間とみられるこの部屋には大きな櫓《やぐら》こたつが置かれ、石城はそれに足を入れて暖を採りながら書物を物色する。また猷道和尚が風呂に行く様子も描かれ、皆の前で着物を脱いで素っ裸になって風呂の場所を訊《たず》ねるようなしぐさが何とも愉快だ。進が風呂の場所を教えているのか、ともに指を差しながらの対話風景。実に写実的で細かい描写である。

行灯絵の制作

石城は画才に優れていたので、屏風絵、軸物絵、そして行灯《あんどん》絵などを友人知人からよく頼まれる。今日からは行灯絵の制作にとりかかる。

―**二月一日大風**

「夙《つと》に（早く）起《おき》、掃除拝畢《はいひつ》（掃除と礼拝を終える）、江戸表への状したため。（中略）武田鎌三郎《かまさぶろう》来り、和平大行灯 并《ならびに》 掛けあんとんの画頼《えたのみ》来る。料三朱《しゅ》、是《これ》夕迄との事ゆへ元太郎にたのミ、絵具類調《ととの》へ、夕方迄出来。小行灯十八まい内三ツ即興をしるす。

飛込《とびい》るあんとう（あんとん）を消す夏のむし

あふない軽業駕籠《かるわざかご》ぬけの下り藤

水戸もねへ事ハしねへと忠ヲはら

図 17　さまざまな客

昨年、山腰林左衛門《やまこしりんざえもん》と雑談の節、同人薄板細工紐《ひも》の遣《つか》ひ方を伝授せしか、今日、はからす入用となりぬ。何事も聞すてにすへからす。午後、大蔵寺、川佐ニ至る。夜、土屋に遊ふ。筒田会す。今日、浅井へ進より香奠《こうでん》予の母へ。年礼参《ねんれいさん》幷《ならびに》懐炉《かいろ》薬灰等呈《やくばいなどてい》しまいらせしに、今日、飛脚出さるよし也《なり》」

今日は朝早くに起き、家の掃除と礼拝を済ませた後に江戸表への手紙を書く。宛先は浅井の兄と母であった。それは一一歳になる兄の嫡男が正月一五日に突然の病で亡くなったが、それへの慰め状である。急なことで、葬儀には行けなかったようだ。進よりの香奠と母への懐炉と薬灰を添えて飛脚便で出す。

その後に武田鎌三郎《かまさぶろう》がやってきて、石城に行灯絵を依頼する。それは大きな和《わ》平《へい》行灯と掛け行灯である。後者は家の入口に掛ける小さな行灯らしい。その料金は三朱であった。夕方までの急ぎの仕事ゆえに、元太郎に絵の具の用意などを手伝ってもらい、小行灯一八枚が夕方までに出来上がったが、その内の三枚に右にのべた即興の歌を記す。行灯にはこのような歌を書いて楽しんでいた。

大きな行灯制作の作業はさらに三日までつづく。

―二月二日春雨

「早朝より行燈《あんどん》の画《え》したゝめ」

―二月三日曇

「終日かく。朝、鎌三郎来る。右ニ画二枚遣ス。辰碑（八時）後、また〳〵下《しも》忍《おし》より行灯画たのミ来る。昨日の蘇木色《そぼく》（蘇芳《すおう》の木の煎汁の色、赤味かかった紫、中国から渡来）いてす。寺嶋（元太郎）にたのミ煎《せん》し貰《もら》ふ。終日え（画）かく。かゝる事（このような事）、予、認《したた》むるハ鶏《にわとり》を割る牛の刀を用いるかことし。寒《かん》甚《はなはだ》し。夜一盃を酌《くみ》て臥す」

石城は徹夜をしたようだ。三日の朝にはやっと出来上がり、取りにきた鎌三郎に大きな行灯の二枚の絵を渡す。それがやっと終わったと思いきや、近くの下忍よりまた〳〵行灯絵を頼みにくる。しかしそれに使う蘇木色《そぼく》がなく、急きょ元太郎に頼んで煎じてもらい、この日も終日行灯絵の制作に没頭した。文中の鶏云々は「鶏を割《さ》くに焉《いず》くんぞ牛刀を用いん」の諺であり、小さな鶏を処理するに牛を処理するような大きな刀を用いる必要はない、という意味である。石城は昨日まで使った蘇木色の染料がなくなり、元太郎に新たに煎じてもらったが、結構大げさな作業になったことに疲れたのであろう。今夜の寒さは甚だしく、酒を一杯飲んで床に着いた。

鎌三郎に渡した大きな行灯の表と裏の絵二枚が挿し絵にも丁寧に描かれているが、それが図18と19である。表絵の左隅には「四大奇書之内西遊記中獅雲洞悟空奮勇図」と書く。四大奇書《しだいきしょ》とは元から明代にかけて書かれた中国長編小説の「三国志演義」「水滸伝《すいこでん》」「西遊記」「金瓶梅《きんぺいばい》」の四作品であり、そのうち西遊記の妖怪獅子に立ち向かう悟空奮勇の場面が描かれている。石城は西遊記の小説もよく読んでいたので、印象に残るその一コマを描いたであろう。つぎの裏絵には「当世七癖事《ななくせごと》」と書き、その左には「流行は文武の天狗（有頂天になる）、拳《けん》（手の開握、指の屈伸などで勝負を競う遊戯、中国から伝わる）、謡《うたい》（能の声楽のみを歌う、謡曲）、法談《ほうだん》（仏法の教義や信仰のあり方を説く）、後家（未亡人）、芋の田楽と記し、諺の「なくて七癖」にたとえて当世の七つの流行の風潮を皮肉る。面白いのはその絵に描いた七組の人の姿と滑稽さである。絵の左上の二人が文武の天狗、その下が謡い、その右に後家、さらに右の二人は拳の遊戯で負けたら裸になるのであろうか、その上は経典をパラパラとめくる僧侶を描く。そこにはお経をぶつぶつとしゃべりながらただ経典をめくるだけの法談を茶化しているようだ。

行灯といえば単なる照明器具として白い紙を貼っただけのものと思っていたが、このような絵を描いて楽しんでいた。江戸時代の地方城下町の暮らしの風流をそこにみる。

以上の行灯絵を仕上げたら、またしても依頼がきた。行灯絵に加えて屏風絵もである。そのことをつぎのように記す。

―二月四日晴風

「風呂をわかし浴す。午前に至りてえ（絵）出来、夫《それ》より屏風《びょうぶ》にかゝる。夜、土屋かたに遊ふ。笹岡、甫山に会し語談す。予、行灯のえ（絵）高料なりとの事にて大笑《おおわらい》せりに、都なれハ巧拙《こうせつ》（上手下手）をいわす、並の幅にて百疋《ひき》なり。予ハ下《か》直《ちょく》（安値）の甚《はなはだ》しと思へり、是《これ》、田舎の歎《たん》すへき所也《ところなり》」

下忍《しもおし》の人から頼まれていた行灯絵は四日の午前に出来上がった。それより屏風絵にかかるが、その作業の風景が図20である。部屋は石城の書斎である六畳の座敷であろう。そこには土屋仁右衛門、岸左右助、元太郎、それに手習いにきている小弥太など多くの人たちが集まり、その作業を興味深そうに眺めている。石城は広げられた大きな和紙に向かって絵を書き始める。元太郎は絵の顔料を小鉢に入れてこね、石城の絵の作業を手伝っているようだ。その完成した屏風絵も絵日記の挿し絵として描いているが、それが図21である。六枚折四尺五寸の屏風に

図 18　行灯絵（表）

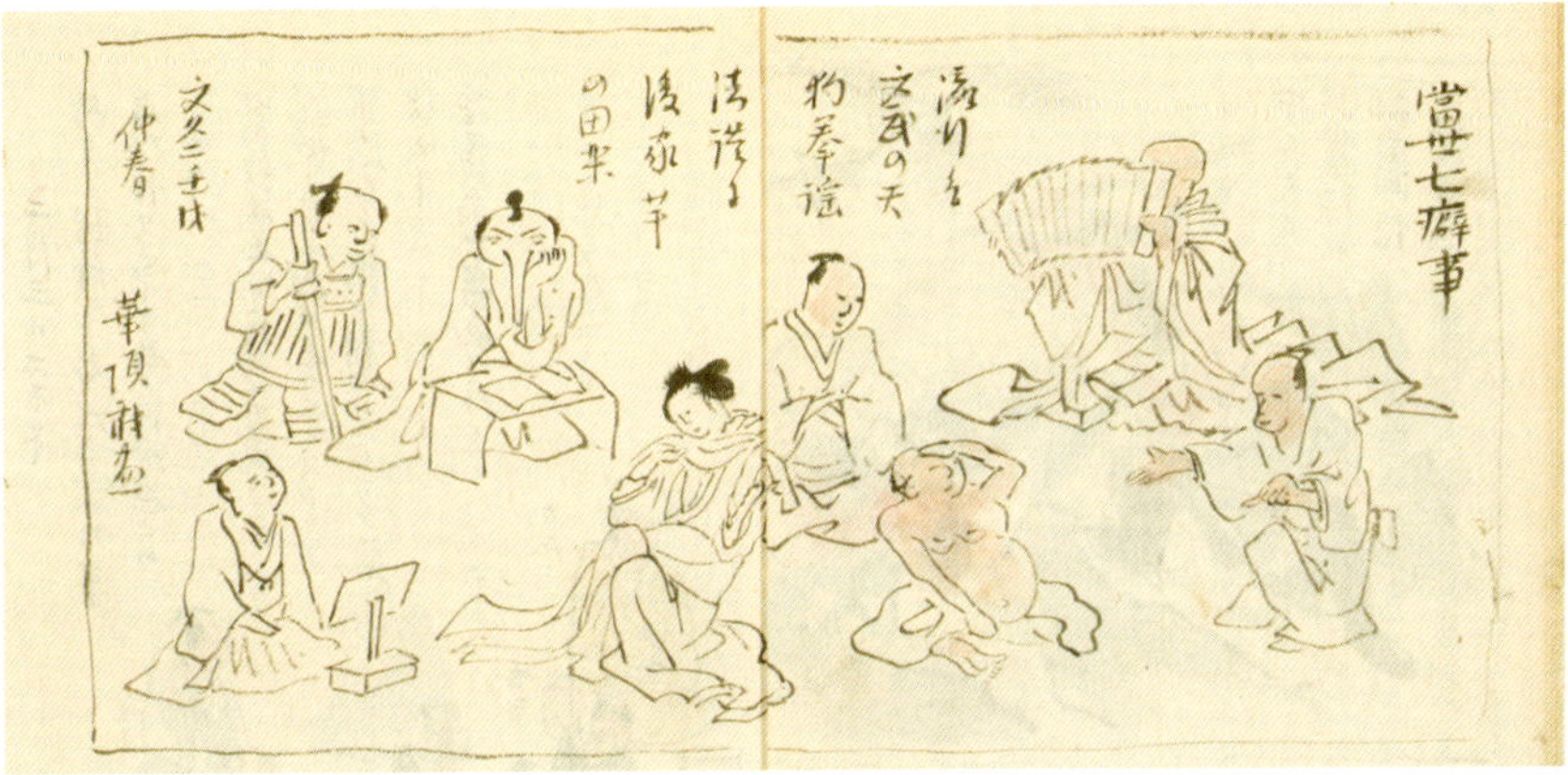

図 19　行灯絵（裏）

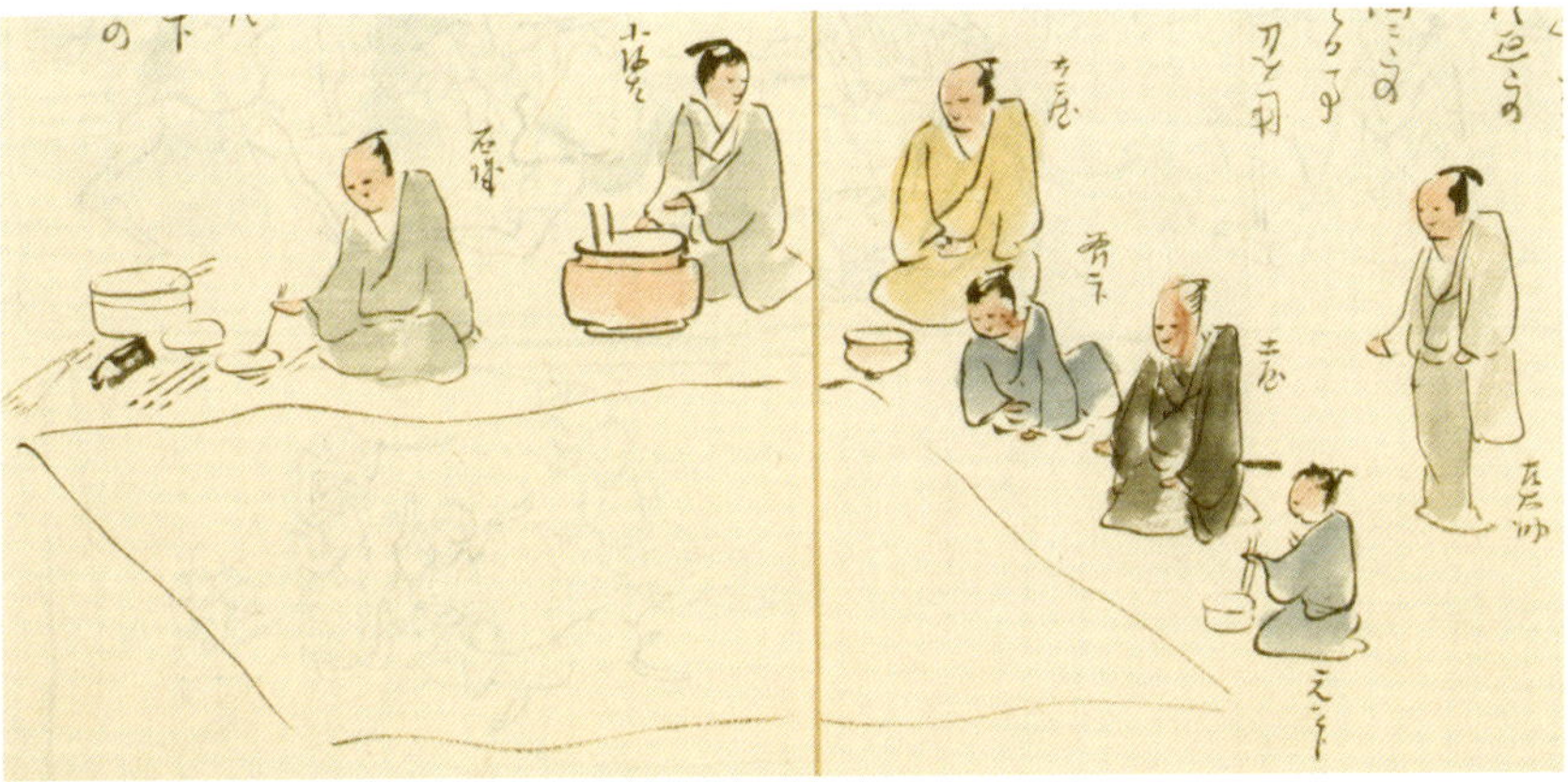

図 20　屏風絵の制作

図21　六枚折の屏風絵

四季花鳥《しきかちょう》を描く。絵日記に書いたものでもこのように見事な出来栄えであるからして、実際の屏風絵はさぞ素晴らしい作品であろう。

石城は屏風絵を仕上げ、夜になって土屋宅を訪ねる。そこには笹岡と甫山もきていたので彼らとしばらく語らう。石城は行灯絵の料金が高いといわれる、と大笑いして話す。鎌三郎からは三朱で引き受けた。しかし都（江戸）では上手下手に関係なく、並の幅で百疋《ひき》もするから、自分のはかなり安いのになあという。石城はこれも田舎ゆえにしかたがないかと嘆く。

石城の書斎

行灯絵と屏風絵などを描き、また歌と随筆もつくり、そして多くの友人宅と寺を毎日のように訪ね、さらに料亭もよく出かける。このように、上書して知行召し上げと強制隠居という咎めを受けながらも悠然と生きる石城であった。足軽の下級武士たちが住む小さな家で養子の進夫婦といっしょに暮らすが、石城には座敷を書斎兼寝室としてあてがわれていた。その風景が図22であり、正月二日の絵日記のなかに描かれている。

その部屋の名称も酒好きの彼らしく、挿し絵には「石城書斎酔雪楼《すいせつろう》図」と記し、押入と床の間のある六畳敷である。下級武士の家といえば、庭付きの戸建てであってもその規模は小さく、座敷と茶の間、それに寝る部屋の納戸があるだけで、そのなかの最もよい部屋を石城の書斎にする。

図の背面の左手が床の間で、右手が中段付きの押入である。その床の間の右半分には、下に二段の引き出しの付いた書物を収納する四段棚の家具が置かれ、左半分には八個の収納箱を整然と並べ積んでいる。それらをよく見ると、棚には多くの書物や軸物が置かれ、収納箱には字《じ》書《しょ》、文範《ぶんぱん》、畫史《がし》などの名札を貼る。字書とは漢字を分類した辞典であり、文範とは模範となる文章を集めた書物、畫史とは狩野派などの各派が自分の派の権威付けのためにつくった派の絵史である。それらを集めて学ぶ石城の学問熱心な一端がうかがえる。また床柱に掛けた筆入れも面白い。たくさんの筆を紙袋に入れ、それを取り出しやすくする創意工夫もみられる。

右手の押入下段の襖には、東寺《とうじ》、仁《にん》和《な》寺《じ》、銀閣寺などと見えるワッペンのような軒瓦や丸瓦の拓本を貼りつけている。京都に旅をした折に手に入れたものであろうか、あるいは友人のおみやげかもしれない。なかなか風流な書斎である。

座敷のまん中には大きな座卓が置かれ、正月らしく赤い布が掛けられていた。火鉢を横に置いて坐っているのが石城である。座卓の上には筆と硯とが整理してまとめられ、ちょうど読んでいた数冊の書物も置かれている。座卓はそれでも狭いようで、その横に文机《ふづくえ》を足して急須などを置く。前にのべたようにこの座敷は正月二日の風景である。その前日の元旦は床の間に鏡餅を飾るためにそこを引き払い、石城は南の部屋にいた。

また寒いときには櫓こたつに入って夜遅くまで読書にふけることもあるが、その風景を図23に示す。これは正月二四日の絵日記に描かれており、その場所は前図にみた座敷の床の間の手前のようだ。こたつの横に小さな長火鉢を置いて暖を採っている。そのまわりを衝立のような低い屏風で囲み、こたつの前の行灯の明かりで書物を読む。こたつだけでは寒いのか、片袖《かたそで》の夜着《よぎ》を背中に掛ける。袖のない方を敷物とし、袖のある方を夜着として用いた。忍城下は武蔵野の北にあって冬はかなり冷えるようで、座卓の上の硯の水も翌朝には凍っていたと記す。

図22　石城の書斎

図23　夜の読書

ところで石城は卜筮《ぼくぜい》もしていた。それは古代中国で発祥した占いで、筮竹《ぜいちく》すなわち「めどき」という五〇本の竹ひごのようなもので占う。今日は朝早くから天《てん》祥寺《しょうじ》の所化《しょけ》（修行僧）が相談にやってきて、石城から占いをしてもらう。その風景が図24である。図22でみた座敷の座卓で竹ひごのような筮竹で占っている。友人の川の舎もきており、興味深そうに眺め、石城が数本の筮竹を手に持ち、得意そうに占っているのが愉快である。

　このような石城の書斎である座敷にもいろいろな人たちがやってくるが、その風景が図25である。この挿し絵には日付と文が記されていないが、三月の絵日記に挿入されている。大きな座卓の手前に絵を書こうとする石城が坐り、それを元太郎と女たちが対面から見ている。その後ろに立っているのは赤子をおんぶしたおすてという婦人、その前のおうめは若い娘のようだ。いずれも近くに住む下級武士の家族であろう。縁の向こうの部屋に腰掛けるのは極貧の下級武士の長谷川常之助とその息子らしき子どものようだ。常之助もこの近くに住んでいるらしく、石城の自宅にはよくやってくる。そして縁先に腰を掛けているのは飴を売りにきた飴屋である。広げた扇子を口元にあて、おそらく「飴～いらんか」と近隣に呼びかけているのであろう。その飴屋にもお茶を出しているのが心温まる。

　図26はその座敷の床下を修復する風景である。四月の絵日記の中の挿し絵であるが、それを説明する記述はない。絵は畳を上げて、床下の地面に盛土《もりど》を入れているように見える。四月とは陽暦でいえば五月ごろとなり、これからはじめじめとした梅雨の季節がやってくる。その前に床下の湿気が地面から上がってくるのを防ぐために、厚み五センチほどの盛土を入れるのであろう。石城は庭でその土を練るが、それには防湿の石灰を混ぜているものと思われる。進といっしょの大変な作業であった。ところで縁の左手に

は手水鉢《ちょうずばち》が置かれている。よって前にのべたように床の間の裏側には家族用の内便所があったものとみられる。

石城の書物

何でも興味を示す多才な石城であるが、どのような書物を読んでいたか。それは

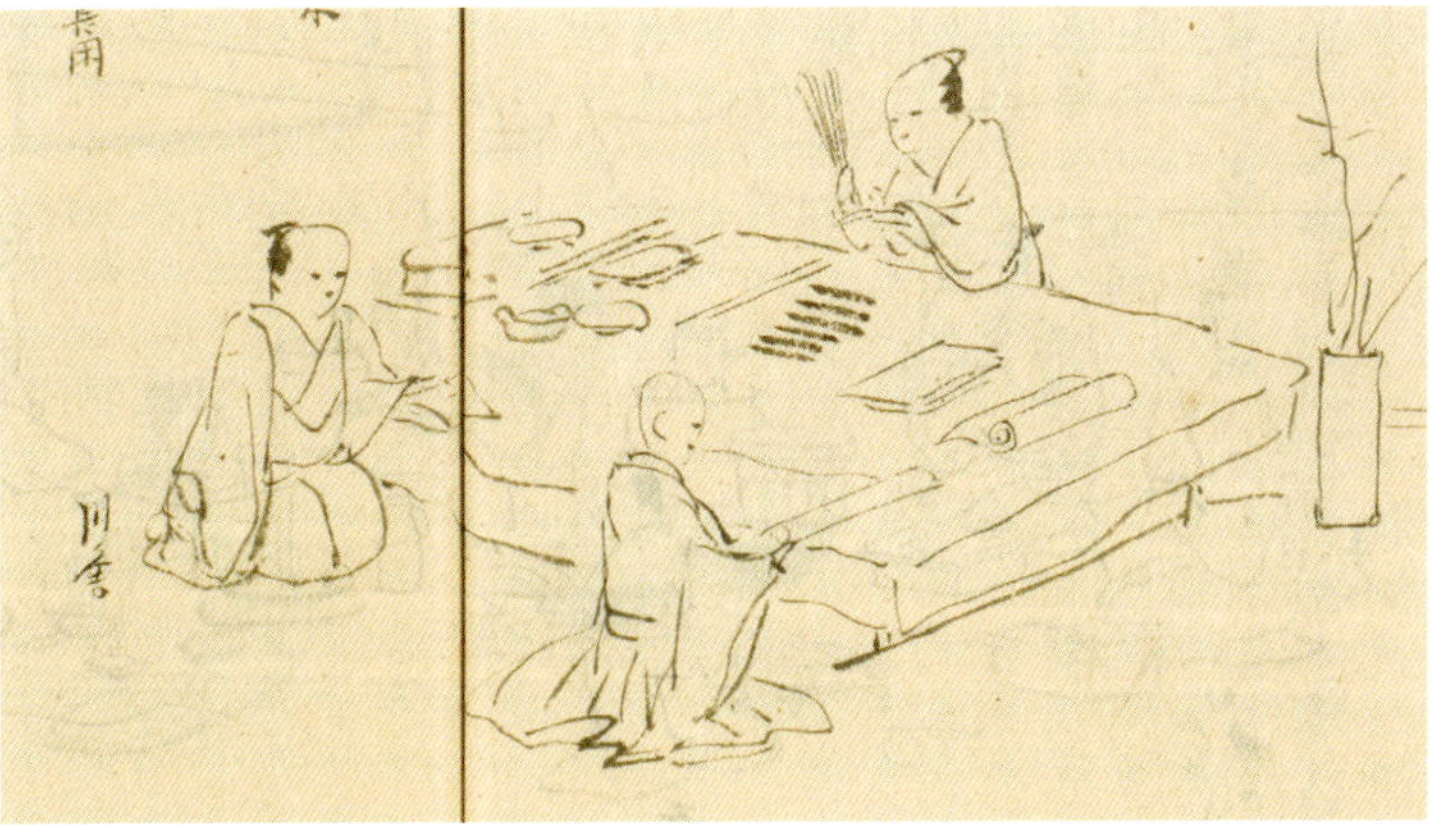

図 24　石城の占い

つぎの絵日記にうかがえる。

――十二月三日快晴

「朝より襖彩色出来。良宗《りょうしゅう》よりたのまれの書状案文草書に仮名《かな》つけなす三十枚。八碑《ひ》（二時）後、土屋に遊ふ。龍源へ立寄《たちより》帰る。良宗素読。夜、甫山約の書類三四巻持参せしに不在ゆへ土屋に至りし

図 25　石城の書斎にやってくる人びと

に甫山、笹岡、主人と火燵《こたつ》を囲《かこみ》て居る。九ツ（一二時）過《すぎ》まて物語る。予、壮歳《そうさい》（若くて血気盛んなころ）より貧《ひん》の究《きわむ》る時ハ助《たすけ》を親戚朋友《ほうゆう》にあらすして（頼らず）、先《さきに》書籍を売却する事時ニなり。今に至りてハ、僅《わずか》に父祖と予年頃（長年）抄写《しょうしゃ》（文章の一部を書き写す）せし書の外《ほか》ハ、字書、老荘《ろうそう》

図 26　座敷の床下の大掃除

のたくひ（類《たぐい》）而已《のみ》（だけ）今度夫《それ》としも又典《てん》する（質入れ）に至る。歎《たん》すへし。去《さる》ハ過《すぎ》し年よりの沽却《こきゃく》（売り払い）をし、書目《しょもく》（書物の目録）をかゝけて遺忘《いぼう》（忘れ去る）に備《そな》ふ。三度二度求めてまた売《うり》らせしものハ○を以《もっ》てしるしとす」

石城は襖絵も頼まれた。依頼したのは行田に店を開く菓子屋の菊屋である。二日ほどかかけて図27にみる見事な極彩色の絵を仕上げた。それは唐紙に描いた半襖絵であり、鮮やかな紅色の牡丹《ぼたん》とそこに舞う三匹の蝶を描く。前にものべたが、挿し絵でもこんなに見事であるからして、実物はすごいものであろう。その料金は百疋であった。さらに修行僧の良宗《りょうしゅう》よりどこかへ出す書状文三〇枚の作成も頼まれる。画才だけでなく文才にも優れ、それらに熱中する多忙な石城であった。

それらの仕事は朝に終わり、午後の二時ごろに土屋宅から龍源寺に立ちよる。夜になって友人の甫山と約束した書類三四巻を甫山宅に持って行く。だが甫山は不在であったので、また土屋宅を訪ねたが、そこに甫山が笹岡といっしょにこたつに入っていた。石城もそこに参加し、一二時過ぎの遅くまで皆と語り合う。このように土屋仁右衛門の家にも多くの下級武士たちがよく集まっていた。

つぎに石城の書物である。彼は若いころよりきわめて貧窮したときには、親戚や朋友《ほうゆう》（友人）の助けを受けず、ときには書物を売却して急場を凌いできたという。ところが今になっては、父と祖父、それに自分が長年に渡って書き写してきたわずかの文書以外の大切な字書や老荘の類《たぐい》のみ質入れしてやってきたが、それは実に嘆かわしいことであったともいう。つづいて彼が昨年から売却してきた書物名を忘れることのないように絵日記に記しているが、そこからどんな書物を読んでいたかがわかる。その冊数は四〇八冊に及び、その内容は実に多彩である。そして何度も求めては結局売った書物には○印を付けている。それらの一部をつぎに示そう。

松陰《まつかげ》日記四巻（柳沢吉保が老中に上りつめるまでの半生を記した日記）
足軽十ヶ条私解一巻
武門故実《ぶもんこじつ》一巻
○国語考《こくごこう》二巻
論語徴《ろんごちょう》十七巻（荻生徂徠《おぎゅうそらい》の論語注釈）
○玉篇《ぎょくへん》十二巻（中国南北朝時代の部首別漢字の字書）
○周易《しゅうえき》五巻（中国の易経に記された占い術）
つれ〳〵《づれ》草二巻
和歌題林《だいりん》十六巻（和歌の手引書）、
藩翰譜《はんかんふ》二十二巻（新井白石が著した江戸時代諸大名三三七家の由来に関する歴史書）
○左傳《さでん》十五巻（春秋左氏傳《しゅんじゅうさしでん》の略、孔子による歴史書）
○六経略記《りっけいりゃっき》十巻（儒教の基本的な六つの経典の解説書）
○弁道書《べんどうしょ》一巻（荻生徂徠が著した儒学思想の体系的解説書）
○礼記集注《らいきしっちゅう》五巻（儒教経書《けいしょ》の一つで礼の倫理をまとめた書）
○史記評林《ひょうりん》二五巻（司馬遷が書いた中国初の歴史書、そのうち評林は明代の書）
○文公家礼《ぶんこうかれい》一巻（南宋時代に成立した礼法の書、文公とは朱子《しゅし》のこと）
○学山録《がくさんろく》六巻（江戸後期の藤原明遠が著した漢文の随筆）
江戸繁昌記《はんじょうき》三巻（儒者寺門静軒が著した江戸の地誌）
○詩経集注《しきょうしっちゅう》八巻（紀元前九〜七世紀の詩を孔子がまとめた詩集）
○文選《もんぜん》十二巻（中国六朝《りくちょう》時代にまとめら

図27　襖絵

れた詩文選集）

○論語新注四巻（南宋の朱子による論語の注釈書）

○孔子家語《けご》五巻（孔子の言行、弟子との問答、論議を集めた書）

○書経《しょきょう》集注六巻（儒教における五経の一つ、孔子によって政論、政教を集めた書）

俳諧《はいかい》歳時記二巻（俳諧の季語二六〇〇余を四季別、月順に配列して解説）

女大学一巻（江戸時代の中ごろに普及した女子教訓書）

平家物語十巻

慶長公家諸法度《しょはっと》一巻（幕府が天皇と公家を対象にした法制度）

俳諧七部集《しちぶしゅう》二巻（佐久間柳居が芭蕉門の代表的な俳諧連句をまとめた撰集）

○五経《ごきょう》素読本十一巻（儒教基本経典の五経の漢文を声を出して読む書）

和漢朗詠集《わかんろうえいしゅう》二巻（平安時代の藤原公任《ふじわらのきんとう》が漢詩、漢文、和歌を集めた詩文集）

歌舞伎年代記十三巻（歌舞伎の興行年表を収めた書物）

源氏忍草《げんじしのぶぐさ》十巻（江戸時代に出版された源氏物語の梗概書）

○老子国学解三巻（老子の思想を「国学」の立場で論じた書）

曽我物語十三巻（曽我兄弟の生い立ちから父の仇討までの物語。鎌倉末に成立）

古今集《こきんしゅう》四巻（平安時代の前期、醍醐天皇の命により紀貫之《きのつらゆき》らが撰した和歌集）

○周易《しゅうえき》本義六巻（漢以前の易の姿「易とは卜筮なり」を再現した朱子の名著）

万葉考《まんようこう》三巻（江戸時代後期の賀茂真淵《かものまぶち》による万葉集の注釈書）

○唐詩選掌故《とうしせんしょうこ》（江戸時代の唐詩選「明代中国で編まれた唐詩詞華集」の注釈書）

○荘子林注《そうしりんちゅう》十巻（宋の林希逸による荘子思想の注釈書）

○孟子古義《もうしこぎ》三巻（江戸時代の儒者伊藤仁《じん》斎《さい》による孟子思想の注釈書）

花の記一巻

庭の記一巻

切腹の書一巻

征韓録《せいかんろく》二巻（薩摩藩の立場から秀吉の朝鮮侵略を論じた書）

史記十巻（中国前漢の代に司馬遷によってまとめられた歴史書）

これらの書物の内容は、万葉考《まんようこう》、古《こ》今集《きんしゅう》、平家物語、源氏物語、曽我物語、徒然草《つれづれぐさ》などの日本の古典から和歌、俳諧書《はいかいしょ》、歌舞伎などの文芸、それに史記、詩経《しきょう》、唐詩選《とうしせん》などの中国古典、さらに国語、漢字に関する字引き、そして切腹の書など武士道に関するものや庭や花づくりの書物まで非常に幅広い。とくに儒教と中国詩集に関する書が多いが、そのうちの五経《ごきょう》と文選《もんぜん》は平安貴族たちの必読書とされた書物である。また孔子の論語、礼記《らいき》や朱子《しゅし》の文公家礼《ぶんこうかれい》などの古代中世の礼法の書もある。さらに老荘の書物も読んでいたことは注目される。

　老荘とは、紀元前三世紀の春秋戦国時代に生きた老子と荘子である。人間の生きる真理の道を探り、その思想は古代からの中国日本の貴族文人たちに大きな影響を与えてきた。その道とは無為自然《むいしぜん》にあり、それは「為《な》すを無くして自《みずか》ら然《しか》り」という意味である。つまり余計なことをせずにあるがままに任せて大胆に生きよ、人生にとって名誉や地位身分などはすぐに消滅する砂上の楼閣に過ぎず、あまりたいしたものでない。それよりも世俗を離れた自然のなかで人間らしく自由に生きることこそ大事であるという。また知《ち》足《そく》の誡《いまし》めを説き、「足《た》るを知る」を諭す。それは、生きている今を大切にし、その自分に満足する、それこそが本当の幸せであり、豊かさだという。人は常につぎからつぎへと欲を持ちやすい。そのように上ばかり見ていると、足下の確かな幸せと豊かさを見逃してしまうと諭す。そしてすべての万物は大いなる流れに従い、また定められたところに返る、それを知ることが智慧《ちえ》であると説く。その道を歩んだ先人賢人は多い。中国では後漢の仲長統《ちゅうちょうとう》に始まり、その後の東晋《とうしん》の陶淵《とうえん》明《めい》、唐代の白楽天《はくらくてん》と杜甫《とほ》、宋代の蘇東坡《そとうば》たちがいた。一方日本では、白楽天の詩文や暮らしの影響を受けた平安時代の兼《かね》明親王《あきらしんのう》と慶滋保胤《よししげのやすたね》、鎌倉時代の鴨長明《かものちょうめい》、それに江戸時代の芭蕉《ばしょう》と良寛《りょうかん》たちがいた。そしてこの石城たち下級武士にもその思想がしっかりと流れていたようだ。

　ところでこれらの書物は市販のものがすべてではなく、彼が抄写《しょうしゃ》したものも含まれる。下級武士たちは書物を買う金に乏しかったから、書肆《しょし》（貸し書物屋）や友人から借りて書き写した。そのことを記したつぎの絵日記がある。

―**十二月十三日晴大風**
「今日より藩翰譜《はんかんふ》うつしはしめ、十二葉出来。（後略）」
―**十二月十四日晴烈風**
「風甚《はなはだ》しく寒強し、藩翰譜十葉写す。午後より火燵《こたつ》を擁して書をよむ（後略）」
―**正月四日晴**
「遊仙窟《ゆうせんくつ》写し、規範よむ。（後略）」
―**正月五日晴**
「今晩、行燈《あんどん》の油その外皆氷《ほかみなこお》り寒《かん》甚《はなはだ》し。遊仙窟《ゆうせんくつ》三葉映ス。書を読ミ日本史規範閲す。川佐に小弥太来ル。今夜節分とて、なやらふ声四方より聞《きこ》へて賑《にぎわ》しけれとも、予家《よのいえ》ハ寂然《せきぜん》（ひっそり）として更《さらに》無人場のことく、心たのします。夕飯を喫して速《そく》に臥す」

　今日の五日は陰暦の節分であった。となり近所の四方からは豆まきの大きな声が聞こえて賑わしい。「なやらふ」とは「追儺《なやら》ふ」と書く。「おにやらい」ともいい、悪鬼を追い払う儀式のことをいう。しかしながら石城の家は空き家のごとく静寂でひっそりとしていた。これは昨年の一二月一八日に逼塞《ひっそく》を申し渡されたからである。逼塞の刑罰は昼夜の外出を禁じた蟄居よりすこし軽いが、門と戸を閉じて昼間の外出が禁じられ、家のなかでひっそりと暮らした。そのような状況でも、友人の川佐覚左衛門と手習いにきている小弥太がやってきた。刑罰を受けた家を訪ねることは世間体もあってはばかられたはずであるが、彼ら以外にも多くの人たちが罰の見舞にやってくることは後にのべる。石城はこれを機に友人から借りた藩翰譜や遊仙窟《ゆうせんくつ》を写し取る。遊仙窟は中国唐代の怪奇小説であり、古典としても名高い。このような書物も武士のあいだで人気を博していた。中国文化はこの時代になっても日本人の心に深く入り込んでいた。この日は相当に寒く、部屋のなかの行灯の油などが凍りついていたというから、おそらく硯の墨もカチカチになっていたのだろう。

書物はまた友人たちにも売却していた。友人がそれを買うということは、彼らもこれに類する書を読んでいたことになる。それはつぎの絵日記にうかがえる。

――十二月十六日晴

「午後より甫山方に遊ふ。同人持病おこれりとて引込《ひきこみ》居る。折《おり》から図のことく来客あり。（中略）皆々かへりし後引《のちひき》とゝめられし夕飯のもてなしにあつかる。鮒《ふな》煮つけ也。今日同人へ荘子因易《そうしいんえき》述附を売却す。〆《しめて》十四冊、金百疋受取《ひきうけとる》」

午後になって甫山の家を訪ねる。彼は持病にて体調を崩していたが、ちょうどそこには来客がいた。石城は客が帰った後も呼び止められ、甫山といっしょに夕飯を食べる。それは鮒《ふな》の煮つけのご馳走であった。そして石城が所有する荘子の書十四冊を甫山に売却するが、その値段は百疋《ひき》である。書物の値段もかなり高いようだ。貧しい下級武士にしては大変であるが、甫山らは学問と教養に投ずるお金は惜しまなかったようである。

養子進の情

前にみた二月一日の絵日記のなかに進が江戸で暮らす石城の兄への香奠と母への懐炉と薬灰を飛脚で送ったことが記されていた。石城も進夫婦と同居して世話になる身であり、進も決して余裕があるわけではない。にもかかわらず、石城の兄と母への進の優しい思いやりをみる。そのようなことは昨年の九月にもあった。

――九月八日曇

「皆《みな》頗《すこぶる》窮《きゅう》せり。明日、重陽《ちょうよう》の期と雖《いえども》、園家《そのいえ》皆単衣《ひとえ》にて寒服《かんぷく》の設《しつらえ》（備え）なし。予、実ハ此の為に暫化病《しばらくけびょう》（仮病）して時をまつへしとせしに豈計《あにはか》らん、誠《まこと》の風邪に侵《おか》されしハ意外の幸《さいわい》也。然《しか》る今夜、進かへりて申《もうす》ハ、誠ニ申《もうす》も赤面《せきめん》なれともあす明日重陽に及ひ、君か単衣服させまつるへきにあらす。予に饂飩《うどん》一ッを持《じ》し参れり、麁末《そまつ》（粗末）なれとも此《これ》にて当分を凌《しのぎたまわ》給れと差出《さしだ》ス其《その》志《こころざししょう》賞すへし。予ハ退隠《たいいん》の身なり、それらの心遣《こころづか》ひ無用なりと答へぬ。同人さけ肴調《ととの》へてすゝむ。臥《ふ》しなから喫しぬ。朝ねき汁、午《ひる》里芋、夕茶つけ」

明日は陰暦九月九日の重陽《ちょうよう》の日である。それは五節句の一つの祝い日であった。陰陽思想では奇数は陽の数であり、その極の九の数字が月と日に重なるので重陽と称した。邪気を避け、これからの寒さに向かって無病息災を祈った。

ところがこの家も自分も皆すこぶる貧窮し、着物は単衣《ひとえ》しかなく、参るための寒服《かんぷく》はない。それは冬着のことで、裏にも布地のある袷《あわせ》である。石城は単衣で参るわけにもいかず、風邪の仮病をして日の過ぎるのを待とうとするが、本当に風邪を引いてしまった。彼はこのことを意外な幸せという。夜になって進が帰るが、石城の風邪を心配して温かいうどんをつくり、石城のいる座敷まで持ってきてくれた。そして進はいう。まことに申すのも恥ずかしいが、明日は重陽の節句であり、君を単衣で参らすわけにはいかない。粗末なれど当分はこれで凌いでくれと差し出す。それはどこかで調達してきた袷《あわせ》の着物のようだ。石城は進の志《こころざし》に感謝するも、自分はすでに隠居の身であり、その心遣《こころづか》いは無用と答える。やがて進は酒と肴を持ってきて石城に勧め、彼は身体を臥しながら進といっしょに飲む。重陽の前日の心温まる夜の二人の風景であった。

このような気心通じ合う二人の風景は翌年の二月二二日の挿し絵にもみられる。それが図28である。この日は終日雨であった。石城は「雨は時の余りなり」と記して、櫓こたつに足を入れ、片袖の夜着《よぎ》を上半身にかけて一日中読書にふける。その対面にいる進は何かの縫い物をしているようだ。石城の枕元と進の煙草盆の横に二つの湯のみ茶碗があり、進がお茶を入れたのであろう。二人ともことばは交わさねど、静かでしみじみとしたひとときである。

進の出立と帰着

重陽の日からしばらくして、今日は進が出立《しゅったつ》する日だ。その任務は城下からすこし離れた熊谷宿《くまがやじゅく》を皇女和宮《こうじょかずのみや》を乗せた輿《こし》（屋型のなかに人を乗せ、その下に取り付けた二本の長柄《ながえ》を担いで運ぶ乗り物）の行列が通るので、その警護であった。朝廷と幕府の結びつきに反対する尊王攘夷派の志士たちの襲撃に備えるためであり、京都から江戸に向かう中山道《なかせんどう》はこの城下から一里半（約六キロ）ほど離れた熊谷宿を通っていた。その出立の風景はつぎのように記す。

—十一月八日晴

「暁《あかつき》七ッ半（五時）、進出立。皆、空腹にて砂利場を多く歩行せしゅへニや、足いたミ草臥《くたびれ》たり。終日炬燵《しゅうじつこたつ》に打臥《うちふ》す。風呂に浴す。朝食むきミ汁、午飯いわし、夕食むきミにつけ」

夜明け前の出立の風景が図29である。その部屋は茶の間であろう。その左手の背面は中段付きの押入があり、右手の背面の壁に漢文の軸物を掛ける。なかなかきりっと引き締まった部屋である。出立する進は長火鉢の前に堂々と坐るが、ふだんの柔和な進とは別人のようだ。戦闘用の陣笠を横に置いて、木具膳で食事をしている。それは剥《む》き身汁であり、ふだんと同じである。そのそばにいる妻の邦子は、進の無事を祈りつつご飯のお代わりを差し出す。石城（嚢山）は櫓《やぐら》こたつに入ってその様子を心配そうに見ている。それに進の実母（柴田母）も見送りにきており、小さな箱火鉢を前にして煙草を静かに吸う。

図の左手には鎗《やり》持ちと若党と称する付け人二人が控える。挿し絵には二人とも下長野村の農夫と記しており、付け人や下男を持てない下級武士なので、このようなときには臨時に雇うのであろう。一応は刀も差した武士の身なりのようだが、実際はまったく戦闘に馴染まない農民である。この二人は早くも朝の八ッ（二時）過ぎにやってきて、石城はそれに合わせて起きる。しかし進や邦子はそれよりずっと前に起きて準備をしたであろう。出立は七ッ半（五時）であった。外はまだまっ暗である。城下町郊外の遠くまで見送ってきたのか、その砂利道に歩き疲れ、石城は一日中家に籠《こ》もってしまう。

実は石城、昨日も熊谷に行っていた。それは大蔵寺と龍源寺の和尚、そして土屋仁右衛門と笹岡善三郎父子の六人での気軽な物見遊山《ものみゆさん》であった。そのことについては後でのべる。

彼は進が出立した日は家にいたが、翌日の午後にはさっそく方々を訪ねる。

—十一月九日晴

「午後まで打臥《うちふ》し、夫《それ》より髪結《かみゆい》に至る。今日午後より往来留《おうらいとめ》。岡村（荘七郎）ト青又（青山又蔵）ヲ遊ふ。又蔵不在龍源寺へゆく。和尚、湯豆腐にて一人飲《いん》し居り。予、酒を欲しけれとも都合よろしからす。六ッ（六時）過《すぎ》辞し、きしや（岸屋）にて塩鰯《しおいわし》五尾《び》四十文求めかへり、右を

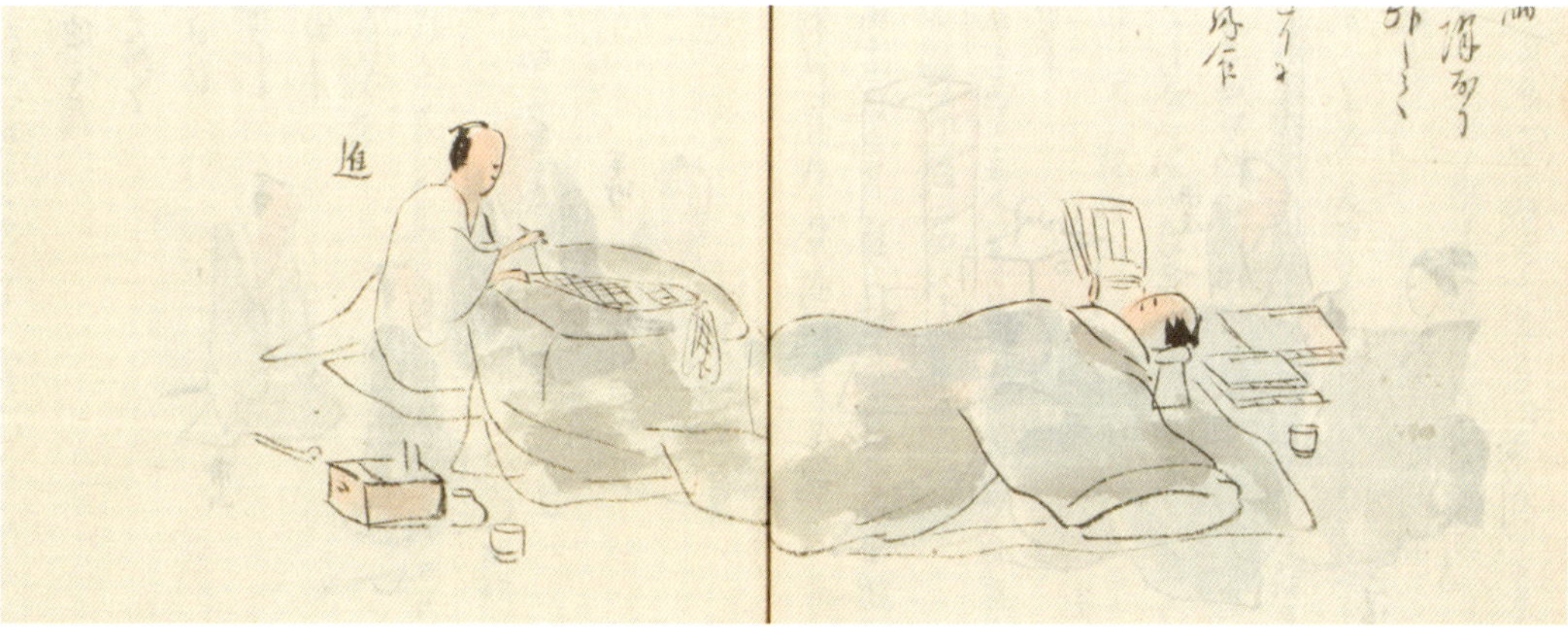

図 28　石城と進

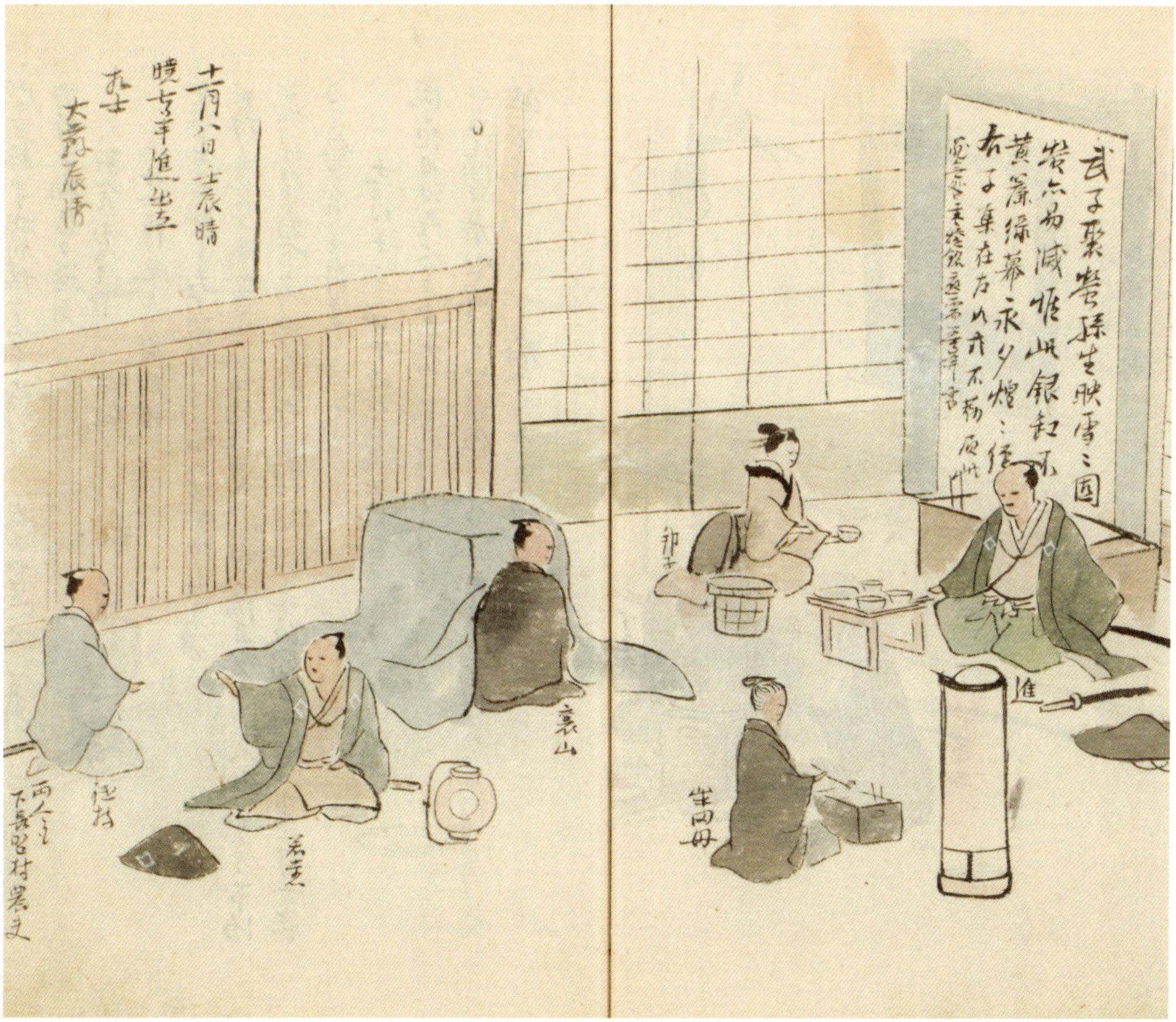

図 29　進の出立

やきて飯を食し臥す」

午後までは昨日の疲れで休んでいたが、それから髪結いに行く。この日の午後からは熊谷宿を通る中仙道の往来は禁止されるという。和宮警護のいっそうの強化であろう。石城は友人の岡村荘七郎（甫山）と青山又蔵を訪ねようしたが、又蔵が不在のために龍源寺に赴く。ちょうど和尚が湯豆腐を肴に酒を飲んでいたので、いっしょに飲もうと思ったが、和尚はどうも都合が悪そうだったので、しかたなく立ち去り、帰りに岸屋に立ちよって塩《しお》鰯《いわし》五匹を四〇文で買い求め、それを家で焼いて酒も飲まずに飯だけ食べて寝た。今日はあまりよい日ではなかったようだ。

そして翌日のことはつぎのように記す。

――十一月十日晴時ニ細雨大風

「（前略）今夕、予宿《よのやど》（自宅）にて芋汁《いもじる》製するよしゆへ夕帰る。柴田母、お邦、予三人にて食。はら満《みつ》ニたり。臥しながら日記をしらへ」

午前中は昨日につづいて龍源寺と岡村宅を訪ねるが、今夕、自宅で大好きな芋汁をつくるというので、それに間に合うように夕方には自宅に帰る。進の実母の柴田母、邦子、石城の三人での芋汁の食事風景が図30である。

大きな丸いかたちの行灯を横に置き、邦子がお櫃《ひつ》から飯を茶碗に盛りつけ、石城（襄山）はすり鉢の芋汁（山芋であろう）をしゃもじですくって茶碗の飯にかけようとしている。その左手にいる柴田母もおいしそうに食べている様子。

ところで図29でみた出立の風景もそうであったが、この柴田母はどちらの挿し絵にも背筋をまっすぐに伸ばした姿で描かれている。実際にそうだったのであろう。武家の女として何事にも動ぜず毅然として生きる気概を見る。芋汁がおいしくて何杯ものお代わりをしたのか、石城は充分に満足して臥しながら今日の絵日記を書く。

和宮の通輿《つうよ》警備のために熊谷宿に行っていた進が帰着したのは、出立して八日後の一六日の夕方であった。和宮が熊谷宿に着き、そこに宿をとったのが一二日であったから、すでに立ち去ってから四日間もなお警備をつづけていた。進が帰着した様子を絵日記につぎのように記す。

――十一月十六日晴

「水仙を花壇にうつし植土《うえつち》かへなとす。風呂をワかし浴す。朝食大根汁、午飯姫貝大根、八碑《ひ》（二時）より甫山（岡村）方へ至る。同所にて夕飯を食しかへる。進帰着。柴田方行《いき》、さけはしまり居《おり》、夜ニ入《いり》まて酌《くむ》。予、酔臥《よいふ》ス。先々無滞《さきざきとどこおりなく》、目《め》出《で》たし〳〵」

石城は午前中、大蔵寺の修行僧の良敬からもらった大好きな水仙を庭の花壇に植え替え、午後からは甫山（岡村）宅へ行き、そこで夕飯をともにする。そして自宅に帰ってまもなくして進が帰着する。さっそく彼の無事の帰りを祝う宴が開かれた。その風景が図31である。

すぐさま柴田家の実母に知らせ、さらに進の甥の柴田戸門も駆けつけてくれた。鍋をしているのであろうか、七輪には鉄鍋が掛けられ、その手前の木具膳には魚などの具を入れた大皿が置かれている。ほっとした表情の進の左手に坐る邦子の腕のなかにはまだ一歳前のおきぬが抱かれている。石城（襄山）も進の右手に坐り、警護のねぎらいのことばをかけているようだ。また柴田母もうれしそうに両手を差し出して何かを語らっているようにも見える。ささやかであるが、心のこもった宴は夜の遅くまでつづいた。そして石城は絵日記に、先々無滞《とどこおりなく》、すなわちこれから毎日が滞《とどこお》りなく順調に進むと思われ、めでたしめでたしと喜ぶ。

皇女和宮は将軍家茂《いえもち》に嫁入りするために江戸入りしたが、それは老中安藤信正《のぶまさ》の画策であった。いわゆる公武《こうぶ》合体である。しかし尊王攘夷派からは激しく非難され、江戸への通輿《つうよ》の道であり、宿泊所

図30　芋汁の夕食

にもなっていた熊谷宿でも不測の事態が予想された。この二か月後に、安藤信正は登城途中に水戸浪士から襲撃される。いわゆる坂下門外《さかしたもんがい》の変である。世はまさに激動の時代を迎えつつあった。それにしても幕府の財政はすでに乏しく、和宮の嫁入り道具を諸大名に分担させていた。

図31　進の帰着

そのことを**十二月二日**の絵日記に、「和宮様御調度《ごちょうど》の類諸大名へ御手伝《おてつだい》被仰付候由《おおせつけられそうろうよし》、当藩ハ梨子《なしじ》地重箱小梨子地耳盥《みみたらい》のよし、凡《すべて》六十金ほとゝ云《いう》」と記す。

忍藩の分担は、梨子地《なしじ》塗りの重箱と小梨子地塗《こなしじ》りの耳盥《みみだらい》（左右に耳状の取っての付いた小形の盥、口を漱《すす》ぐのに用いた）を合わせて六〇両ほどであったが、幕府の勝手な都合に大名の多くは反発したにちがいない。

兄と妹

石城は家の仕事もよく手伝う。図32は柴田母、妹邦子といっしょに菜《な》洗いをする風景である。前にみた進が出立する二日前の一一月六日のことであった。その菜とは、蕪《かぶ》か大根の葉っぱのようだ。それを洗って天日《てんぴ》干しにし、汁に入れたりして食べるのであろう。またその一部を漬物にもする。右の絵は柴田母が筵《むしろ》に坐って葉っぱを包丁で切り、その葉っぱを邦子と石城（永慶）が大きな二つの樽の水で洗って後ろの広い天板に並べて干している様子。陰暦の一一月といえばもうかなり寒い。にもかかわらず二人は腰の

図 32　妹、柴田母との菜洗い

図 33

着物をまくり上げて作業するが、その姿が何とも愉快だ。

邦子は、兄石城の生きざまを心配しながらも温かく見守り、また心から尊敬しているようだ。そのような兄への優しい情は挿し絵のところどころでうかがえる。つぎの絵日記もそうである。

―十二月朔旦《さくたん》（一日）晴

「（前略）予、火燵《こたつ》に臥しなから舎妹《しゃまい》（私の妹）にさけあたためさして酌《くむ》。心中更《しんちゅうさら》にゆう〳〵たり。是《これ》につけても母の事思《おも》ひ出て、予、安逸ハ却《かえっ》て心くるしと謂《おもう》へし。今日、金子《きんす》壱両三朱を封して江都《えど》（江戸）の浅井へ書状出ス」

今日の夜はこたつに臥せりながら、妹邦子の酌でゆったりと酒を飲む。その風景が図33である。大きな薬缶《やかん》が掛《か》った長火鉢の横で、兄に優しく酒をつぐ邦子のしぐさがいじらしい。石城は悠々とした気もちで盃を差し出し、幸せそうにそれを受ける。誠に仲のよい兄妹《きょうだい》だ。そのうち江戸の母（浅井）のことを思い出し、妹といろいろと語り合ったのであろう。そして今日はその母へ金子《きんす》一両と三朱を書状に添えて送金する。収入の不安定な石城にとってはすこし苦しいが、彼の精

図 34　水仙の植え替え

いっぱいの親孝行をそこにみる。

水仙と鶏

石城は花と植物、そして生きものが大好きで、それらをよく写生する。この日も大蔵寺近くの竹林に生える水仙を鉢に植え替え、それを自宅に持って帰る。

——十一月十一日晴

「菜にこやしかくる。午後、大蔵寺に遊ひしに、竹林の中にうつくしく水仙花《すいせんか》の咲出《さきいで》たるいく本もありけりとて頃、欲《ほっ》しぬる事ゆへ一茎《ひとくき》を貰《もら》ひ得て鉢に移し座右《ざゆう》（身近な所）に置く。此花《このはな》ハ黄玉花《おうぎょくか》と称し、又深黄《しんおう》にして金色なるを金盞銀盞《きんせんぎんせん》といふ。千葉《せんよう》なるものを玉玲瓏《ぎょくれいろう》と本草《ほんぞう》にみえたり」

石城は午前中、庭の畑に植えている野菜に便所のこやしをかける。それは汲み取り便所のし尿槽からし尿《にょう》を二つの肥樽《こえだる》に汲み取り、その肥樽を肩棒でかついで畑まで運ぶきつい作業だ。下級武士たちの禄高は少なかったが、このように狭い庭に自家菜園をつくってその貧しい暮らしを支えた。

午後になって大蔵寺に遊びに行ったが、そのそばの竹林に美しく咲いている水仙が欲しくなり、一茎《ひとくき》をもらい受け、それを掘って鉢に植え替えて自宅に持ち帰る。石城によれば、水仙とは別名黄玉花《おうぎょくか》とも称し、また深い黄色で金色の水仙を金盞銀盞《きんせんぎんせん》という。そして水仙の花のまん中の黄色い部分を黄金の杯《さかずき》すなわち金盞《きんせん》といい、そのまわりの白い花弁を銀の台にたとえて銀盞《ぎんせん》というのだそうだ。さらに千葉《せんよう》（八重咲きの花の花弁）の水仙は玉玲瓏《ぎょくれいろう》すなわち玉のような美しいさまであるという。これらは植物と花の書物（本草《ほんぞう》）に載っているといい、なかなか博識で詳しい。

竹林で水仙を掘って鉢に植え替えている風景が図34である。大蔵寺の良敬がしゃがんで一生懸命にその作業をしており、そばに立って、その美しい水仙の花を眺めているのが石城（永慶）である。良敬は寺から鍬《くわ》を持ち出し、それで丁寧に水仙の球根を痛めないように深く掘ったのであろう。

石城は水仙などの花や植物、それに鳥などを写生するのが大好きだ。つぎの絵日記にもその風景が記されている。

――十一月十五日曇

「（前略）巳碑《みひ》（一〇時）後、良敬子《こ》翡翠《かわせみ》をとらへ来るゆへ右写生八ッ（二時）過迄ニて出来。薄暮より龍源に至る。良学素読後政二郎も来り、さけ一二合ニて輟《やめる》、大蔵会す。夜九ッ（一二時）過までさま〱の物語りなして帰る。まくろ、なます、にしめ。朝食蕪しる、午飯茶つけ、夕食さつま芋」

石城は長徳寺で行われた早朝の寒稽古を済まして帰ると、良敬が翡翠《かわせみ》の子どもを捕まえて持ってきた。さっそく写生を始めるが、その風景が図35である。部屋は座敷であり、大きな座卓で写生をする。良敬は翡翠が飛んでしまわないように手にしっかりと持ち、その前で石城が真剣に写生をしている。そのとなりにはお馴染みの小弥太と元太郎がいる。

写生は午後の二時過ぎに描き終えた。薄暮になって、粗末なさつま芋の夕食を済まして龍源寺に赴く。そこにはよくきている町人の越中屋政二郎もいたので彼らとすこし酒を飲む。やがて大蔵寺の和尚も現れ、夜の一二時すぎまでいろいろと語り合った。その酒の肴はまぐろ、膾《なます》、煮しめであったが、これらは政二郎の差し入れであろう。

石城は自宅で鶏《にわとり》も飼う。しかし近所にはそれをうるさくいう者がいるらしい。そのことをつぎの絵日記に記す。

――葉月《はづき》（八月）七日晴

「大蔵寺に遊ふ。妹とも予《よ》、鶏《にわとり》を飼置《かいおき》しを免例《めんれい》（許される範囲）なりと。かしましく（やかましく）いふ婦人の口《くち》さかなき（たちが悪い）ハ去事《さること》（以前から）なれとも、予《よ》、今室《いましつ》（妻）もなく、かゝる身なれハ、少しき事ハ忍《しの》ひても予せしるを順《なら》ふへきに鶏すらかくの如し。行末心《ゆくすえこころ》得《え》すハ有《ある》へからす。心いかりて大蔵寺に至り、良敬に与え遣《つかわ》しぬ。夜、土屋に遊ふ。甫山、越智会す」

近所の婦人から、夜明けの鶏の鳴き声がうるさいと、これまでたびたび苦情を言われてきたようだ。下級武士たちは貴重な栄養源の鶏肉と鶏卵を得るために鶏を飼うのが多いが、この石城の鶏はとくに大きな鳴き声だったのであろう。

これにたいして彼は考える。自分は今、妻もいない一人身であり、しかも上書で咎めを受けてこの家に住むようになった負い目の立場である。よって人からはあまりよく思われていない。なれば少々のことは我慢しようとしたが、これ以上妹夫婦にも迷惑がかからないようにと、こ

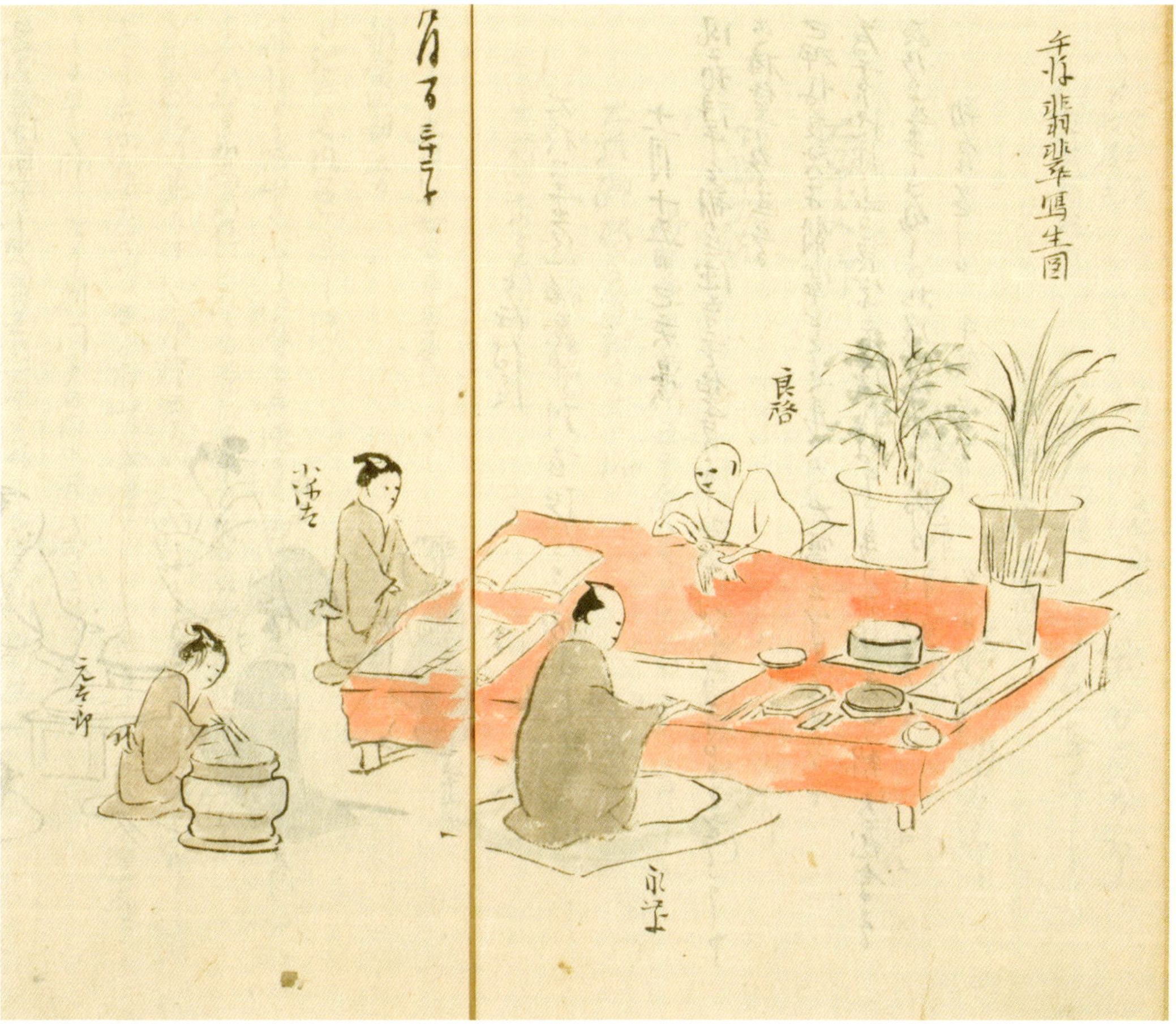

図 35　かわせみの写生

図 36　鶏を譲る

れから先のことを考えてしかたなく鶏を良敬に譲ってしまう。文中の「心いかりて大蔵寺に至り」に石城の憤懣やるかたない気もちがうかがわれる。隣り近所のいろいろな煩《わずら》わしさは江戸時代にもやはりあったようだ。

図36はその鶏を竹籠《かご》から出して良敬に譲る風景であるが、良敬が抱える二羽はなかなか立派な鶏冠《とさか》と羽を持っている。

第四章—下級武士の友人宅の風景

石城は友人宅を毎日のように訪ねる。そこに彼らがいるということは、友人たちもふだんの多くは家にいたことになる。またそこには石城のほかに下級武士仲間、寺の和尚、町人たちもやってくる。下級武士の登城勤務は少なく、友人たちとでさまざまな交わりと催しが家で行われていた。ここではそれらの友人宅の暮らしの風景をみよう。

なかでもたびたび訪問するのは岡村宅と土屋宅である。岡村とは、すでにのべてきたように名を荘一郎といい、号を甫《ほ》山《ざん》と称す。禄高は不明であるが、一〇人扶持ほどの下級武士のようだ。石城とは齢《とし》も変わらず、家も石城の自宅に近いところとみられる。しかも石城と同様にまだ一人身のようだ。彼もまた書物をたくさん読み、老荘の書物を石城から高額で買い取ったり、多く書物を石城と貸し借りをする。学問好きの真面目な青年武士である。

そして土屋である。名を仁《に》右衛門《えもん》といい、元方改役《もとかたあらためやく》一四石弐人扶持の下級武士だ。挿し絵に描かれたその風貌は白髪が混じった高齢に見えるが、れっきとした現役武士である。結婚が遅かったのか、彼には歳ごろの美しい娘がいる。さらに真蔵《しんぞう》と称する後継ぎの倅《せがれ》もいる。石城はこの土屋を心から尊敬し、信頼しているようだ。しかもこの土屋の家には、彼の人望を慕って多くの下級武士や、料亭の女将まで集まってくる。

石城はこの二人以外の下級武士の友人たちの家もよく訪れる。それは川の舎、川上、笹岡、佐藤、高垣宅である。それらの友人宅での暮らしの風景をみていくが、まずよく行く岡村宅と土屋宅からみよう。

岡村宅での夕食

—文月朔日《ふみづきさくじつ》（七月一日）快晴

「六ッ（六時）後、目さめ篦頭《へらず》（髪結い）にゆき、髪月代《かみさかやき》し、龍源にて朝食す。唐《とう》茄子《なす》、につけ。舎妹《しゃまい》（妹の邦子）羽織を持来《もちきた》る。宿閉《しゅくへい》（前々からの持病）の為に腹内よろしからず。そうめんを求めしに、からしいつ方（どこにも）もなし。則《そく》、からし菜のたねをすりて給す。午飯に右を食す。大《おおい》によろし。夫《それ》より一同仮寝《かりね》す。八ッ（二時）過《すぎ》目さめしに大蔵寺来れり。則《そく》、同道《どうどう》（いっしょに行く）にて甫山方を訪ねしに眼病にて在宅なり。縁鼻《えんばな》（縁の先）に出て語談《ごだん》す。童子《どうじ》（子ども）、飯をかしきて（炊《た》いて）夕食を出すまゝに和尚と

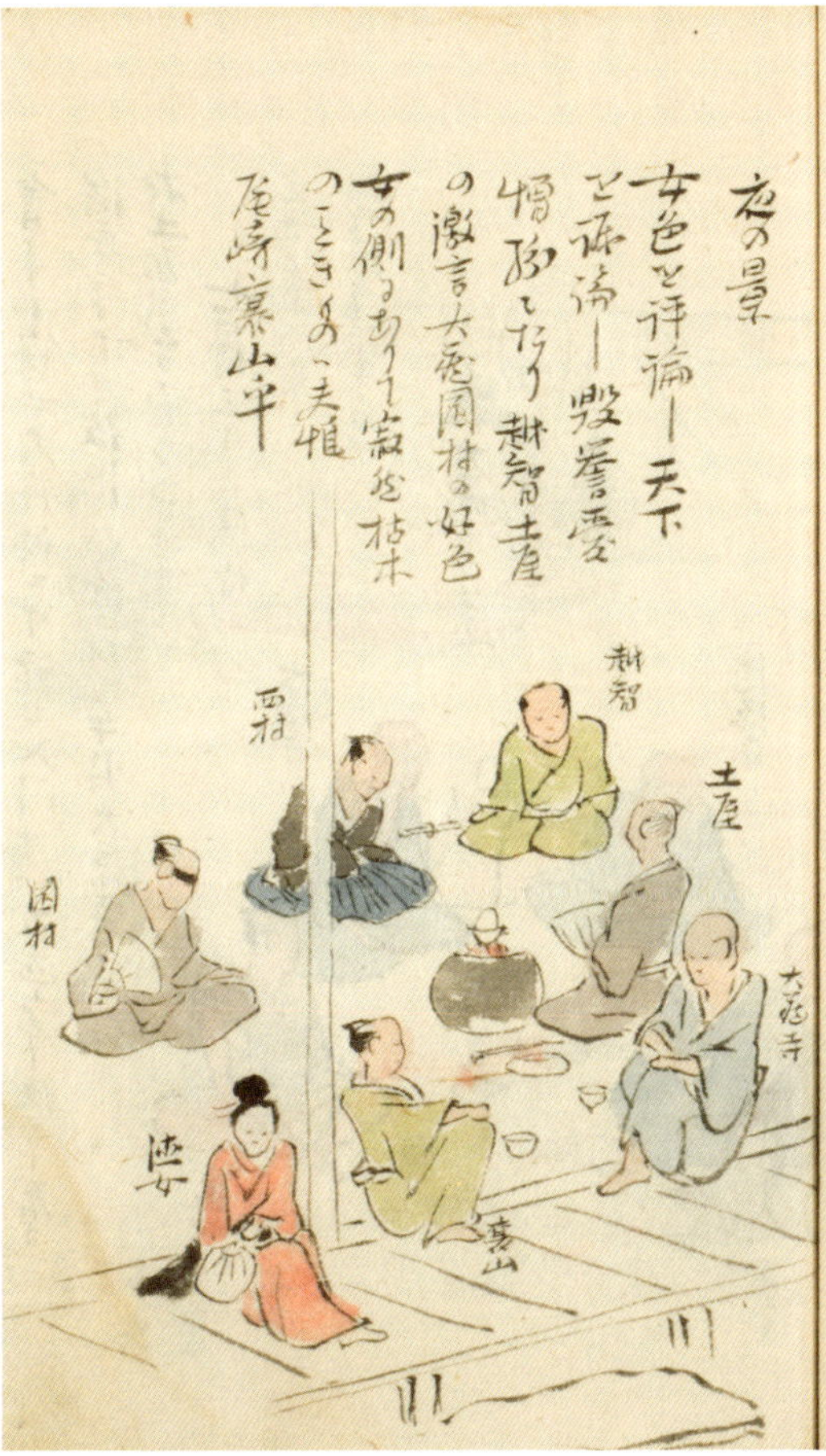

図 38　土屋宅の談義

図 37　岡村宅の夕食（1）

共に喫し（食べる）」

石城は朝早くの六時に目がさめ、すぐ髪結いに行った後に今日もまた龍源寺に赴く。そこで朝食をよばれるが、それは唐茄子《とうなす》と煮つけであった。唐茄子とはかぼちゃのことである。しばらくして妹の邦子が羽織を持ってくる。そして昼ごろまでそこに留まるが、宿閉《しゅくへい》すなわち前々からの持病のためにお腹の調子がよくなく、彼は昼飯に素麺《そうめん》を所望する。ところがあいにく素麺のたれにつける辛子がないので、辛子菜の種をすって間に合わす。それがよほどおいしかったのか、すこぶる満足して「大《おお》によろし」と記す。朝食をよばれた上に昼食に素麺まで所望し、さらに自分で辛子をつくる。しょっちゅう訪ねる龍源寺での遠慮なしの振る舞いだが、そこが何となく愉快だ。

その後和尚と昼寝をし、二時ごろに訪ねてきた大蔵寺の和尚とともに岡村（甫山）の家を訪ねることになった。そこでまた夕食をご馳走になるが、その風景が図37である。夕食の前に、縁鼻すなわち縁の先端に出て庭を眺めながら談笑し合った後に夕食となる。

絵日記にも描かれているように、その

庭にはいろいろな草花がたくさん植わっているようだ。縁の近くに坐る石城（襄山）は左手のお椀の飯を口いっぱいにほおばりながら大蔵寺の和尚に楽しそうに語りかけ、和尚はそれににこやかな表情で聞き入り、岡村荘七郎（甫山）はその前で静かに箸《はし》を持つ。

左手には童子と称する男がお茶を運んでくる様子を描く。童子とは子どものことであるが、挿し絵に見るその風貌は前髪はなく月代《さかやき》（頭頂）を剃っているのでもう大人のようだ。おそらく彼は岡村の弟であろう。岡村と童子はともに目を患い眼帯をしていた。

挿し絵には、

「荘七郎、童子ハ眼病ニて帽子《ぼうし》をかけたり、なまりふし茄子《なす》、さしきの煮つけ、折《おり》から興《きょう》深し」と記し、

眼帯を当時は帽子と称していたのが興味深い。そして夕食に出た「なまりふし」とは、生利節《なまりぶし》すなわち生の鰹《かつお》の切り身を蒸したり茹《ゆ》でたりしたもので、それを茄子と煮た料理である。男兄弟二人でその料理を一生懸命につくったのであろう。石城は末尾に「興《きょう》深し」と記し、味わい深い料理を囲む和やかな夕食の風景であった。

土屋宅で天下女色を論じる

前にみた絵日記はさらにつづく。

「薄暮《はくぼ》より仁右衛門方に遊ふ。越智新右衛門、西村幸内会す。九ッ（一二時）過《すぎ》かへる。土屋方に止宿《ししゅく》（泊まり）の婦人あり、醜《みにくき》なれともいと（大変）にきやかなるものなり」

今日の岡村宅での夕食を終えると、石城と大蔵寺の和尚は岡村といっしょに土屋宅を訪ねる。すでに下級武士仲間の越智新右衛門《おちしんえもん》と西村幸内《こうない》もきており、座敷とみられる部屋で談義が始まっていた。その風景が図38である。後からきた石城（襄山）と大蔵寺の和尚は向かい合って縁に坐り、石城は柱にもたれて皆の話を聞いている。石城の左手には止宿《ししゅく》すなわち土屋宅に泊まっている婦人がうちわを持って庭を眺めている。石城はその婦人のことを「徳女《とくじょ》」と挿し絵に記し、絵日記には「醜《みにくき》なれともいと（大変）にきやかなるものなり」と記しているが、さぞかし快活で、また徳すなわち品性も備わっていたのであろう。そしてその談義の内容もつぎのように挿し絵に記す。

「夜の景、女色《にょしょく》を評論し、天下を議論し、毀誉《きよ》変増《へんぞう》粉々《ふんぷん》たり、越智、土屋の激言、大蔵、岡村の好色、女の側《そば》にありて寂然《せきぜん》枯木《かれき》のごときものハ、夫唯《それただ》、尾崎襄山《じょうざん》乎《や》」

談義は女性のことから天下国家にまで及ぶ。けなしたり誉めたりで、諸説入り乱れるさまであるが、世の行く末を激しく論ずるのは越智と土屋である。その土屋は皆の中心にいて、高齢にして背筋をまっすぐに伸ばして毅然と坐る。温厚ながらも自分の信念をしっかり持った人のようだ。また女色を論ずるのは和尚と岡村である。それを見て、ひっそりと静かで枯れ木のごときは自分一人であると達観するのは石城であった。

とくに大蔵寺の和尚は仏に仕える身でありながら女色を論じているのは愉快だ。もっとも僧侶が初めて女色を云々したのは鎌倉時代の親鸞《しんらん》からである。彼はそれまで禁じられていた肉食妻帯《にくじきさいたい》（肉を食べ妻を娶る）を自ら率先して実行し、仏教の戒律の意味なしを説いて民衆のなかに自分をさらけ出し、あるがままに生きるという自然法爾《じねんほうに》への道を開く。この和尚たちも酒をよく飲み、女たちを好んだが、

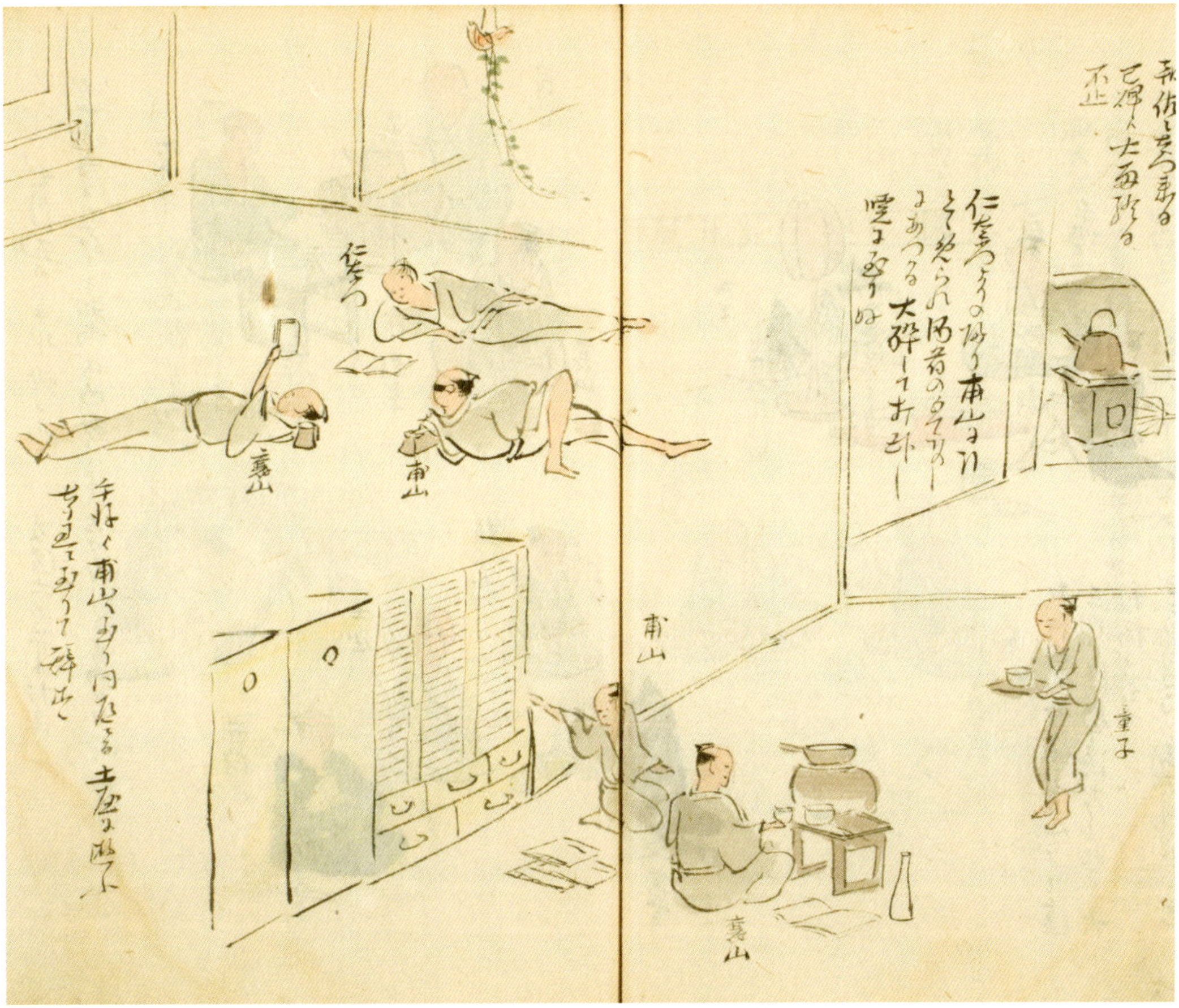

図39　土屋宅でのくつろぎ（左手上）　図40　岡村宅の夕食（2）（右手）

その教えを忠実に実践したともいえる。だが和尚の務める大蔵寺は臨済宗《りんざいしゅう》の禅寺であり、その教義は無欲無私の禅修行で悟りを開くことにあったから、すこし脱線ぎみではある。

土屋宅から岡村宅へ

石城は翌日の二日にも土屋宅と大蔵寺に出向くが、さらに三日にも大蔵寺に行き、そして四日にはまた土屋宅と岡村宅を訪れる。

―七月四日

「朝、佐々《ささ》右衛門《えもん》来る。巳碑《みひ》（一〇時）ス。大雨終日不止《やまず》。午後より甫山へ至り、同道ニ而《て》土屋に遊ぶ。七ッ（四時）過に至りて辞す。（後略）」

今日は終日大雨であった。午後になって甫山（岡村）を誘って土屋宅へ行く。その風景が図39である。部屋の左手上には軸物の掛かった床の間があることから、そこは座敷である。その床の間の右手の方は縁から庭へとつづいているのであろう。縁と座敷のあいだの鴨居には鳥のかたちをした釣りものが掛けられ、それに蔓《つる》らしき草花を垂らしている。前にみた図7の土屋宅の風景は茶の間であったが、その部屋の柱にへちまのかたちをした小さな籠《かご》を掛け、そのなかに花瓶を入れて花を生けるようにしていた。この優しくて気骨ある老武士の家は、このように風流な趣のある佇《たたず》まいであった。石城も水仙の花や千日草などを好み、それを身近に置いて写生をよくしていた。幕末の下級武士たちは狭くて小さな家であっても工夫を凝らして風流を楽しんでいた。

三人は座敷に寝そべりながらそれぞれに過す。土屋（仁右衛門）と石城（襄山）はゆったりした気分で書物を読むが、岡村（甫山）は眼帯をかけているのでそれが叶わず、二人に何かを話しているようだ。この挿し絵の風景からは、ゆっくりと過ぎゆく時間と空間のなかでの悠然とした暮らしぶりが感じとれる。

この日の絵日記はさらにつづく。

「仁右衛門よりの帰り甫山に行《いき》、とゝめられ酒肴《しゅこう》のもてなしにあつかる。大酔《たいすい》して打臥《うちふ》し暁《あかつき》に至りぬ」

石城と岡村（甫山）は夕方の四時過ぎに土屋宅を辞す。その帰りに岡村に誘われて彼の自宅に立ちより、そこで酒と肴のもてなしに与《あずか》る。その風景が図40である。部屋は茶の間のようであり、右手の向こうに竈《かまど》が見え、その手前の板間には大きな薬缶《やかん》が七輪《しちりん》にかかっている。そこが台所であろう。また左手には下に二段の引き出しの付いた高い書物棚がある。そこにたくさんの書物が収められており、それを取り出そうとする岡村（甫山）が描かれている。彼もかなりの学問好きのようだ。石城（襄山）は木具膳《きぐぜん》の前で汁《しる》椀《わん》を持ち、それを飲みながら酒を飲んでいる様子。そのそばに一冊の書物が開かれているが、それは甫山から紹介されたものであろうか。そこへ弟とみられる童子が料理を運んでくるが、二人とも眼帯を外しているので眼はよくなったのであろう。今日の料理は「肴、ししミ汁、奴煮とうふ」のささやかなものであったが、石城は夜明けまで飲みつづけ、とうとう大酔いして打ち臥してしまう。

岡村からの借金

石城はこの岡村と書物の貸し借りをし、また彼から借金をすることもある。そのことをつぎの絵日記に記す。

――十一月四日晴

「朝、和尚と共に麦めしたき、菜汁煮て食し。夫《それ》より甫山方へゆき、八大家文《はちたいかぶん》二巻持参、同人へ御遺訓《ごゆいくん》一巻、五事略《ごじりゃく》一巻、図表正□、宇ひ山《やま》ふミ、古道大意《こどうたいい》、〆《しめ》五冊返却。横山市太郎会し、少し内談し、今夕奥山方へ会さんとの約。甫山よりたのまれの事もあり、同人より結髪料二八孔《こう》借用。帰途髪をゆふ。龍源寺に立寄《たちより》、五事略貸ス。（後略）」

今日の朝も例のごとく龍源寺に行き、和尚といっしょに麦飯を炊き、菜汁を煮て朝食をする。まもなくして岡村（甫山）宅を訪ねるが、その風景が図41である。ちょうど岡村は書物を読んでいたようだ。そして彼に頼まれていた『八大家文《はちたいかぶん》』を持ってくる。それは中国の唐宋を代表する韓愈《かんゆ》など八人の文人が書いたもので、政治論、国家論、官僚論、人材論を主な内容とする。さらに彼から借りていた書物五冊も返す。そのなかの『御遺訓《ごゆいくん》』とは徳川家康が遺《のこ》したことばをまとめたものであり、たとえば「及《およ》ばざるは過《す》ぎたるよりまされり」などの座右《ざゆう》の銘《めい》を記す。また『五事略《ごじりゃく》』とは江戸中期に生きた朱子《しゅし》学者の新井白石《あらいはくせき》の書、『古道大意《こどうたいい》』とは国学者の平田篤胤《ひらたあつたね》による日本古来の精神についての講談書、『宇《う》ひ山《やま》ふミ』とは宇比山踏《うひやまぶみ》ともいい、本居宣長《もとおりのりなが》が書いた国学の手引書である。いずれもかなり高度な思想的哲学的な書物で、それを石城は風呂敷に包んで持ってきた。

　岡村は座敷とみられる障子の際《きわ》に座卓と小さな文机《ふづくえ》を並べ、熱心に数冊の書物を読んでいた。そこへ下級武士仲間の横山もやってきて、丸火鉢を囲み、岡村の差し示す書物について真剣に談義しているようだ。挿し絵には「岡村宅、自《じ》四時《よつどき》至《し》八ッ半」と記し、午前の一〇時から午後の三時までの長いあいだ岡村宅にいたという。その間、昼飯にお茶漬けを皆で食べる。

　石城は帰り際に髪結い料を岡村から借りるが、その金額は二八孔《こう》と記す。それは孔すなわち穴《あな》の空いた銅銭のことで、二八文にあたる。たまたま持ち合せがなかったのか、あるいはこの程度のお金に不自由することもあったのかもしれない。

　ところで、石城は帰りに龍源寺にふたたび立ちよる。それは岡村から頼まれていた『五事略』を和尚に貸すためである。それにしても新井白石の朱子学の難しい書物を寺の和尚が読むとは驚きである。和尚たちも仏教の経典だけではなく、哲学や思想についても幅広く勉強していたようだ。

　この日の夕食はやっと自宅で食べるが、その料理は豆腐汁と豆飯であった。

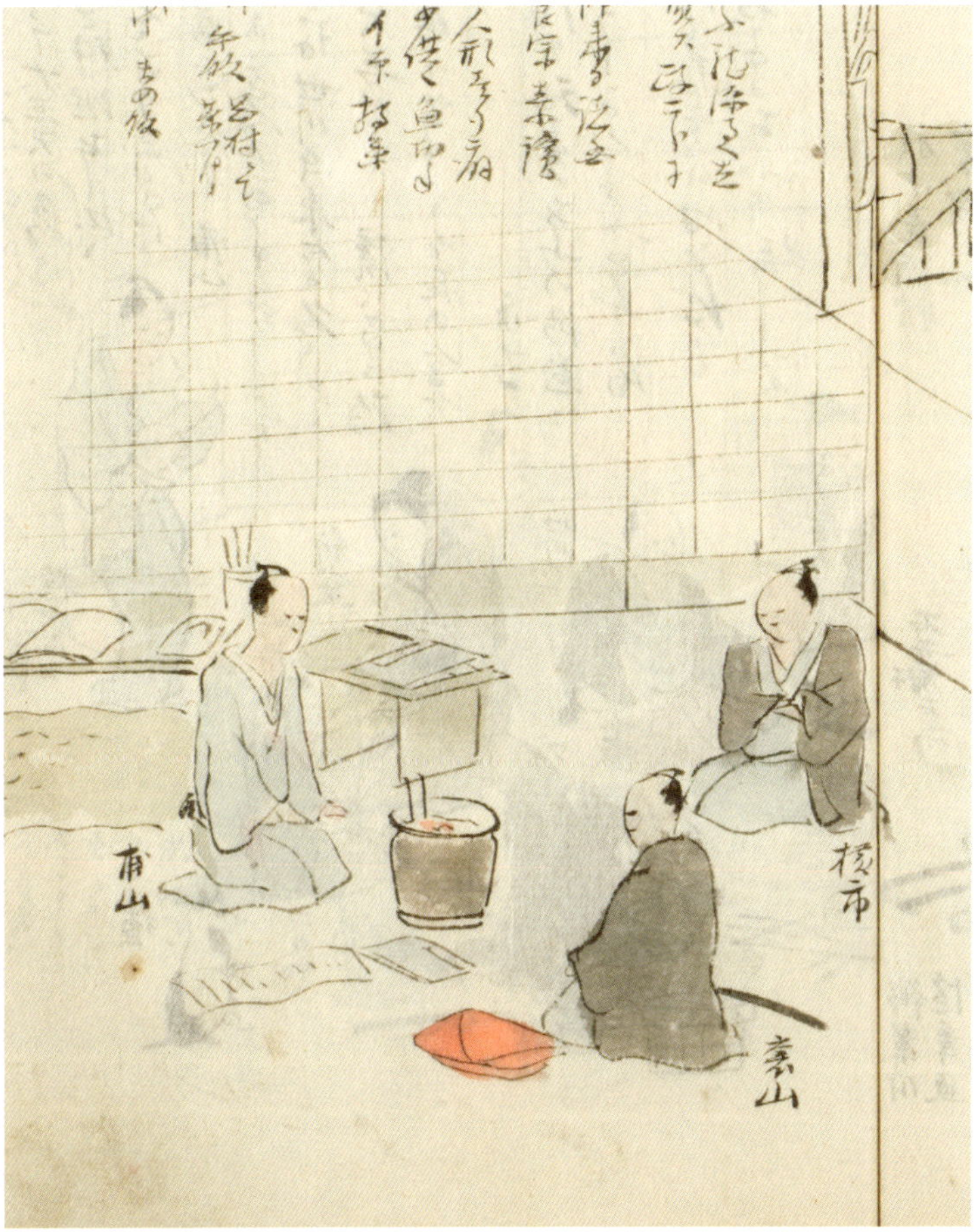

図41　岡村宅の談義

岡村とさんま一匹

　この日も龍源寺に行った後に岡村宅に立ちよる。彼は飯を炊くのがおっくうで、まだ昼飯を食べていないという。そこで石城はいっしょに飯の準備を手伝うことになり、台所に入る。そのことを絵日記に記す。
　—十一月十日晴時ニ細雨大風
「夙《つと》（早く）に起《おき》、日記しらへはしめ、右少々著述の事に付《つき》て也《なり》。午前、龍源寺

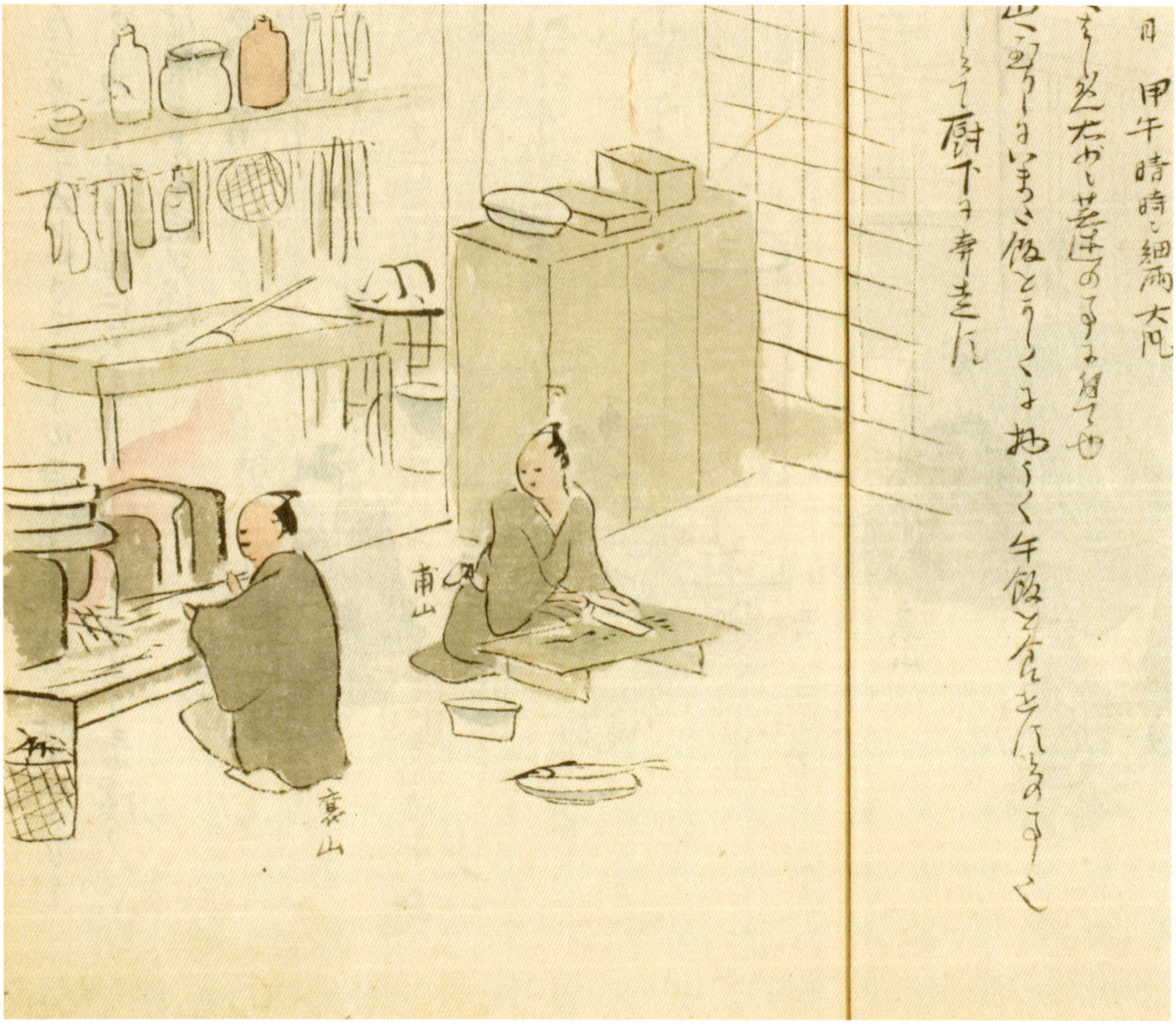

図 42　岡村とさんま一尾

より甫山へ至りしに、いまた飯《めし》をかしくに（炊かず）物《もの》うく（慵《ものう》く＝おっくうで）午《ご》飯《はん》を食《しょく》せすとの事也。然《しから》ハ、予、手伝ふへしとて厨下《ちゅうか》（台所）ヲ奔走《ほんそう》す。飯熟《めしじゅく》し、さんま一尾《いちび》求めしとて、右をやきて弐《ふた》ッに切《きり》、甫山と共に喫す。時に八ッ（二時）なり。（後略）」

図42はその風景を描く。そこは土間と板間の台所である。土間に据えられた二つ穴の竈《かまど》は、土間からでなく、床上の板間から坐って焚《た》くようになっている。絵のように調理は板間でするので、それとは反対の土間側に焚口《たきぐち》があると不便だからである。

このように武士の家の竈は全国的にみてもほとんど板間から坐って焚くようになっていた。土間の向こうに見えるのは流しと棚である。流しは当時水走《みずはし》り、または舟《ふね》、棚は水棚《みずたな》とも呼ばれていた。その棚の上に置いているのは味噌壺、塩壺など、棚の下に掛けているのは、すり鉢棒、笊《ざる》などの類だろう。そして右手に見えるのは食器類を入れる水屋と思われる。

石城は板間に坐って竈に薪《たきぎ》をくべて釜の飯を炊き、岡村はその横で、まな板のさんまを切る準備をする。その前の大皿に置いたさんまがとても印象的だ。二人の独身下級武士が一匹のさんまを二つに分けて食べる風景はいじらしくて心温まるものがある。

岡村宅の酒宴

この岡村の家にも多くの下級武士たちがやってくる。前の絵日記より八日後の一一月一八日の絵日記は文章がなく挿し絵だけであるが、それが図43である。岡村宅の部屋には横市（横山市太郎）、土屋（仁右衛門）、そして石城（隼之助）がいる。左手に見える保二郎とは弟のことであろう。障子のそばに小さな座卓を置いた風景は図41でみた同じ座敷である。今日は障子を開けているので外の縁が見える。

図 43 岡村宅の酒宴

図 44 岡村の病

土屋と横市が口を大きく開けて歌い、それに石城（隼之助）が両手を高く上げて愉快そうに手拍子をする。岡村（甫山）も皆の盛り上がりに合わせてすこし手を叩く。この風景を見れば、闊達《かったつ》であり、往々にしてはめを外す石城にくらべて、岡村はすこし内気で生真面目な人柄のようだ。皆のまん中に置かれた一つの木具膳に料理を載せ、それを各自の取り皿に取って食べている。左手の弟の保二郎が誰かの汁のお代わりを鍋からお椀にもくもくと注《つ》いでいるのが印象的である。和やかな下級武士たちの宴であった。

ところで六月一九日に遡るが、その日の岡村宅の風景を描いた図4の挿し絵は、岡村が柱にもたれて何かを深刻に考え、石城、土屋たちがそれを気遣っている様子であった。その後、問題は解決されたのであろうか。この挿し絵からも、酒宴のなかに彼を励まそうとする友人たちの思いやりがにじみ出ているようだ。

岡村の病

岡村は翌年の二月、長年の持病がもとで床《とこ》に臥せってしまう。そのことをつぎ記す。

――令月《れいげつ》（二月）廿八日曇

「（前略）午後より甫山方へ至りし所、

同人病気ニて打臥《うちふ》し居《お》り、枕辺《まくらばた》ニてしばらく語譚《ごたん》（話し合い）し、夕方土屋へ立《たち》よる。赤のめし出ス。（後略）」

図44を見れば、布団を敷いて臥せっている部屋は座敷であろう。布団のそばに書を読んだり書いたりする小さな座卓があり、彼は寝ながらも、時には起きて書物を読んでいたようだ。座卓の両側に置かれた高さ三尺（約九一センチ）ほどの四角い箱のようなものはおそらく行灯ではないか。眼が悪いので二つの明かりで書物を読んでいたものとみられる。よほど熱心な書物好きのようだ。石城は座卓の前に坐り、刀を後ろに置いて岡村と何かを語り合い、彼もまた半起きになってそれに応える。しばらくして夕方となり、ここを辞し、土屋宅に立ちよるが、そこで赤飯をご馳走になる。

岡村の病はその後どうなったか。四月一五日の絵日記に描かれた図45の挿し絵には自宅での元気な様子が描かれており、幸いにも病は快復したようだ。この日、石城は小袖《こそで》二着を質入れして金子《きんす》をつくり、その一部を岡村への借金返済にあてようとする。石城は前にも岡村から髪結い料を借りたが、彼からよく借金をするようだ。そのために夕方になって岡村宅を訪ねるが、すでに友人の笹岡がきていた。岡村（甫山）は二人の子どもに手習いを教えている最中であり、彼は元気そうに書生と記す子どもたちに熱心に説明している様子。石城も安心して笹岡とにこやかに語らう。

土屋宅の酒宴

前にみた二月二八日、岡村宅を出た石城は土屋宅に立ちより、そこで赤飯をご馳走になったことはすでにのべた。この土屋宅には多くの人が集まるが、つぎの日もそうである。

――九月一日快晴冷

「夙《つと》（朝早く）に起《おき》、拝畢《はいひつ》（礼拝を終える）。昨夜より食当りの気味にて腹痛甚《はなはだ》しく瀉《しゃ》（吐く、下痢）強し。巳《み》碑《ひ》（一〇時）後、津坂《つさか》より山腰林《やまこしりん》左衛門《ざえもん》に至る。秩父表《ちちぶおもて》（秩父方面＝現在の埼玉県の西端）の事相談。午後、大蔵寺に遊ふ、仁右衛門会ス。（中略）夜、土屋に遊ふ。兼《かね》て今宵《こよい》、西村、岡村と約して一盃催《いっぱいもよお》すへき所《ところ》、予、腹瀉《ふくしゃ》の為にあたわす（能《あた》わず＝不可能となる）、然《しか》るに夜五ッ（八時）の鐘もひゝ《び》く（響く）頃、西村しきりに酒すゝむ。予、腹痛もやゝ癒《いえ》たり。則《そく》、西村、酒店にはしりてさけ一升、にしめ一皿持し、予も共に厨下《ちゅうか》（台所）に走奔《そうほん》（かけ回って）してさけあたゝめ酌《くみ》し折《おり》、岡村も来り、土屋の室《しつ》（家内）もかへれり、塩物のしまし杯《など》製し、四ッ（一〇時）過迄酌《すぎまでくみ》て辞す。帰途《きと》甚《はなはだ》しく吐《と》却《きゃく》（胃からものを吐く）す。是《これ》にて腹うちこゝちよろし。朝ねき汁、午茶つけ、夕茄子、さけ一合」

石城は前日の食べ物が当たったのか、昨夜から今朝にかけての腹痛で吐いたり下痢をしたりで散々であった。それでもねぎ汁の朝ごはんを済ませ、津坂や山腰の家に所用のために出かける。そして茶漬けの昼飯を済ませた後に大蔵寺に行き、そこで土屋仁右衛門に会う。その後に自宅で夕食の茄子を食べ、酒一合を飲むが、夜になって土屋宅を訪問する。大蔵寺を訪ねた折りに土屋に会ったが、そこで誘われていたのであろう。

図46では、土屋宅に行くと、すでに西村幸内がきていた。かねてより、西村と岡村とで一杯を催す約束をしていたが、石城の腹痛のために断念する。しかし八時を告げる鐘が響くころに西村があきらめずに頻《しき》りに酒を勧める。石城は腹痛も

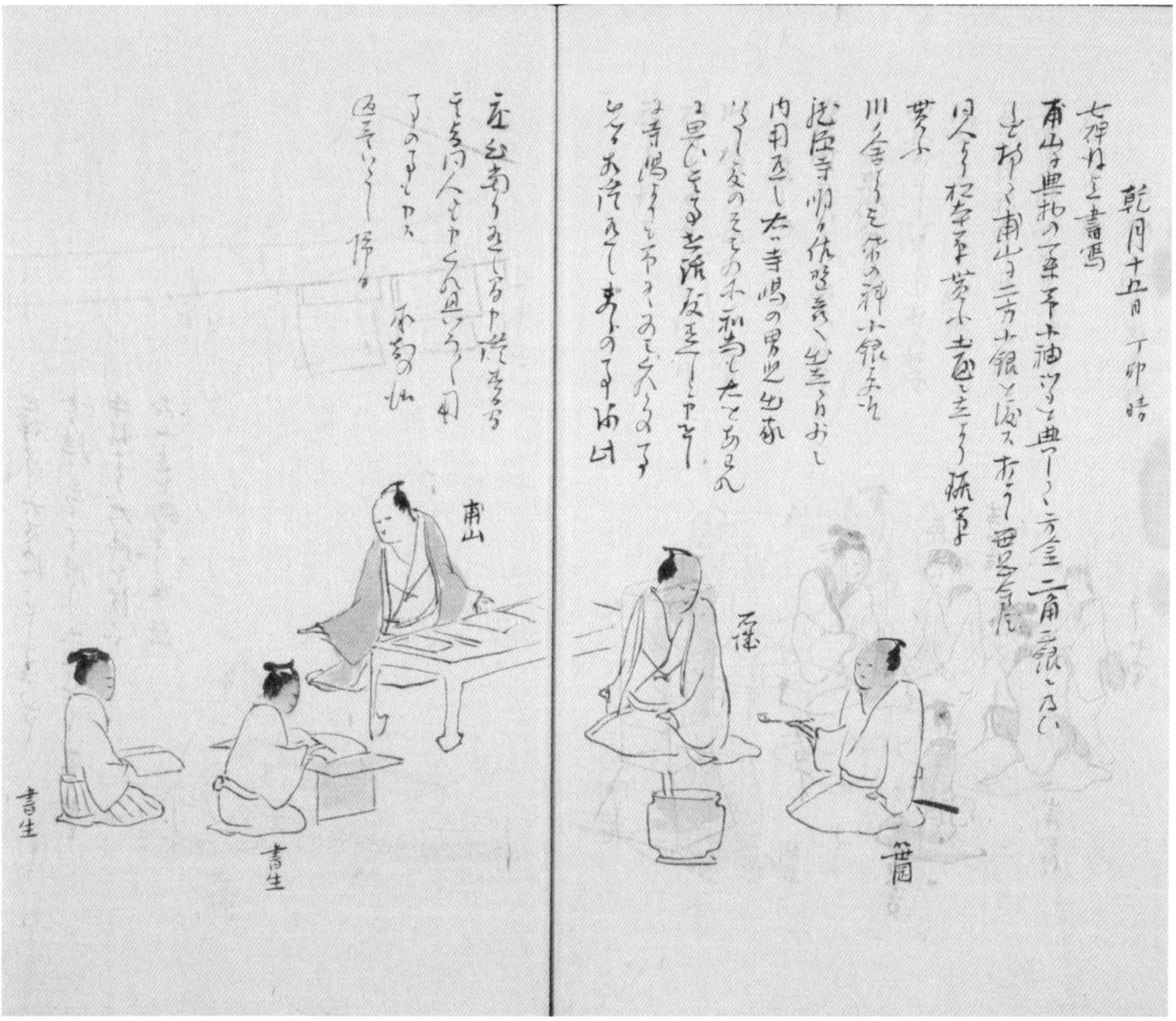

図 45　元気になった岡村

大分よくなってきたので、まあ飲むかといい、それを受けて西村は喜んで町人地の店まで走り、酒一升と煮しめ一皿を買ってくる。煮しめとは、根菜、芋、こんにゃく、昆布、油揚げなどを甘辛く煮た料理である。石城も酒宴の準備に土屋宅の台所で皆といっしょに忙《せわ》しくかけ回り、酒を温めたりする。そして土屋を交えての三人で酒宴をしていたところへ岡村がやってきた。やがて土屋の妻も帰り、塩づけの料理をつくって運んでくる

　大きな行灯の明かりが漂うなかでの酒

図 46　土屋宅の酒宴

宴であり、石城（襄山）の前の木具膳には煮しめを入れた大皿がある。挿し絵には「生節《なまぶし》、焼豆腐《やきとうふ》、牛房《ごぼう》」と記されており、それらの料理が追加されたようだ。生節《なまぶし》とは生利節《なまりぶし》といい、前にのべたように生の鰹を解体して蒸したり茹でたりした料理である。それらの料理は土屋の前の平膳に置かれているのであろう。

酒宴は一〇過ぎにお開きとなったが、石城はまだ体調がよくなかったらしく、帰る途中でまたもや甚だしく吐いてしまう。絵日記には「是《これ》にて腹のなかは心地よし」と記す。

土屋宅の愉快な酒宴

明くる年の二月に行われた土屋宅での酒宴はまことに愉快であった。その様子をつぎに記す。

—二月十三日晴

「今夜、土屋に参会し、一盃催《いっぱいもよお》すへしとの事にて、さけ、そは一升食し、各《おのおの》興《きょう》に乗《じょう》し、西村、越智、予、替る〲おとる。主人大声に謡曲《ようきょく》し殆《あやうく》頤《あご》をとく（外す）。主人造り花を天井にさして一首よむへしとて、

ミよし野にまさる、およしのさくら色、
われ置《おき》をらんと思ふへし
ほともよし、味もよさそなおよしさん、
早ふ羽生《はにゅう》に来れハよいもの

爰外《このほか》、ミな〲一句つゝ興し、予、酔《よい》臥《ふ》す。九ッ（一二時）過《すぎ》帰る」

この風景が図47である。石城、西村、笹岡、岡村の下級武士たちが参加し、いかにも楽しそうな酒宴だ。土屋が頤《あご》が外れるくらいに大きく口を開けて謡《うた》い。それに合わせて西村が右足をすこし上げ、両手を左に揃えて楽しそうに踊る。土屋の手前に坐る石城と越智も手拍子をして場を盛り上げる。右手にいる笹岡は、およしと称する華麗な女の酌《しゃく》を喜んで受けているようだ。そしてその後ろに坐る岡村は西村の踊りをにこやかに眺め、土屋の妻もその後ろで楽しんでいる。そして西村の後につづいて石城、越智も代わるがわる踊った。

ところで笹岡に酌をしているおよしという女は熊谷宿で料亭をしている四つ目屋の女将《おかみ》である。このおよしを土屋は大そう面倒をみて可愛がっているようだ。およしは昨夜も土屋宅にきていた。その日の二月一二日の絵日記には、

「（前略）途《と》、土屋に遊ふ。笹岡、岡村、越智外《ほか》に、羽生《はにゅう》（忍城下から北東二里ほどのところ）より参りし婦人共、四つ目やのおよしをりて大《おおい》に賑《にぎ》ハし」と記す。

昨夜、石城が土屋宅を訪ねたのは夜であったが、そこには友人の笹岡、岡村、越智らがきており、さらに羽生からきた婦人たちとおよしまでいたという。土屋の家はそれらの客で大賑やかであったと記す。

おそらくその日は、羽生の婦人たちとおよしは土屋宅に泊まったのであろう。町人の女たちを温かく受け入れる土屋もそうであるが、妻もおおらかな人のようだ。

今日の酒宴には昨夜の女性客のうち、およしだけがいたが、土屋はおよしのためにこの宴を開いたようだ。天井に造花をさし、右の絵日記の文にみるようにおよしについて一首詠《いっしゅよ》む。すこし酔いがまわって、頬《ほお》がさくら色に染まったおよしを優しく思う歌である。さらに皆もつづいて一句づつ詠む。

この夜の料理は「数の子、こうこふ、むきミあへ、そは」であった。平膳に並

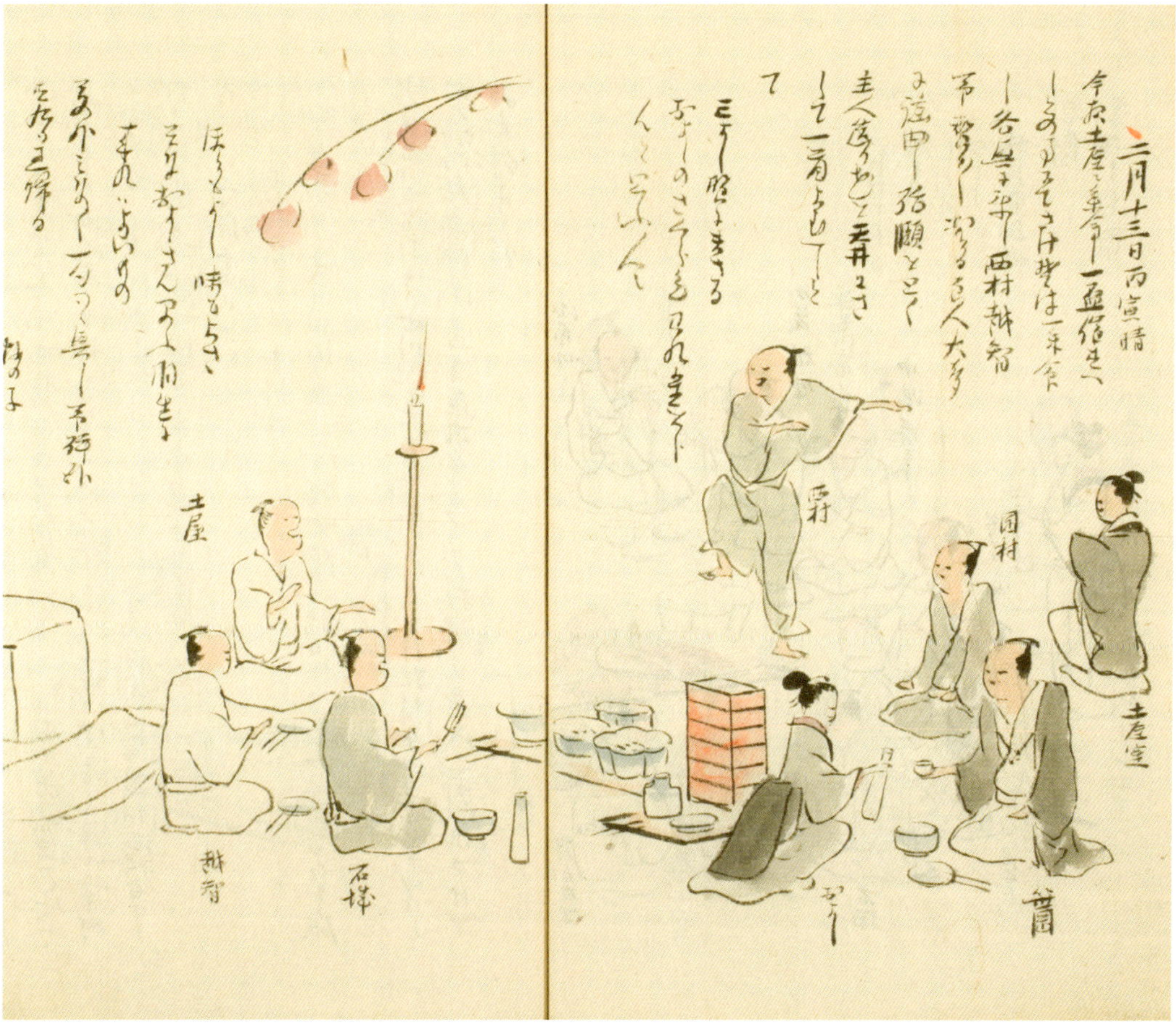

図 47　土屋宅の愉快な酒宴

図 48　来客の多い土屋宅

べられた四つの大鉢の横には六段に重ねられた蕎麦の重箱がある。蕎麦はこのようにご馳走として年中食べられていた。そしてむきミあへ、すなわち貝の中身の剥き身を和《あ》えにした料理や数の子もある。「こうこふ」は漬物（香の物、香々）であろう。

燭台のろうそくだけの薄暗い部屋であるが、なかなか風流で優しく、しかも料亭の女将も参加した愉快で楽しい夜の宴であった。この夜もおよしは土屋宅に泊まったのであろう。

来客の多い土屋宅

このように土屋仁右衛門の家には多くの人たちがよく集まる。それだけ人望に厚く、皆がいろいろと頼ってくるのであろう。また土屋の妻も開けっぴろげのざっくばらんな人柄のようであり、そのことも気楽に訪ねやすい理由であろう。それらの風景をすこしみてみよう。

まず七月五日のことである。この日は終日雨であった。石城は夕方に大蔵寺を訪ねるが、ちょうど残り酒があるからと和尚のもてなしに与《あずか》る。すこし酔ってしまうが、さらに雨のなかの泥道をいとわず土屋宅を訪ねる。そこには多くの来客がいたが、その風景が図48である。越智新右衛門、井狩貢など四人の下級武士たちである。お茶を飲みながら何かを談義しているのか、それに加わった石城（襄山）も扇子を片手にして熱く語っている様子。それを真面目な表情で聞いている土屋が印象的だ。左手には土屋の妻が前掛けをし、うちわを仰いで何かを焼いている。煙が立ち昇っているので、皆に振る舞ういわしなどの魚であろうか。

図49は一一月の絵日記に描かれた挿し絵であり、その説明は記されていない。土屋（仁右衛門）が襖の紙を貼っているようだ。その横では石城が神妙に坐り、土屋の室（妻）から髪結いをしてもらっている様子。石城の前にはそのための平べったい金盥《かなだらい》が置かれ、その横に櫛《くし》などが並べられている。前掛けをした土屋の家内が手際よく石城の髪を整えているようだ。その姿は世話好きで明るい婦人のように見える。井狩貢もきているが、彼は火鉢を前にしてゆっくりとお茶を飲んでいる様子。

さらに翌年の三月二五日のことである。今日は大風時々雨の天気。家は四方の雨戸を閉めて部屋のなかは暗い。午後より土屋宅を訪ねるが、そこで夕食をご馳走になる。絵日記には「夕食にそはかきのもてなしに預かる」と記され、その「そはかき」とは蕎麦《そば》がきのことで、蕎麦の粉を熱湯でこねて餅状にした食べ物であり、かいもちともいう。図50はそのもてなしの風景である。

右手にいる土屋の室（妻）が釜から飯を注ぎ、その横に大鍋がある。その鍋で蕎麦がきをつくったのであろう。土屋（主人）と石城、それに土屋の倅真蔵《しんぞう》の三人が銘々の木具膳でおいしそうに食べている。膳の上にはさらに煮魚か焼魚の一匹が載る。それらのそばに猫がちょこんと坐って、自分も魚が欲しいと手招きしているようだ。部屋の向こうは縁であり、そこにいろいろな草花を植えた三つの鉢が並べられている。よっておそらくこの部屋は座敷であろう。雨は相変わらず降りつづくが、穏やかな夜の食事の風景であった。

およしと土屋

二月一三日の絵日記にみた愉快な酒宴には料亭四つ目屋の女将のおよしがその

前夜からきていたが、彼女は土屋宅によく遊びにくるようだ。町人の女が武士の家にである。つぎの絵日記もそのことが記されている。

――二月二一日晴れ曇

「朝、甫山方へ行《いき》、奥山氏会す。夫《それ》より土屋方へ至る。主人ハまたかへらす。先日の家産《かさん》、予に分配すとの事にて寒《かん》玉子四つ、粕《かす》つけ鮭二切《ふたきれ》持《じ》しかへる。夜また土屋に遊ふ。黄太郎《こうたろう》、甫山、西村会す。皆々辞して後《のち》、一家巨燵《こたつ》をならふて（馴染んで）九ッ（一二時）過《すぎ》まて物語《ものがた》る。雨降《ふり》出しけれハ、傘《かさ》、挑灯《ちょうとう》（提灯《ちょうちん》）かりてかへる」

　石城は午前に土屋宅を訪ねるが、仁右衛門が留守であったので、前から約束していた家産《かさん》（家でつくった物）の寒《かん》玉子四つと粕漬《かすづ》けの鮭《さけ》二切れを土屋の妻からもらって帰る。寒玉子とは、寒の入り（一二月初め）から節分（二月初め）までの寒中の期間に鶏が生んだ玉子のことで、それを食べると健康に暮らせるといわれ重宝された。二月は、その期間から一か月半以上も経つが、玉子はもともと殻に保護されてしばらくは腐りにくい保存食品であるから喜んでもらう。また粕漬けの鮭とは、酒粕とみりんで旬の鮭を漬け込んだ風味豊かな食品である。現代の和風料理の源流はすでに江戸時代に多く生まれていたといえる。

　夜になってふたたび土屋宅を訪れると、そこに岡村と西村がきていた。この二人も土屋宅をよく訪れる。石城は彼らが帰った後もそこに居残り、こたつに入って一二時ごろまで皆で語り合う。そこには土屋と家内のほかに料亭四つ目屋の女将のおよしもいた。およしは何かと土屋に相談しているようだ。その風景が図51である。

　大きな櫓《やぐら》こたつに四人が足を入れて静

図49　襖貼りの土屋宅

図50　土屋宅でそばがきのもてなし

かに語り合っている様子。土屋と室（妻）が対面に坐り、石城とおよしは肩をよせて並んでいる。そのおよしを土屋が優しく気づかっている様子が印象的だ。こたつの右手には四角い大きな行灯が置かれ、その左には鉄瓶を掛けた小さな角火鉢がある。よってこの部屋は茶の間であろう。

外は雨が降り出し、まっ暗である。石城は傘と提灯を借りて帰宅する。しかしおよしの家はここから一里半（約六キロ）も離れた熊谷宿《くまがやじゅく》だ。おそらくその夜は土屋の家に泊まり、翌朝熊谷へ帰ったのであろう。

およしは二四日も土屋宅にくる。石城は終日書物を写し、夜になって土屋宅を訪ねると、そこにはおよしと川本実兵衛の室（妻）もいた。その風景が図52である。小さな囲炉裏が切られているから、その部屋は茶の間であろう。囲炉裏を囲んで土屋との四人で静かに語らう。川本実兵衛とは、警固《けご》道改役《みちあらためやく》で俸禄はわずか六石弐人扶持の下級武士である。この近くに住んでいるのであろう。その妻は悠然とした姿勢で長い煙管《きせる》で煙草を吹かしているのが愉快だ。石城はその姿を見て一目置いたような表情である。そしておよしは土屋の横に坐り、落ち着いた表情だ。彼女も煙草を吸うのか、横に煙管と灰皿を置いている。この夜もおよしは土屋宅に泊まったのであろう。

土屋宅での語らいと風呂

石城は夜になっても、たびたび土屋宅を訪ねる。この日（一一月一一日）も、前にのべたように大蔵寺の竹林に咲く水仙を良敬に掘ってもらい鉢に植え替え、自宅に持って帰る。その夜に訪れた土屋宅の風景が図53である。

その部屋は前図と同じ茶の間である。右手奥の三段の引き出しの付いた箪笥《たんす》の上の刀掛けには土屋の大小両刀が架けられている。このように武士の大事な刀は常日ごろよくいる身近なところに置いたが、土屋宅では茶の間であった。そして四角い行灯のそばの角火鉢に掛けた鉄瓶からは湯気がしゅうしゅうと湧いているようだ。こたつでの石城と土屋との語らいは今日も夜の遅くまでつづいた。

石城はそれから三日後の昼過ぎにも土屋宅を訪れる。ちょうど風呂が沸いたのでと勧められて浴するが、その風景が図54である。風呂は桶《おけ》風呂であり、その下にある釜で追い炊きをしているのは土屋の妻（龍子《たつこ》）、そのそばにどこかの婦人がいる。挿し絵にはその婦人のことを井上寡婦《かふ》と記しているので、土屋宅に遊びにきた未亡人であろうか。それにしてもこの土屋宅には婦人たちもよくやってきて、そして泊まっていく。この二人の婦人に見守られて風呂に入る石城（永慶）はさぞかしご満悦であろう。このことを絵日記にはつぎのように記す。

——十一月十四日曇

「日記しらへ、大蔵寺来遊《らいゆう》。八碑《ひ》（二時）後、土屋に遊ひしに、折《おり》から風呂わきたり、浴すへしとの事也」

学問仲間の川の舎

石城の友人たちのなかで学問好きは岡村荘一郎であるが、さらに川の舎もそうだ。川の舎とは通称名で、本名は川佐覚《かわさかく》左衛門《ざえもん》といい、また川佐世渡《せと》とも呼んだ。石城の自宅にもよくやってきて、図11と12でみた酒宴のなかにもいた。

図55は一〇月の末日に川の舎宅を訪ねたときの風景である。彼は障子の際に置いた座卓の前に坐って何かを懸命に調べている様子。その座卓は三段の引き出し

図 51　土屋宅の夜更けの語らい

図 52　土屋宅にまたくるおよし

図 53　土屋宅での二人の語らい

図 54　土屋宅の風呂

の付いた両袖がある立派なものだ。石城（永慶）はこたつに下半身を潜り入れて彼と話す。その内容は「奥」という字の語源および音《おん》と訓《くん》についてである。結局、その意味がわからず、石城は自宅に帰って翌日に玉篇《ぎょくへん》で調べる。その書は、中国南北朝時代の梁《りょう》の学者顧野王《こやおう》によって編纂《へんさん》された部首別の漢字字典である。そのような貴重な書物を彼は持っていた。それによれば、奥とは部屋の西南隅をさし、主人の安息所と記す。その音読みはアウ（オウ）といい、またウチ、カクシ、クマ、アタ、クという。訓読みでは、イク（ヲク）といい、またアタ、カナリ、アタヽムという。このように石城と川の舎はいろいろな漢字の語彙《ごい》について調べていた。

部屋は障子の外に縁があり、座敷のようだ。石城の対面には小さな子どもがこたつに入っている。その名を石之助と記し、川の舎の息子であろう。この日のことを翌日の絵日記につぎのように記す。

——十一月朔旦《さくたん》（一日）雨

「（前略）昨夜、川の舎にて雑談の序、奥の字の事に及ひ、音と訓の別、早速しれかねしま々今日玉篇《ぎょくへん》を閲す。（後略）」

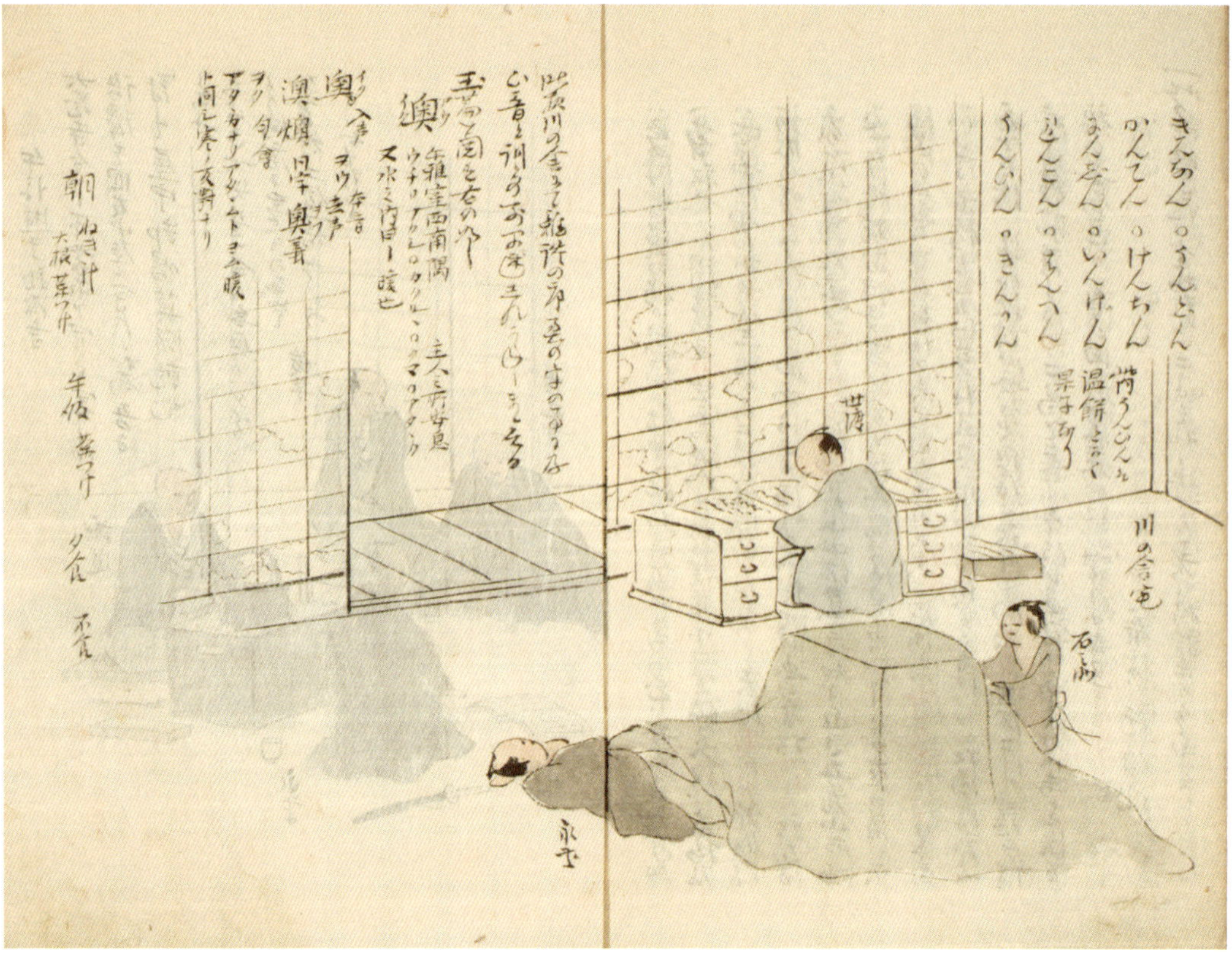

図 55　川の舎宅の語らい

川の舎宅の法事

今日は川の舎宅で法事が行われ、石城も招かれた。そのことをつぎに記す。

―九月二日晴

「過日《かじつ》憲明より貰《もら》ひしおきさ草うつす。諸書を読む。今日川佐世渡《せと》、亡《なき》父母七回忌取越《とりこし》（早めに行う）のよし夕方より招請《しょうせい》有之《これあり》。て終日至る。青山事ハ厨下《ちゅうか》（台所）の手伝ひとて終日至る。例客《れいきゃく》（大部分の客）散《さん》して後《のち》、川佐室（妻）迎ひに来り、夜ニ入《いり》ゆく。主高垣室、長谷川お沢、青山、予なり。主人の料理美をつくし、頗《すこぶる》酩酊《めいてい》（ひどく酔う）、台引《だいひき》菓子折《おり》めくまる。かへりてそのまゝ打臥《うちふ》す」

今日は比較的暇なようだ。庭に出て龍源寺の若和尚からもらったおきさ草を移し替え、いろんな書物に目を通す。そして夕方より川の舎（川佐世渡）宅の法事に赴く。父母同日の法事であり、亡くなった日はちがうが、年が同じであったのでいっしょにするのであろう。法事は寺ではなく、自宅で行ったようだ。それが終わって多くの参拝者が帰り、夜になって法事を手伝ってもらった人や親しい者だけに料理と酒が振る舞われた。葬儀や年忌法要の後に参会者へのお礼と故人を

図 56　川の舎宅の法事

偲んで食事をするが、それをお斎《とき》という。それが終わっての二回目のお斎であった。

その風景が図56である。部屋の右手には床の間があり、その床柱は、柱の下部が削られていることから、おそらく杉の磨《みが》き丸太とみられる。その柱には花瓶を入れた竹籠《たけかご》が掛けられ、そこに草花を生けている。また軸物を掛けた床の間の床《ゆか》は板ではなく、畳を敷いた本床《ほんどこ》である。さらに床の間横の中段付きの押入の上の襖は花鳥の絵が見事に描かれている。このように下級武士の家とはいっても、川の舎宅の座敷は風流のある立派な座敷だ。なお床の間には家紋の付いた鎧櫃《よろいびつ》二つが置かれている。武士の家では、槍《やり》や鎧などの戦闘用の武具はすぐに手に取って外に持ち出せるように出入口の近くに置かれていたが、もはやそれを手に取ることはめったにない時代になったので、鎧櫃を床の間に置いて家の象徴や飾りにしているのであろう。ただし武士の象徴である大小刀だけはすぐに手に取れるように茶の間などの身近なところに置いた。

お斎の宴には、石城（裏山）に加えて中級武士の青山又蔵と手伝いの婦人二人がいる。その一人の高垣おいたとは高垣半助の妻であり、もう一人の長谷川お沢とは長谷川常之助の妻のようだ。ともに石城の仲のよい友人で、極貧の下級武士である。この三人は朝早くから法事の手伝いに駆けつけていた。とくに青山は終日台所に入って主人（川の舎）が料理をつくる手伝いをする。二人の武士が台所で終日料理をつくっていたことは愉快であり、また驚きでもあるが、中級武士の青山が下級武士の家の台所に入って料理をつくっていたこともさらに驚きである。そこには中級と下級との身分の垣根はまったくなかったようだ。

石城は、今日の料理は主人がつくったものであり、きわめておいしかったと記す。主人である川の舎は、前にのべた石城の自宅で催された田楽酒宴のときも自分で魚を買ってきて、いろんな料理をしていた。川の舎は料理が得意であった。このように江戸時代の武士は台所に入って料理をつくり、そのことを結構楽しんでいた。

図をさらに細かく見れば、法事が終わってほっとしたのか、主人の川の舎が酒を飲みながらくつろいだ表情で坐り、その向かいでは、川の舎の室（妻）が石城に酌をする。石城はあまり手伝わなかったようだが、「美をつくした」主人の料理にすごくご満悦の様子だ。青山もまた主人の横に坐って、前をはだけた気楽な恰好で楽しそうに酒を飲む。その料理はとても大きな平膳の上にたくさんの刺し身を並べた大皿が置かれ、そのそばにも、さまざまな料理が盛られた大皿二つがある。その右手に置かれた燭台《しょくだい》はなかなか風流なかたちだ。襖の向こうには、川の舎の子どもたちがにこやかにこちらを覗く。

この日、石城はすこぶる酩酊《めいてい》し、台引《だいびき》（台引き物）すなわち参会者の膳に土産物《みやげもの》の菓子折《お》りを持ち帰り、そのまま打ち臥してしまう。

川の舎宅の酒宴

石城は川の舎宅の酒宴に招かれることも多い。ときは一一月のことであるが、つぎにみる二つの挿し絵にはその説明が記されていないので何の酒宴かはわからない。まず図57は石城一人が招かれたようだ。川の舎の前には大きな魚が大皿の上に載っているが、それは鯔《ぼら》の塩焼きであろうか。図12で見た石城宅での田楽酒宴にもこのような大きな魚が出ていたが、それは鯔の塩焼きと記していた。そのときこの魚を買ってきて料理をしたのは川の舎であったから、おそらく彼は鯔が好きなのであろう。鯔は当時、焼き魚や刺し身にしてよく食べていたようだ。その横の木具膳の上には料理を入れた小鉢が並び、その手前には蕎麦《そば》の重箱が七段も重ねられている。右手には川の舎の室（妻）が角火鉢で何かを焼くために炭を扇子で煽《あお》って起こしている様子。肝心の石城は酒宴が始まるのがもうすこし後なので、その前に櫓こたつに入って、大きなかぼちゃを写生しているようだ。

図58は石城の他に小山皆右衛門も招いての酒宴の風景だ。小山は一〇人扶持の下級武士である。酒宴は縁のある座敷で開かれたようだが、その縁に小山の倅《せがれ》の鉞二郎《えつじろう》が酒桶と肴のようなものを皿に入れて運んでくる。それは小山の差し入れだろう。右手には川の舎の妻が下の子どもをおぶって料理を載せたまな板を運んでくる。前掛をし、子どもをおんぶして袢纏《はんてん》を羽織《はお》り、その上をおんぶ紐でしっかりと結んだたくましい姿である。その横には上の子どもの石之助もいる。左手

の石城（隼之助）はもう手酌で飲み始めたようだ。にぎやかで楽しそうな酒宴の風景であった。

さらに一月にも招かれた。そのことをつぎのように記す。

―正月十二日

「午前、川の舎来りて一寸《ちょっと》参るへしとの事ゆへ同道《どうどう》なせしに、一盃《いっぱい》酌《くむ》へしとて両人巨燵《こたつ》に相対し酌後、主人酔臥《よいふ》すゆへ予も辞し、夫《それ》よりまた大蔵寺に遊ふ」

その風景が図59である。石城と川の舎が向き合ってこたつに入り酒を飲んでいる。今日の料理は「湯とうふ、しゃけ、煮こゝり、やきもち」と記す。川の舎の妻は丸い火鉢で餅を焼く。子どもたちも餅をせがみ、石之助は餅を頬ばっているようにも見える。こたつの横には料理が用意され、角火鉢には鍋が掛かり、そこで湯豆腐を茹《ゆ》でているのであろう。また木具膳の上の皿には「しゃけ」すなわち鮭《さけ》がある。酒にめっぽうつよい石城にはかなわず、川の舎は先に酔い臥してしまう。石城はそれから大蔵寺に赴いた。

石城はその後も川の舎宅によく招かれ

図 57　川の舎宅の酒宴（1）

図 58　川の舎宅の酒宴（2）

図 59　川の舎宅の酒宴（3）

る。二人はよほど気が合うのであろう。図60は一月の絵日記の挿し絵であるが、その説明はない。後ろの櫓こたつには子どもたち二人がおり、川の舎とその妻が石城を歓迎する。とくに右手の妻の表情が柔和でとてもよい。鉄鍋で料理した温かい汁物をお椀にすくう姿はきわめてあでやかだ。

川上宅の愉快な女房

四月になっても石城は忙しい。この日も龍源寺に行き、そこで一人で昼飯を食べた後に友人の川上を訪ねた。彼の名は豊太郎《とよたろう》といい、一〇人扶持の下級武士である。川上宅での様子を含めて、今日一日をつぎのように記す。

—四月朔旦《さくたん》（一日）快晴

「今日川上方へ参るへしと結髪《けっぱつ》して辰《たつ》碑《ひ》半（九時）より立出《たちいで》しに、森（三木）の家に呼込《よびこま》れ至りしに、只今拝《はい》みこ（巫女）招きしまゝ聞給《ききたま》へとの事也。近隣の婦女輩《やから》参りていと（大変）おかしかる事、田舎にハ行《いき》はる々由《よし》。予も戯れに水むけ杯《など》して打興《うちきょう》し、思《おも》はすも午後に来りぬ。夫《それ》より龍源寺に至りしに来客あり厨下《ちゅうか》（台所）に芋汁の製しありしまゝ夫《それ》ニ而《て》午飯を喫し川上方へ到る。久々にて豊太郎と面会。用事の儀ハ刀《かたな》一条（一本）ニ而《て》種《たね》ニ入組《いりくみ》（複雑化して）居《お》り、右ニ付《つき》、予、江都《えど》（江戸）至りしハ有無の対決いたしくれとの事也、承知の趣《おもむき》申ス其事《そのこと》とも相談。さけ出、なまり三はい、とうふ、薄暮まで物語《ものがたる》。川上同道ニて下町の混堂《こんどう》（風呂屋）に詣《けい》す（行く）。夫《それ》より長徳寺に遊ふ。和尚在宅、四ッ（一〇時）過《すぎ》辞し、かへりて飯を食し臥ス」

石城は川上に江戸のことに関する相談があり、髪を結って朝から川上宅へと赴く。途中、友人の森東作に呼ばれ、彼の家に入り込む。ちょうど拝巫女《おがみみこ》（祈禱師《きとうし》）がきているので、聞いていったらどうか、ということで立ちよるはめになった。近隣の婦女たちも大勢きており、石城もたわむれてそれに参加する。思わず長い時間が経ち、昼になったので龍源寺に行く。昼飯を和尚といっしょに食べようと思ったのであろう。ところがあいにく来客中だったので、自分で台所に入り、そこにあった芋汁を一人で食べる。龍源寺にはしょっちゅう行くので手慣れたものである。その後に川上宅に至るが、その風景が図61である。

図60　あでやかな川の舎の妻

図には「行田下町川上偶居図」と記されており、彼の家は行田下町にあった。そこは図8の城下町にみる町人地の行田

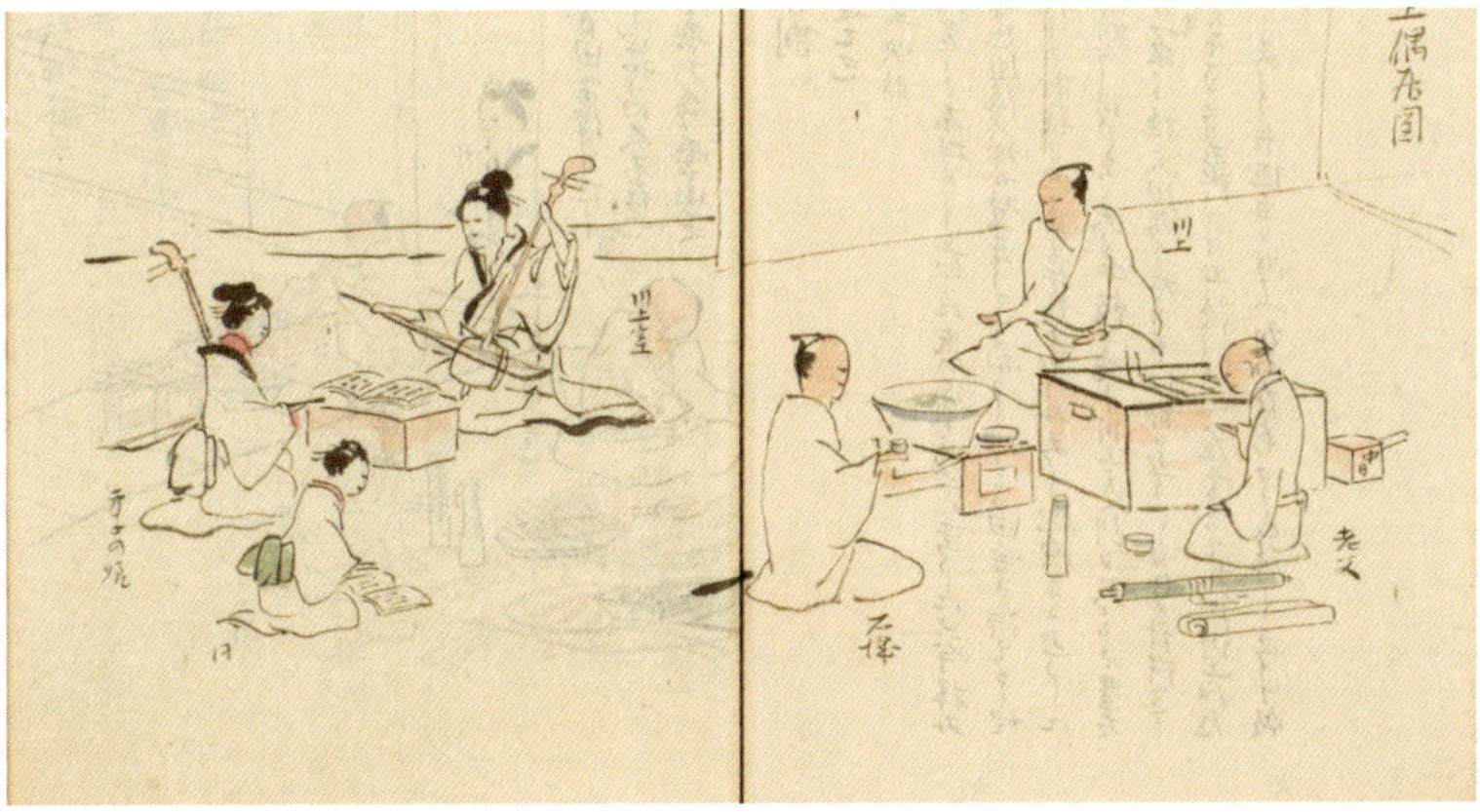

図61　川上宅の愉快な女房

町の北東側にあたるので、川上宅はその外れのようだ。石城の自宅からはかなり遠い。

図の右手の長火鉢のそばで川上と石城が「なまり」すなわち鰹《かつお》の生利節《なまりぶし》と豆腐をいっしょに煮込んだ料理を肴にして酒を飲む。その料理は石城の前に置かれた大鉢に入っているのであろう。石城はそれを三杯も食べたと記す。その横にいるのは川上の老父であり、所有している軸物を絵に詳しい石城にみてもらっているようだ。

その左手には女たち三人がいる。川上の女房(室)が近隣の二人の娘に胡弓《こきゅう》を教えているようだ。それは三味線のような楽器を弓で弾く。江戸時代初めに普及し、幕末ごろにはかなり流行った日本の伝統和楽器である。この挿し絵からは、その胡弓を楽しそうに奏でる川上女房の明るくて愉快な人柄が伝わってくる。

石城は夕方にそこを辞し、川上といっしょに混堂《こんどう》すなわち風呂屋へ行く。風呂屋は近くの町人地のなかにあるようだ。よって武士町人ともに裸になる。その後、彼と別れて長徳寺の和尚に会いに行く。長徳寺は川上宅のある行田下町のすぐ近くにあった。和尚と一〇時まで語り合い、やがて自宅に帰って遅い晩飯を食べた後、今日はやっと床に着く。

石城はこの月の二七日にも川上宅を訪れるが、その挿し絵に描かれた川上の女房はさらに愉快だ。そのことをつぎに記す。

―肇夏《ちょうか》(四月)二十七日晴

「(前略)夜、長徳寺にいたりて、夫《それ》より川上に至る。一条(その一件)相談し、また〱さけ出《で》つ。なまつ甘煮、丸貝、いろ〱おかしき物語《ものがたり》あり。主人酔臥《よいふ》ス、室(家内)と語譚《ごたん》し(語り合い)、余り夜更《ふけ》しさまゆへ辞したるに途にて暁《あかつき》七ッ(四時)の鐘をきく。近辺の庭にて芍薬《しゃくやく》五本をおりとりかへる」

石城は懸案の相談にまた川上宅に夜になって赴く。その風景が図62である。またも酒と丸貝などの料理が出たが、それを石城と川上が楽しそうに食する。その左手には、川上の女房が何と仰向けにひっくり返って、あんまをする女に身体をもみほぐしてもらいながら、気もちよさそうに胡弓を奏でる。そのそばには長い煙管《きせる》が置いてあり、彼女も煙草を吸うようだ。進の母(柴田母)も煙草を好んでいたが、当時は女性の喫煙は盛んであったらしい。女房の足下で笑っている女は川上の妹であり、女房が胡弓を弾きながら何かを謡っているのが可笑しいのであろうか。やはり愉快な川上宅の風景であった。

川上宅の赤犬

四月九日に遡るが、つぎにみる挿し絵は川上宅の心なごむ優しい風景である。

―建巳月《けんしげつ》（四月）九日晴

「今日、天祥寺《てんしょうじ》の納所《なっしょ》（寺務《じむ》を行う僧）祖徒弟《とてい》普伝《ふでん》、出立《しゅったつ》の由《よし》ニて早朝より来る。右、留別《りゅうべつ》（旅立つ人が後に残る人に別れを告げる）とてさけはしまる。見送《みおくり》の人々会す。午後出立。龍源寺も見送りニ同道。予、宿酒《しゅくしゅ》（二日酔い）ニてたへす（堪えられず）、七碑《ひ》（四時）まて仮寝《かりね》す。夫《それ》より土屋に遊ふ。同所にて夕食出《いで》つ、大根おろし。夫より川上ニ至る。一条《いちじょう》（ある一件）相談。今日ハさけニて肴魚《こうぎょ》なしとて、奴《やっこ》とうふ、海苔《のり》やきて酒出たるに、夜に入《い》り、近隣よりあさらけき（鮮《あざ》らけし＝新鮮な）赤貝送り来る。幸《さいわい》なりとて夫《それ》を料理し、また興《きょう》を添《そえ》て酌《くむ》。此室《このしつ》と江都《えど》（江戸）の事とも語談し、夜の更《ふけ》るもしらす、九ッ（一二時）ニ至りて辞しぬ。

思ひくま（思ひ隈《くま》＝思いやり深い）の人は中〳〵《なかなか》なきものを、

あわれに犬の恩をしりりける。

と古人の詠《うた》（詩歌）あり。此宿《このやど》にも赤犬の大きなるを飼置《かいおき》、予《よの》かたハら（側）迄もすゝみ入りて家人のことし」

今日は天祥寺納所《てんしょうじなっしょ》の弟子普伝《ふでん》が旅立つ日である。早朝から石城を含めて大勢の人たちが寺に駆けつけ送別会が開かれたが、そこで酒も振る舞われた。ところが石城は二日酔いが重なってその酒に悪酔いし、四時ごろまでその寺で仮寝《かりね》する。昨日の四月八日は浴仏日《よくぶつび》すなわち花まつりであった。それは釈迦の誕生を祝う行事である。石城は花まつりの寺でかなりの酒を飲み、夜にはさらに友人たちとで料亭に繰り出した。よって今朝は二日酔いのまっただ中である。それにも負けずに早朝から知り合いの普伝の送別会に出かける。

四時ごろまで寺で仮寝をした後、土屋宅を訪ねるが、そこで夕食をよばれる。絵日記には大根おろしと記し、その日の夕食は質素であった。そしてその後に、ある相談の件で遠く離れた行田下町の川上宅を訪ねる。突然の訪問であったらしく、今日はあいにく酒の肴《さかな》（料理）と魚がないので、奴豆腐と海苔を焼いて酒を飲むことになった。幸いにも、ちょうどそこへ思いがけず近隣から新鮮な赤貝が差し入れられた。それを川上の室（妻）がただちにまな板を持ち出して赤貝を料理する。

その風景が図63である。座敷とみられる部屋の障子の近くで石城と川上（豊太郎）の二人が向かい合って奴豆腐と焼き海苔を肴にして酒を酌み交わす。その手前で、川上の室（妻）がまな板の上の赤

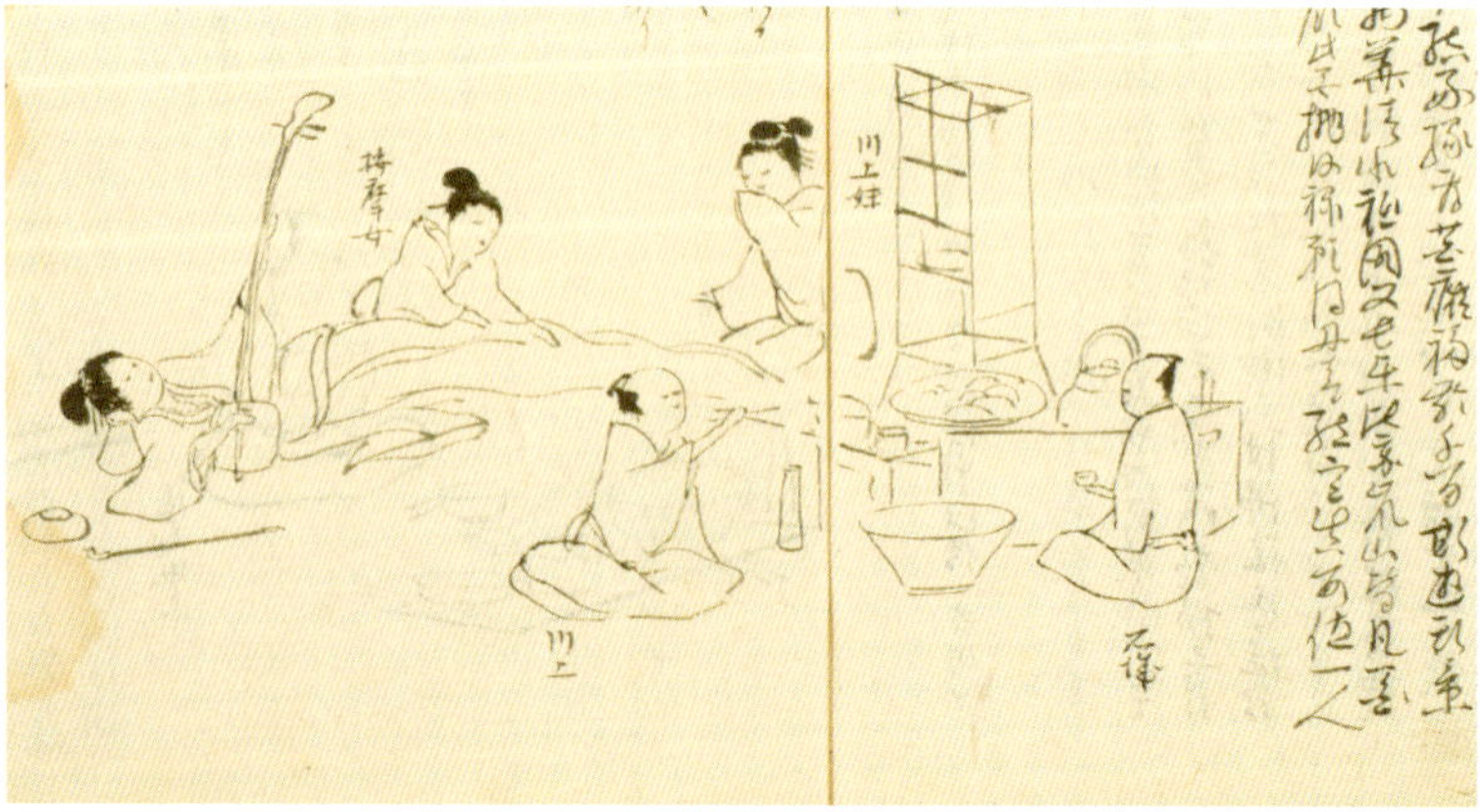

図62　さらに愉快な女房

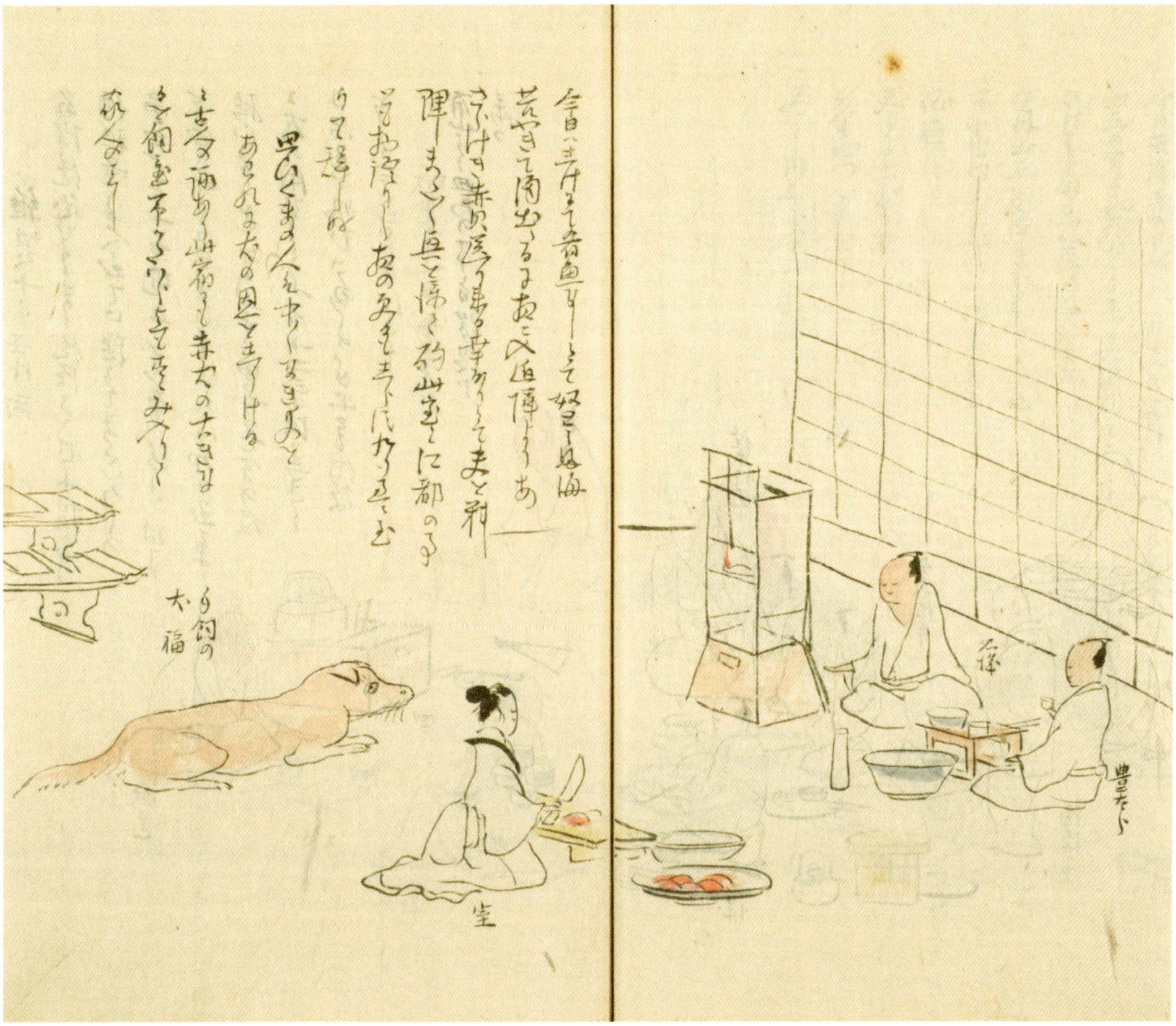

図 63　川上宅の赤犬

貝を包丁で器用にさばく。新鮮なので刺し身にするのであろう。この赤貝を料理する妻の姿が華やかで美しい。前にみた図では仰向けにひっくり返って胡弓を奏でる愉快な人のようだったが、今日はとくに美しい。それにその横にゆったりと坐る赤犬の表情が何ともいえない。耳は垂《た》れ、顔は面長《おもなが》で毛は赤い。その図体《ずうたい》はかなり大きく、年老いているようにも見える。犬の名前は福《ふく》と称するが、縁起のいい名前だ。石城は絵日記に、年老いた犬と畳の上でいっしょに暮らすこの川上夫婦を思いやり深く、心優しい人だと記す。昨年に行っていた江戸のことを妻と語り合いながら宴は夜の一二時までつづいた。

佐藤宅のうなぎの蒲焼

これまでみてきたように、石城は約束なしに突然友人宅を気軽に訪問するのが多い。一方、訪ねられた方も、あり合わせの料理と酒で対応し、精いっぱいもてなす。そこには貧しくとも人を大切にするという人情がうかがえる。つぎにみる佐藤宅もそうであるが、その風景をつぎにみよう。

――**浴仏日**（**四月八日**）**晴暖**

「（前略）八碑（午後の二時）後より、左右助同道ニて長徳寺に至る。七碑半（五時）畢《おわ》る。同人先へ帰る。予ハ森（三木）同道ニて辞し途《みち》、大美濃《おおみの》一条四匁ト半紙二条やき明礬《みょうばん》（硫酸を含んだ鉱物）十六文求めあら町迄来りしに、今より一盃酌《いっぱいくむ》へしと欲するに此所然《このところしか》るへし店なし。去人《さるひと》立戻《たちもど》るへしと下町に至りて川上ニ立寄《たちよ》り、夫《それ》より佐藤方に到《いた》る。むなきの外《ほか》なしと申《もうし》右を食しぬ。むなき蒲焼《かばやき》にてさけ酌《くむ》、当年になり森とハ今日はしめて也。大分酔《よい》を生《しょう》し、夜ニ入《いり》辞したるに興《きょう》たらすとてまた〳〵大利楼《おおとねろう》に登る」

前にのべたように、今日四月八日は釈迦の誕生日を祝う浴仏日すなわち花まつりである。寺では早朝から多くの子どもたちが甘茶を飲みにやってくる。石城もその用意をしてそこにいたが、午後二時ごろに長徳寺で開かれた浄瑠璃を岸左右助と見学に行く。浄瑠璃が終わったのは五時であり、今年初めて出会った友人の森三木といっしょに飲もうと町中《まちなか》に出かけるが、いい店がなく、川上宅に立ちよる。それから佐藤宅を訪ねるが、彼の家はこの行田下町からすこし離れたところにあったようだ。その風景が図64である。

友人の佐藤とは、名を甚三郎といい、一三人扶持の下級武士である。彼はちょうど留守のようで、突然の訪問に佐藤の家内が対応する。あり合わせでもてなすが、「むなき」すなわちうなぎしかないという。それを蒲焼《かばやき》にして大皿に載せて出す。石城と森は大分酔ったが、夜になって佐藤宅を辞す。二人は飲み足らないのか、さらに近くにある料亭大利楼に赴いた。

高垣宅の夜斎

今日は高垣宅で催される夜斎《よとき》に出席する。それは前にのべたように、葬儀、法事などの後に行う食事会のことである。そのことをつぎに記す。

――**花名残月**《はななごりづき》（**四月**）**十九日晴**

「終日写字、日本史二巻よむ。夜、柴田後家 幷《ならびに》 おすい来る。きぬ痘種《とうしゅ》（天然痘）の見舞なり。予ハ高垣へ夜ときにゆく。にしめにてさけ出《いで》つ」

石城は毎日どこかへ出かけるわけではない。自宅に籠もって書物を読み、また大好きな草花や鳥の写生もする。今日は終日書物を写し取り、また日本史を読む。

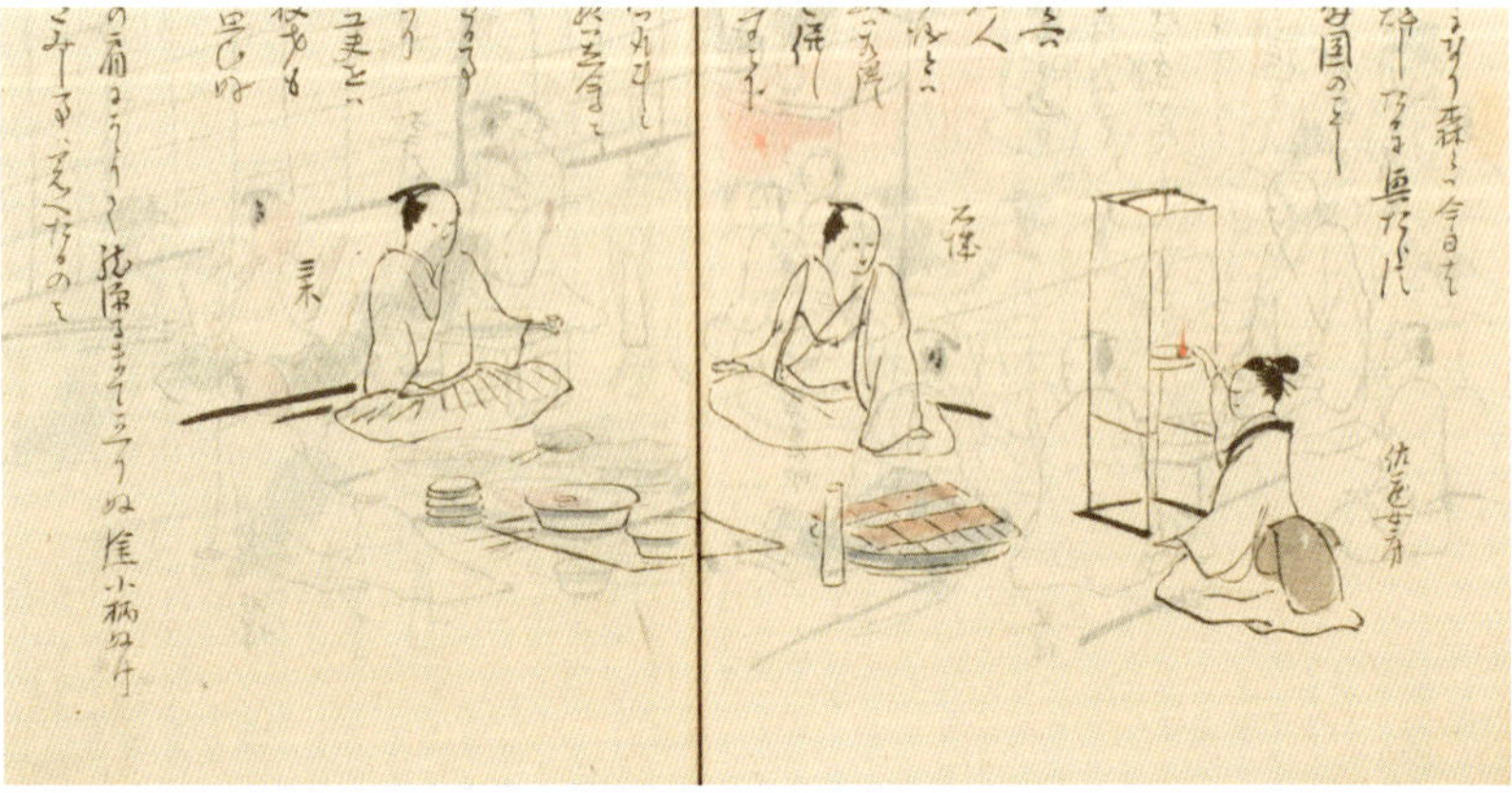

図64　佐藤宅のうなぎの蒲焼

姪のおきぬが天然痘にかかっているらしく、夜になって柴田の祖母たちが見舞いにきた。そして高垣宅で催された夜斎《よとき》に出席する。おそらく身近な知り合いだけで法事とお斎（食事）を夜にしたのであろう。その風景が図65である。

　石城のほかに、人見、中村、岸などの下級武士たちが集まっている。そのまん中には煮しめが一皿に盛られているだけである。左手にいるのは六石弐人扶持の下級武士高垣半助である。養子と記しているので、法事は義理の父か母であろう。

　その横には、いかにも質素な仏壇が置かれ、位牌とろうそくだけが並ぶ。皆は酒を飲んだり煙草を吸ったりしてゆっくりと過ごす。石城は布団をかけて横になり、皆と話をしているようだ。ささやかであるが、しっとりとした夜斎の風景であった。

図65　高垣宅の夜斎

笹岡宅の茶の間

　ここでは笹岡の家をみてみよう。この挿し絵には説明文がなく、詳しいことはわからないが、彼の自宅の一つの風景が浮かび上がる。

　笹岡善三郎とは下級武士であり、土屋宅にもよくくる。その風景が図66である。挿し絵には一二月一六日の晴れの日に訪ねたことを記す。その部屋は長火鉢とこたつがあることから茶の間であろう。その長火鉢をあいだにして善三郎と石城は静かに語り合いながらお茶を飲む。その右手では笹岡の室（妻）が赤子を抱いてこたつに入っている。その彼女の髪を解きほぐしているのが娘である。

　娘はその身なりからして嫁入り前の一五、六歳にはなろうか。昔は子どもにこのような歳の開きはざらであった。一五、六歳の若くして結婚するのが多かったから、三〇歳過ぎまで多くの子どもを生んだ。穏やかな笹岡宅の茶の間の風景であった。

図66　笹岡宅の茶の間

第五章―― 中級武士の友人親戚宅の風景

石城は中級武士たちとも親交が深く、彼らの家にもたびたび招かれる。上書して藩重役の逆鱗に触れ、知行召し上げされるまでは一〇〇石前後の中級身分であったから、そのときからの付き合いであろう。強制隠居になっても、それらの武士たちとの友情はつづいていた。ここではその風景をみてみよう。

奥山宅の大黒天まつり

今日一一月四日は子《ね》の日である。夕方、奥山の家ではその初子《はつね》を祝う大黒天《だいこくてん》まつりが開かれた。当時、一一月最初の子の日は初子として武士商人などが大黒天を祝ってきた。もともと大黒天とはインドヒンズー教のいかめしい神であったが、密教の大黒天として変化し、それが日本に伝わる。その後、大国主命《おおくにぬしのみこと》と神仏《しんぶつ》習合《しゅうごう》して柔和で穏やかな大黒天になった。その大黒天は北方の神とみなされ、北は十二支《し》で子《ね》に相当する。そのような経過から子の日に大黒天を祝うようになった。

奥山治兵衛《じへえ》は御馬廻役《おうままわりやく》一一〇石の中級武士である。下級武士の友人宅の風景のところでのべた一一**月四日**の絵日記のなかで、午前に岡村宅を訪ねた折りに奥山宅へいっしょに行くことを約束していたが、夕方になって髪を結い、身なりを整えて赴く。その日の絵日記の後半はつぎのように記す。

「（前略）今夜、初子《はつね》とて大黒天のまつり、主人鶏肉《とりにく》を料理せし所へ至る。甫山《ほざん》（岡村）先ニあり、夫ゝ《それぞれ》さけ。家内、打寄《うちよせ》（近寄ってきて）にきゝし（聞きし）。甫山先ニかへる。予にハ主人の用事ありとて一宿《いっしゅく》と定《さだ》む（一晩泊まってほしいという）。後、世川《せがわ》氏来会。久々《ひさびさ》にて面す。日蓮大黒のうつし譲候事《ゆずりそうろうこと》に約ス。折《おり》から興《きょう》に乗《じょう》して今夜の会合祝し、永慶。

はからすも（図《はか》らずも＝思いがけず）初子のきふの（今日の）酒盛《さかもり》ハ箸《はし》とるからにくらふ（食らう）とり鍋。はからすも藪鶯《やぶうぐいす》（冬の鶯、藪のなかで笹鳴きする）の時を得て、きふ（今日）の初子にあそふ（遊ぶ）嬉しさ。

座右（近く）の大黒天の前に大福帳あり、ひらき見しに甲子毎《かっしごと》（甲子の日、六〇年に一度、その日も大黒天を祀った）の入用しるせし也。予、筆をとりて興す。

一一月四日、初子《はつね》、快晴。今夜会集《かいしゅう》し福人《ふくびと》。世川作之丞《せがわさくのじょう》、岡村荘七郎《そうしちろう》、尾崎隼之助《はやのすけ》。世川氏、後必可積万金（世川氏は後に必ず万金を積む）。尾崎氏、必不得

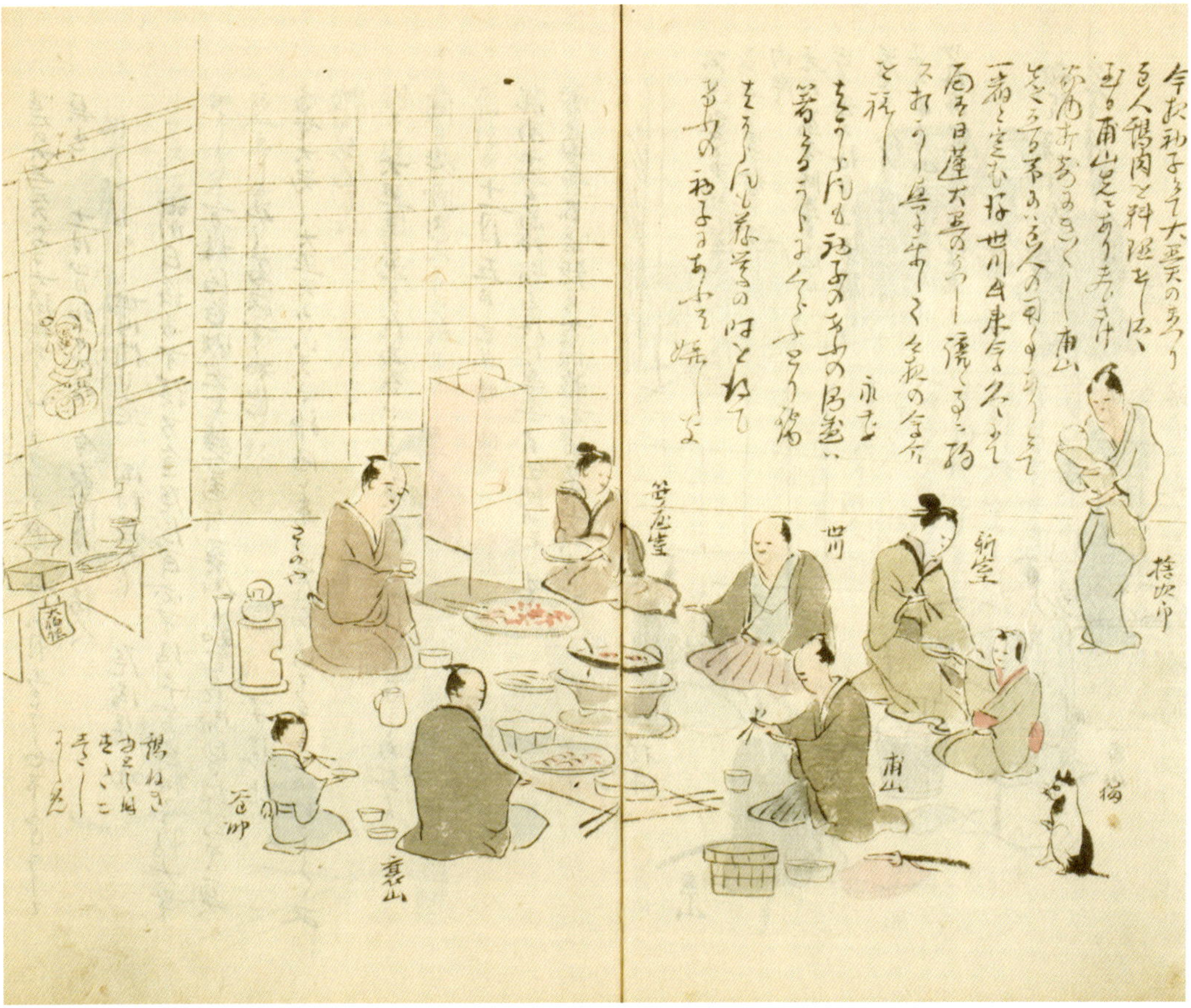

図 67　奥山宅の大黒天まつり

千金（尾崎氏は必ず千金を得ず）。岡村氏、得大華可得酒色財者也（岡村氏はよい花嫁を得て酒色財をなす者なり）。噫盛哉奥山之知己相駢皆得富貴奥山之富又可知也（ああ盛んなるかな奥山の友人、相ならんで皆富貴を得る、奥山の富み、又知るべくなり）

　主人も大笑い〳〵、大黒天にハいまた（未だ）神酒《みき》も参らせすなと、いはるゝ事のおかしく又かくなん（このようにして）、大黒に申上《もうしあげ》ます。あなたより尾崎にさけを呑《のま》し由《よし》なり。皆々酔臥《よいふ》ス」

　大黒天まつりの部屋は座敷であろう。その風景が図67である。左手の障子には石城の作とみられる大黒天の軸物絵を掛け、その下の文机《ふづくえ》には花や供《そな》え物の魚、お神酒《みき》などが置かれている。そして文机に大福帳を吊り下げ、それに出席者の氏名と祝い言葉などを記帳する。そのすこし右手で主人の奥山（笹ノ屋と記しているが、それは屋号であろう）とその室が皆に料理と酒を勧める。岡村（甫山）はすでにきていたが、すぐ後から世川作之丞《せがわさくのじょう》もやってくる。石城（襄山）と岡村、世川の三人が料理の大鉢が載った大きな平膳と鉄鍋を囲んで食べたり酒を飲んだりしている。その右端には、奥山の養子

（捨二郎《すてじろう》）が立って赤子を抱き、その手前には新室（捨二郎の新妻）がすこし大きくなった子どもに料理を食べさせている。

　ところで石城のすぐ左横に釜助《かますけ》と記す子どもがちょこんと坐っておいしそうに料理を食べている。石城が近隣の貧しい子どもを連れてきたのかもしれない。彼はこのように恵まれない子どもたちとよく交わり、食事の席によく連れてくる。絵日記にはこの釜助の素性をうかがう記述は見出せない。石城は少年の元太郎、岸後家の長女お俊を日ごろから何かと面倒を見ているが、この釜助もそうかもしれない。

　そして図の右端に奥山宅の飼い猫がちょこんと坐り、手招きをして何かをおねだりしているようだ。

　今日の料理は「鶏《にわとり》ねき、ゆとうふ、すたこ、したし、にしめ」と挿し絵に記す。鶏ねきとは鶏肉《とりにく》にねぎを混ぜて煮込む料理だ。その鶏肉が主人とその室のあいだに置かれた大きな皿にたっぷりと盛られ、奥山の室が皆にそのお代わりを勧めているようだ。三人の招待客のまん中に置かれた鉄鍋で鶏肉とねぎを混ぜて煮ているのであろう。鶏肉はこのような祝いの酒宴でなければめったに食べない。また豆腐はふだんにもよく食べるが特別の日にも食べ、当時の食卓に欠かせない食材であった。それに「すたこ」と「したし」もある。酢《す》たこは魚とともによく食べられていた。またしたしは、おひたしのことで、菜などを茹で合わせ、醤油をかけたものである。

　石城は今日の宴《うたげ》がとても楽しかったのか、得意の即興文を大福帳に記して皆に披露し、それに奥山たちが大笑いする。その即興文を右の絵日記に記す。猫も参加する賑やかで楽しい初子の大黒天まつりであった。

奥山養子の出立準備

　石城は大黒天まつりで酔い臥す。奥山の彼への用事もあって、その夜は奥山宅で泊まった。

　そして翌日の朝は、奥山養子の捨二郎《すてじろう》が皇女和宮《こうじょかずのみや》の熊谷通輿《くまがやつうよ》の警護に出立《しゅったつ》するので、そのための衣類や装備の準備を手伝うことになる。

　進の出立は一一月八日であったが、それより一日早い七日の出立である。そのことをつぎに記す。

――十一月五日晴

「弥《いや》（いよいよ）当一二日、当地和宮様御通輿《ごつうよ》ニ付《つき》、出張の面々《めんめん》（各々に）来ル。七日ニ出立《しゅったつ》ニ及《および》ニ付《つき》、諸方《しょほう》大混雑。右ニ付奥山氏ニも義子《ぎし》出立ニ付、着込《きこみ》（上衣の下に腹巻、鎖帷子《くさりかたびら》などを着て武装する）の新工夫出来。夫《それ》と今日中ニ仕立《した》て、右手伝ひ、朝より針をとりてあやつる（操る）ハ、側《そば》にありて鎖をつなき鉢巻創《はちまきそう》す。皆々多用。夫《それ》より三尺の紋挑灯《もんちょうとう》（提灯《ちょうちん》）の印手札《いんてふだ》（印の入った名札）したゝめ（準備し）薄暮《はくぼ》ニ至る。主人かへり来り、鶏肋《けいろく》あまれるをたゝきなとし（叩いて）、夕より又々さけ。今夜も大酔して又一宿《いっしゅく》す。朝食とうふ汁、さけ、午飯里いも、大こん、あふらけ」


　和宮の一行は前にのべたように、一二日に熊谷宿に着いて一泊の予定であった。その警備のために捨二郎は五日前の七日に出立する。中下級武士のかなり多くが警備に駆り出され、その様子を「諸方（あちこち）大混雑」と記す。長いあいだ平和がつづき、戦闘装備を身に付けることもなかったので、各家はその準備におおわらわであった。

　図68をみれば、石城（永慶）が茶の間

らしき部屋の縁で、針を通して上衣の下に着る防備用の腹巻と帷子《かたびら》（鎖の付いた着物）を縫っている。なかなか器用な様子である。さらに鎖でつないだ鉢巻《はちまき》もつくる。それは刀の攻撃から頭を守るためである。さらに家紋入り提灯《ちょうちん》の印入り名札も準備するが、それは大勢の武士が集まるので、自分の提灯をとりちがえないためであろう。

提灯は高さ三尺（約九〇センチ）もある大きなものである。義弟進が出立するときに雇った若党が持っていた提灯は小さく、一尺（約三〇センチ）ほどであった。

図 68　奥山養子の出立準備

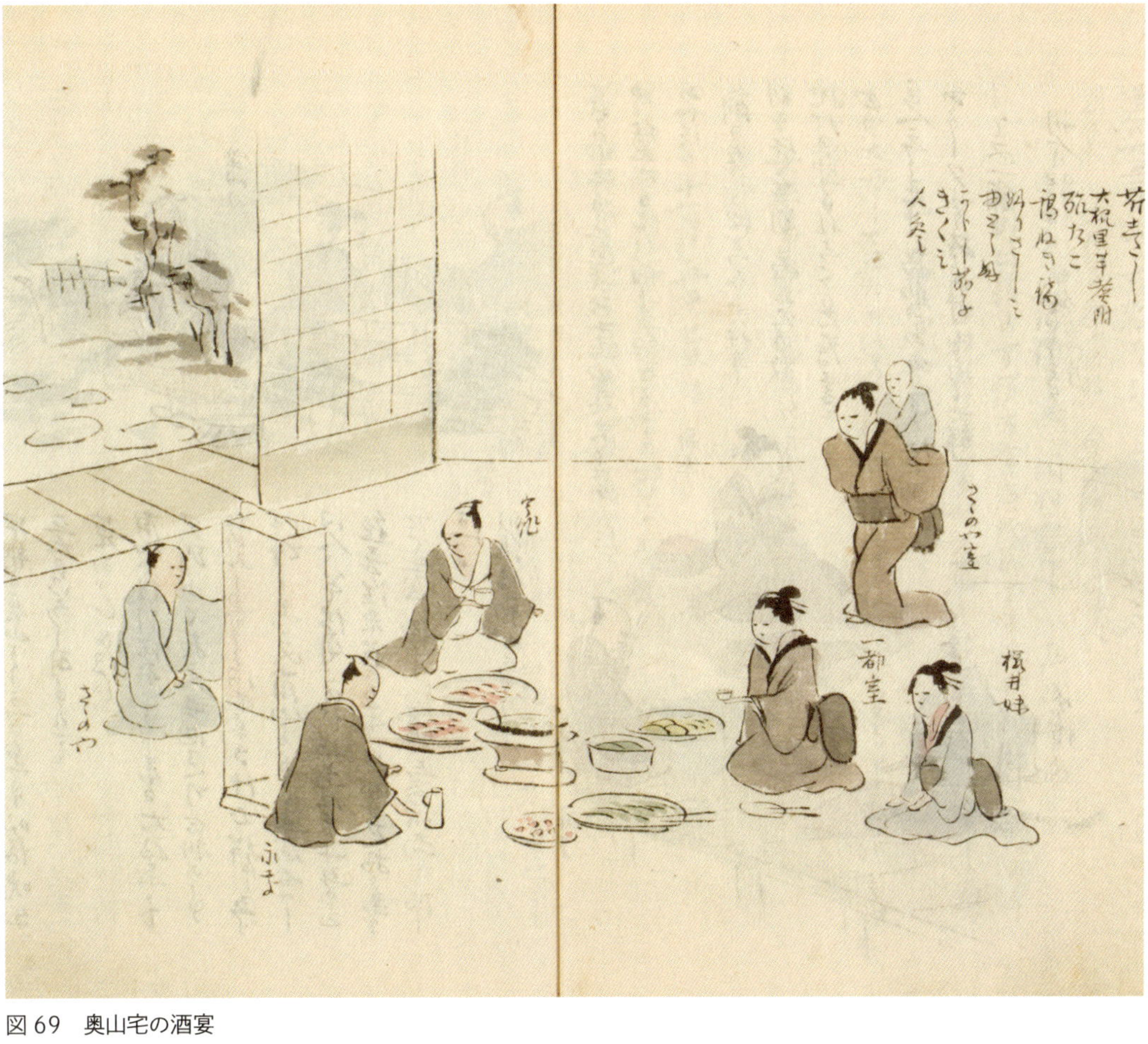

図 69　奥山宅の酒宴

おそらく身分が高いほど目立つように提灯も大きかったのであろう。捨二郎の妻も夫の無事を祈りながら不安そうな表情で衣類の仕度をしている姿がいじらしい。このように藩は命令するだけで、戦闘用の器具用具類は、すべて武士個人が用意した。

出立の準備は夕方までかかったが、そのころに主人の捨二郎が帰宅し、昨夜の酒宴に出した鶏《にわとり》の肋骨《ろっこつ》を砕き、それを出し汁にし、または柔らかく煮て食べた。この日は朝から奥山宅で食事をよばれる。その朝食は豆腐汁と酒、昼飯は里芋、大根、油揚げの質素なものであった。

そして夕方よりまた酒宴となる。この宴会の主役は石城のようだ。奥山養子の捨二郎の出立の準備を朝から夕方まで手伝ったお礼もあろう。

その風景が図69であり、その部屋は座敷である。縁の向こうには飛び石を敷いた庭園が広がり、その奥の方に松の木が植えられ、そばに垣根もある。広い庭のようだ。

今夕の料理も豪華だ。その内容は「芹《せり》したし、大根里芋煮附《につけ》、酢たこ、鶏ねき鍋、ふりさしミ、ゆとうふ、からし茄子《なす》、きくえ、人参《にんじん》」と挿し絵に記す。

芹《せり》したしとは芹のおひたしのことで、ふりさしミとは鰤《ぶり》の刺し身である。まぐろの刺し身もよく食べるが、刺し身は宴会になくてはならない料理だ。奥山（さゝのや）、と養子の捨二郎（宇作）の二人が石城（永慶）に精いっぱいのもてなしをしている。

絵の右手では奥山の室（さゝのや室）が孫をおんぶして見守っている。近隣の婦人たち（一都室、桜井妹）も参加しての和気あいあいの宴であった。

石城はこの日もまた奥山宅で泊まる。何というおおらかさであろうか。泊まる石城もそうであるが、泊める側の奥山家族もそうである。世情はしだいに騒然とする幕末であるが、この小さな地方城下町においては、このような武士たちの親密な交流のなかで時はゆっくりと流れていた。

奥山宅の縁日祝い

奥山宅での催しは大黒天まつりのほかに季節の節目にも行われ、石城は翌年の二月にその催しに招かれた。そのことをつぎに記す。

――二月十一日晴大風

「朝より認物《したためもの》（書き物）なす。今日甲《きのえ》子《ね》ニ付《つき》、兼而《かねて》（以前より）ハ横市（横山市太郎）、甫山（岡村）同道ニ而《て》奥山に至るの約なりしに、八碑（二時）後、横市一人来る。甫山用事ありとの事也。則、同道ニて至る。途《と》（その道筋で）、さけ一升命ス。主人（奥山）大悦《たいえつ》（大いに喜ぶ）にて夕方よりさけはしまる。夜ニ入《いり》、予、市太郎両人ニて歌舞《かぶ》し、近隣の室たち来る。昨年中世川氏ニ、予、家に持《じ》せし日蓮うつしの大黒天ゆつるへしと約せしゆへ、今日持しゆきしに、幸《さいわい》、近隣に参り居るとの事ゆへ招きしに大酔《たいすい》にて五ッ（八時）過《すぎ》より来る。予も大酔し打臥《うちふ》す。市太郎独《ひとり》帰る」

今日はかねて約束の、奥山宅での甲《きのえ》子《ね》の祝いである。それは六〇年に一度やってくる最初の干支《かんし》（えと）にあたり、縁日《えんにち》とされた。石城のほかにも友人の岡村（甫山）、横市（横山市太郎）も招かれたが、三人とも下級武士である。ところが奥山はすでにのべたように御馬廻役一一〇石のれっきとした中級武士である。前にのべた一一月四日の大黒天まつりにも、石城のほかに岡村と下級武士の世川を招

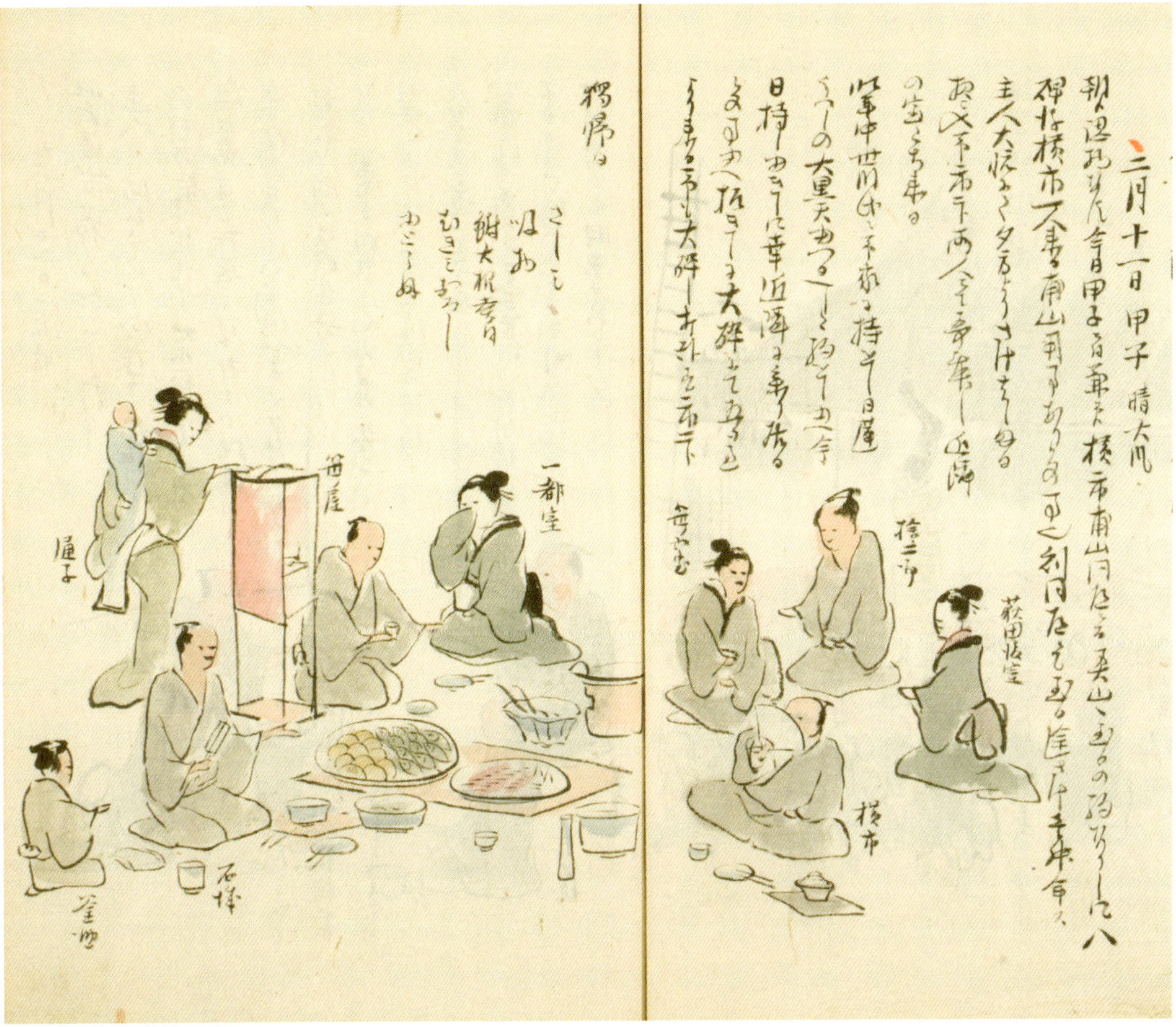

図 70　奥山宅の甲子縁日の祝い

いていた。厳格な身分制の封建社会といわれてきたが、実際にはこのように身分を超えた親密なつながりがあった。

その祝いの風景が図70である。今日の集まりも大勢で賑やかだ。下級武士の三人がくる予定であったが、岡村が用事でこれなくなり、石城と横市の二人で出席する。夕方よりご満悦な主人の奥山（笹ノ屋）の音頭《おんど》でさっそく宴が始まる。今夜の料理も豪華だ。挿し絵には「さしミ、吸物《すいもの》、鮒《ふな》大根煮付《につけ》、すきミおろし、ゆとうふ」と記す。そのうちの鮒大根煮付けとは鮒と大根を合わせて煮る料理である。とくに鮒は、魚に乏しい内陸部でも川や池から多く採れる魚として重宝《ちょうほう》され、鮒ずしなどにも使われた。平膳の上には大きな皿が二つある。その左手の大皿には、たくさんの鮒と大根が分けて盛られ、その右手の大皿には刺し身がふんだんに盛られている。それを銘々の取り皿に入れ、それを食べながら酒を酌み交わす。酒は奥山方へ行く途中に石城たちも一升を買ったが、ただ酒ではやはり気が引けたのであろう。

夜になって祝いの宴はさらに盛り上がり、石城と横市は歌いながら踊り出す。

左手にいる石城は扇子を叩きながら楽しそうに歌い、右手に坐る横市は広げた扇子を口にあて、うなるように歌う。その後、立って踊り出したようだが、残念ながらその風景は挿し絵には描かれていない。その二人の余興《よきょう》を見て、右手にいる奥山の妻（笹ノや室）と養子の捨二郎、それに近隣の萩田後室《こうしつ》（未亡人）がにこやかに笑う。

左手の行灯のそばには、赤子を背負った捨二郎の妻（通子）がその楽しそうな風景を眺め、そして今日もまた石城の後ろには釜助がちょこんと坐っている。

図 71　奥山宅の小宴

またまた奥山宅で泊まる

石城は昨夜の宴で大酔いし、そして最後まで踊ったようだ。よって打ち臥してしまい、その日もまたまた奥山宅に泊まる。翌日のことをつぎのように記す。

—二月十二日晴

「昨夜、奥山に一宿《いっしゅく》しぬ。起《おき》いてゝ拝畢《はいひつ》（礼拝を終える）。主人また酒あたゝめて出す。予も心ほっして（欲して）酌《くむ》。むきミ、三つ葉の羹《あつもの》、菜ひたし、豆腐汁、塩辛なとにて打興《うちきょう》したる。折から此隣《このとなり》なる佐藤甚三郎《じんざぶろう》入来《いりき》。同人またさけとそは粉《こ》を持《じ》ス。これ佳肴《かこう》（よい肴）なりし、速《すみやかに》に製して終日の宴に及《およ》ハんとせしか。（後略）」

石城は自宅だけではなく、友人宅に泊まった朝もそこで礼拝する。それは四方礼拝であり、東西南北のそれぞれの方角に向かって手を合わせて拝む。

そして朝から奥山が温めてくれた酒と料理で朝食を兼ねた小宴となる。石城はその酒を「心ほっして」と記し、とても喜ぶ。そこへとなりに住む佐藤甚三郎が酒とそば粉を持ってきてくれた。石城と奥山は、これはよい酒の肴になると、そのそば粉を直ちに製し、佐藤を入れて宴はさらに盛り上がる。佐藤は前にのべたように一二人扶持の下級武士である。このように中級武士と下級武士の家がとなり合わせのところは数多い。そこでも身分のちがいにこだわらず、たがいに親密に行き来をしていた。

ところで朝の料理の三つ葉の羹《あつもの》とは、三つ葉を入れた温かい吸い物のことである。香りのよい三つ葉は当時からよく食べられていた。

図71はその小宴の風景であるが、奥山（笹の屋）がにこやかな表情で酒を勧めている。それを受ける石城と甚三郎も同じくにこやかだ。奥山のとなりにいる室（妻）は包丁で何かを削っているようだ。それはだしに使う鰹節であろうか。隣人も参加したなごやかな朝の小宴であった。

津田の引っ越し祝い

前の絵日記にはつづいてつぎのように記す。

「今日ハ津田の引移《ひきうつ》りなり。参らすハ有《ある》へからす（行かないわけにはいかない）と申スに甚三郎と予とまた近つきとして行《いき》

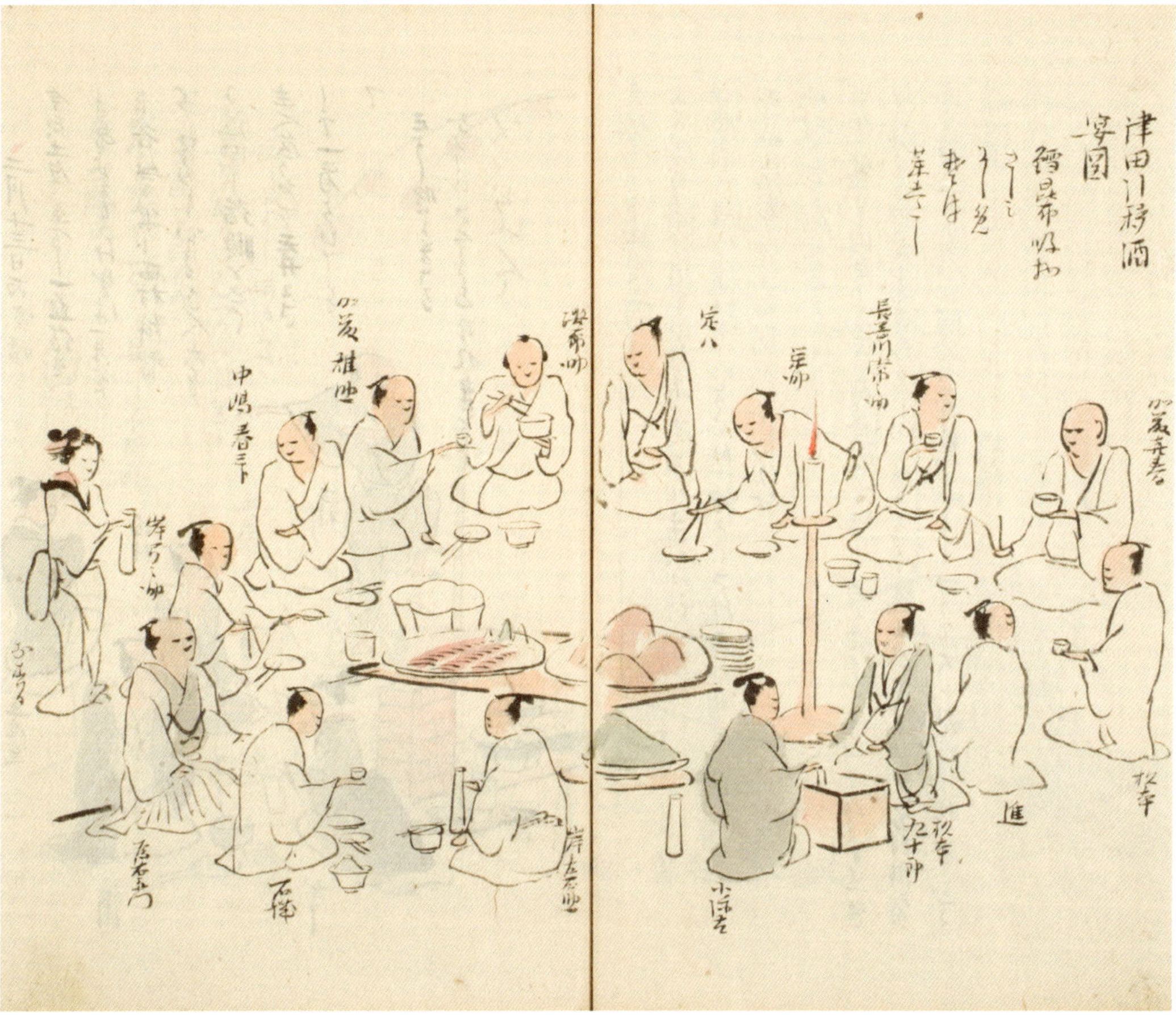

図72　津田宅の引っ越し祝い

へしとの事也。時末《ときいまだ》はやし（早し）。夕方然《しか》るへし（行こう）と申せにも肯《こう》す（承諾する）。早く酒肴《しゅこう》を持《じ》し、服（着物）を改め来るゆへ、予も主人に辞して津田に至る。時《とき》八ッ（二時）頃なり、いまた（未だ）繁雑にてさけ呑《のむ》へしにもあらぬハ佐藤も手もちなくしてかへりぬ。中村の宅へ始《はじめ》て至る。夕暮、皆々強《こわ》めし出《いで》つ。夜ニ入《いり》、風呂に浴し夫《それ》より各《おの》〱さけ出つ。五ッ半（九時）過《すぎ》、皆〱辞するゆへ左右助《そうすけ》、喜春《よしはる》、弓之助《ゆみのすけ》と共にかへり、途《と》（途中）、土屋に遊ふ。笹岡、岡村、越智外《ほか》に羽生《はにゅう》より参りし婦人共《ども》、四ッ目やのおよしをりて大《おおい》に賑《にぎ》ハし」

親戚の津田安左衛門《やすざえもん》が引っ越してきた。その場所は石城と甚三郎の家の近くらしい。津田宅で行われた引っ越し祝いには、石城の自宅によくやってくる下級武士たちも多くいた。

石城と甚三郎は津田の引っ越し祝いに行かないわけにはいかないし、また近くにくるので二人で行こうということになった。ところがまだ早いので、夕方に行こうと石城がいうと甚三郎も了解する。しかし酒と肴を早く持って行きたいことや、着物の着替えのために奥山宅を辞して一旦家に帰り、それから津田宅に行く。ときはまだ二時ごろであり、まだ繁雑な状況で祝い酒を飲むような雰囲気ではなく、甚三郎も手持ち無沙汰でまた家に帰る。夕暮れになってやっと祝いが始まるが、その風景が図72である。

そこには大勢の人たちが集まっていたが、その数何と一六人である。それらの人たちは、まん中の大皿に盛られた料理のまわりにずらっと並び、各々が自分の取り皿に料理を取って、雑談などをしながら思うままに酒を飲んだり食べたりしている。

そこには進もおり、それに下級武士の友人である長谷川常之助、岸左右助、加藤雄介たち、さらに手習いを教えている津田の子どもの小弥太などがいる。左の手前にいるのが石城で、右手の岸左右助と飲みながら語り合う。進は右端にいて、となりの杉本と話す。

左手にはお銚子を運ぶ婦人が描かれているが、名をおすかと記す。彼女は寺嶋《てらしま》元太郎の母であり、女手一つで元太郎とその弟の二人の子どもを育てている。この家族はすこぶる貧窮し、石城も何かと面倒を見る。母のおすかも、食べるに困らないように子どもを出家させようと龍源寺の和尚に相談していた。もちろん石城もそれに一役買うことになる。おすかは津田の引越し祝いの手伝いに奔走していた。

このように中級武士の津田の引っ越し祝いには下級武士たちも大勢駆けつけていた。そこにも中級武士と下級武士との垣根を超えたつながりをみる。

夕暮れになってやっと祝いが始まったが、まず「強《こわ》めし」が出る。それはもち米を蒸したもので、いわゆる「おこわ」であり、祝いの初めに出される食事という。夜になって、皆々は風呂に入り、その後に酒宴が始まった。その料理は「鰹《かつお》昆布吸物、さしミ、にしめ、そは」と挿し絵に記す。図に描かれた料理を見ると、まん中に置かれた平膳の右上の大皿に強めしが盛られ、左上の大皿には刺し身がいっぱい。その手前の大皿の山盛りの料理は蕎麦のようだ。

祝いが引けたのは九時過ぎになっていた。石城は左右助ら三人といっしょに帰るが、道すがら土屋宅に立ちよる。すでに笹岡、岡村、越智のほかに、ここから二里（約八キロ）ほど離れた羽生《はにゅう》からきた婦人たち、それに熊谷宿の四つ目屋の女将およしもきていた。この城下町の場末の一角にある土屋の小さな家は、行灯のほのぼのとした明かりが障子に映り、そのなかでは、大勢の下級武士と町人の女たちの賑やかな語らいと笑い声が深夜の一二時過ぎまでつづいていた。

石城は津田が近くに引っ越してくる前の家にもよく招かれていた。絵日記は昨年の六月に遡る。

—六月廿四日

「金鶴白鶴着色はしめ、外《ほか》ニ扇子壱本したゝむ。午後津田へまねかれ、酒飯のもてなしにあつかる」

午前中は絵に描いた鶴の色つけと扇子一本の絵も描き終わった。午後になって津田宅に招かれるが、その風景が図73である。

そこには石城（襄山）と半助、加藤雄助の三人と津田（主人）が銘々膳で食事をしている。半助とは高垣半助のことであり、六石弐人扶持の下級武士だ。また加藤雄助も下級武士である。挿し絵を見れば、高い木具膳の前に整然と坐って食事をする主人の津田は温厚で誠実な人柄のようだ。招かれた三人の下級武士は赤い漆塗《うるしぬ》りの低い客用の銘々膳での食事であり、とりわけ高垣半助の実直そうな風貌が印象的である。

　この部屋の向こうには長火鉢が置かれ、そこは茶の間のようだ。よって食事をしている部屋は座敷であろう。この座敷と茶の間とのあいだの建具は細かい竪格子でつくられた透《す》かし戸である。これは夏の通風をよくするための建具である。そして冬になれば板戸か襖に取り換える。このように夏と冬で障子を換える住み方は奥に細長い京町屋で広く普及したが、この忍藩の武士の家にも伝わっていた。茶の間の向こうには縁があり、庭へとつづくのであろう。

図 73　津田宅の食事

津田宅の福引き

　引っ越し前の津田宅では福引きが催された。当時は武士でも頼母子講《たのもしこう》をしていたことはあったが、寺社などでよくする福引きを個人の家でするのは珍しい。そのことをつぎに記す。

―正月十一日晴

「大蔵寺にて掃除し、朝食を喫するとて残酒を酌《くむ》。左右助、倉二郎《くらじろう》来りて今日津田にて福引催《ふくびきもよお》し有《あり》との事なり。一人分弐百宛也《あてなり》。其群《そのむれ》に入るへしと約ス。川の舎用事ありて来る。本見料《ほんけんりょう》（占い料金）、宮崎より弐百四十文受取《うけとり》、右を左右助に遣《つかわ》ス。午後、家に帰り、夫《それ》より龍源寺へ年礼《ねんれい》（年始のあいさつ）に至る。和尚在宿《ざいしゅく》ニて、夫《それ》よりさけあたゝめ両人にて酌《くむ》。いろ〳〵物語《ものがたり》す。夕暮れに至り大蔵寺会し、今より津田へ至るへしとの事なり。また〳〵さけに及ひ、五ッ（八時）後、津田へ至りしに、最早《もはや》くし（くじ）畢《おわ》り（終わり）て大勢居れり、我か酔《よい》にたへす、早々辞しかへりて飯を食し臥ス」

　昨日も大蔵寺にて保寧寺《ほねいじ》の和尚を含めた六人で酒宴をしたが、今日も朝から大蔵寺に行って掃除を手伝う。その後に和尚といっしょに朝食を食べ、ふたたび昨日の残り酒をともに飲む。この和尚も石城に負けず、めっぽうな酒好きのようだ。そこへやってきた友人の岸左右助らから、今日津田宅で福引きが催されることを聞き、一人分二〇〇文のくじに参加することを約束する。石城はちょうど宮崎より占い料二四〇文が入ったので、それを左右助に渡す。午後になって近くの龍源寺に年始の挨拶に行き、そこでまた和尚といろいろ語り合いながら酒を飲む。夕方になって、いよいよ津田宅へ出かけようとしたが、大蔵寺の和尚と出くわし、寺に戻ってまたまた酒を飲む。そして和尚を連れ出して津田宅に行ったところ福引きはすでに終わっており、大勢の参加者たちは酒やお茶を飲んでいるまっ最中であった。その風景が図74である。

その部屋は座敷であろう。そこに何と二五人もの大勢の人たちが押し合いへし合いして集まっていた。それらの人たちの表情からは、むんむんとした熱気のようなものが感じられる。そのまん中あたりには、妹の邦子が赤子をおんぶして石城に何かを語りかけているようだ。くじに外れたくやしい思いを告げているのであろうか。また元太郎の母寺嶋おすかも右上に坐って皆と話している。そして石城の前には料亭山本屋の女将が吉田お安と語り合う。その後ろの行灯のすぐ左には山本屋女将の娘もいる。さらに石城の右横には先ほどまでいっしょに飲んでいた大蔵寺の和尚、手前の左手にはその寺の修行僧の良敬もはしゃいでいるようだ。また石城の友人長谷川常之助、左右助ら

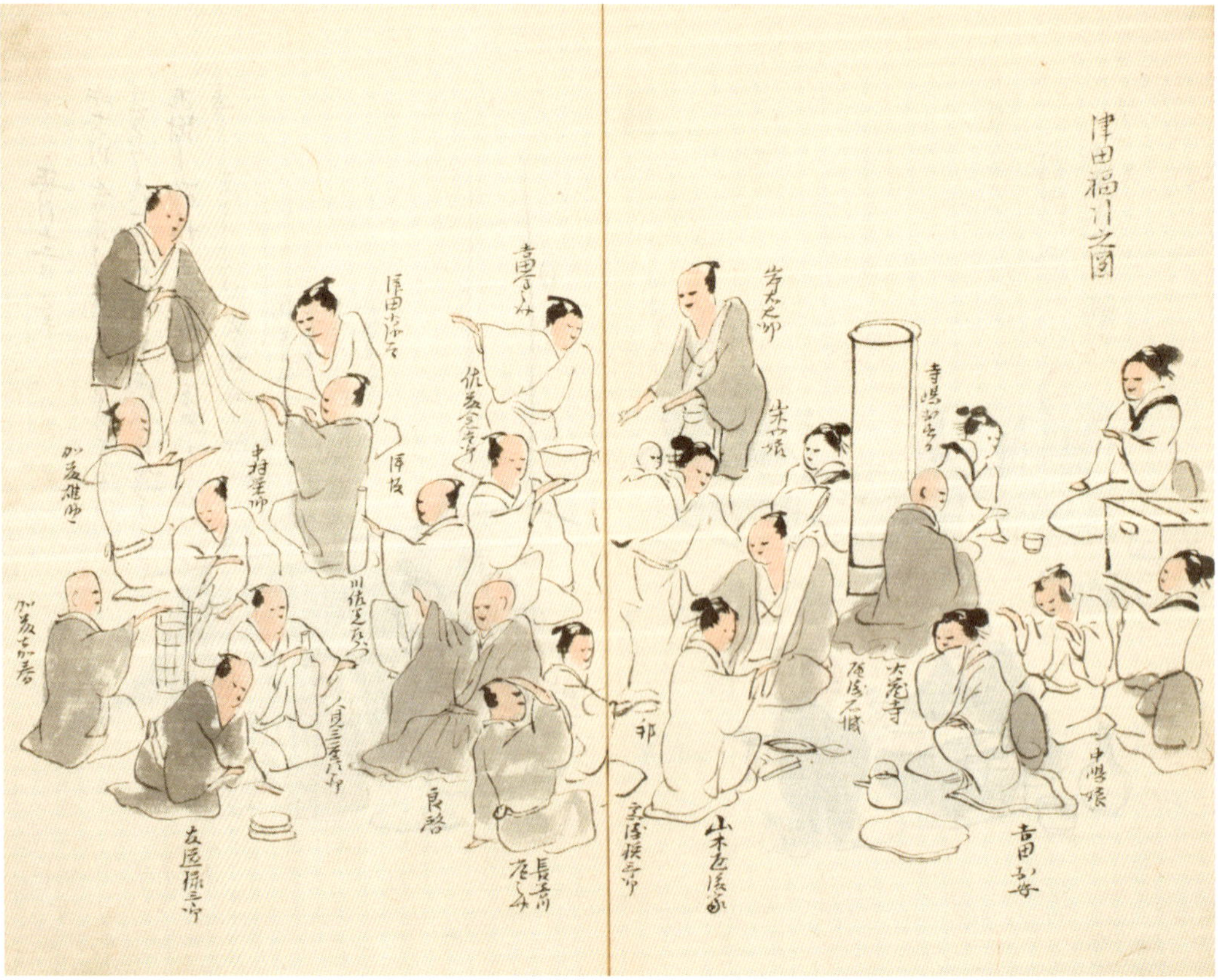

図 74　津田宅の福引

もその集まりのなかにいた。

図の左では主催者の津田が福引きに使った十数本の紐のようなものを垂らし、それを一本一本紐解いている武士もいる。空くじを残念そうに再確認しているようだ。それを津田の子どもの小弥太が面白そうに眺める。右端には、津田の室らしき婦人が長火鉢のそばでその風景を眺めながら皆とにこやかに話している。

このように、中級武士の津田宅で催された福引きには、大勢の武士、町人、僧侶たちが参加し、お茶と酒を飲みながらいつまでも語り合う楽しい集まりであった。しかし石城は飲み過ぎのために早く家に帰り、飯を食べて床に臥してしまう。

ところで、津田は石城の叔父であり、彼の自宅によくやってくる。その風景が図75である。津田叔父はすこし酒を飲み過ぎたのか、酩酊してこたつの裾に横になり。それを気づかう石城と叔母である。その左手には、はんてんのねんねこで赤子を背負った邦子も心配そうに見守る。一月のことであった。

石城は岡村（甫山）と連れ立ってぶらりと津田宅に行くこともあった。そのことをつぎのように簡単に記す。

——十二月一二日晴
「夙《つと》に起《おき》、いろ〳〵用事、巳碑《みひ》（一〇時）後、龍源寺に遊ふ。夫《それ》より甫山同道にて久々にて津田に遊ふ」
久し振りに訪ねた津田宅の風景が図76である。そこは広い土間の入り口のようだ。土間から上がり段があって、茶の間の床上へと上る。そこに火鉢があって、叔母はちょうど訪ねてきた岸千代という赤子を抱いた女と語り合っていたようだ。彼女は近くの武士の妻であろう。そしてその右手には急な梯子《はしご》階段があって、下男が屋根裏にたくさんの大根を吊り下げている。それを乾燥して漬物などにするのであろう。中級武士の家ではあるが、自家で食材もつくっていたようだ。
石城と岡村の二人は下駄を履き、大小刀を腰に付け、上衣を羽織った気楽な姿である。よく見ると、二人とも大刀《だいとう》の鞘《さや》が後ろに長いが、その鞘のなかほどのところに紐が二本垂れている。これは何か。長い鞘に人が当たらないようにするための目印《じるし》ではないか。

青山宅の豪華な酒宴

石城は青山又蔵《またぞう》とも親交が深い。彼は御馬廻役一〇〇石の中級武士であり、降格する前の石城の役職と俸禄が同じである。そのときからの友人だったのだろう。石城が下級武士たちの住む小さな家に移っても、図11でみた石城宅での酒宴にも出席していた。奥山、津田と同じく、友人としてのつながりは依然としてつづいていた。

図77は青山宅に招かれ、酒宴をしている風景である。ときは蒸し暑い六月の終わりごろである。部屋には長火鉢が置かれていることから、そこは茶の間であろう。その左手に縁があり、その向こうに広い庭がつづく。

庭はいろいろな草花を手前に多く植え、築山《つきやま》も遠くにつくられている。造園を施《ほどこ》した立派な庭のようだ。この茶の間の右手奥の部屋には学問机として使う座卓がある。その上に硯石と筆が置かれ、そこで書き物をしていたようだ。よってこの部屋は書斎としても使う座敷であろう。そしてその向こうには縁があり、庭へとつづく。

二人は平膳に載せた大鉢と皿に盛られた料理を前にして庭の風景を眺めながら語り合う。その左手には青山の妻がお銚

図 75　石城宅の津田叔父

図 76　ぶらりと津田宅を訪ねる

図 77　青山宅の酒宴

子に酒を継ぎ足し、そのすぐ前には、生まれて間もない前掛けだけをした赤子がはいはいをしながら母親に近づく。右手には又蔵の母が孫とたわむれながら酒宴を見守る。このように家族ぐるみのもてなしであった。

石城は新年の正月にも青山宅に招かれるが、そこでの料理は実に豪華であった。そのことをつぎに記す。

―**正月十三日快晴**

「八碑（二時）後、青山来りて、只今より来候《きそうろう》ハるへし。麁酒《そしゅ》（粗末な酒）まいらせん（差し上げる）との事也。外《ほか》、川の舎、井狩《いかり》との事ゆへ、川佐《かわさ》（川の舎のこと）同道にて来る。ていねいのもてなし、折《おり》からすし売《うり》の声なせしをよひ（呼び）込み食ス。是《これ》につき井狩興《きょう》あり、主人はしめ（始め）歌舞し、四ッ（一〇時）過《すぎ》に至りてみな〳〵辞す。川の舎ハ外《ほか》に立寄《たちよる》との事ゆへ、予も土《つち》や方《かた》に至る。甫山、笹岡あり、九ッ（一二時）過《すぎ》帰る」

今日の料理は「雉子鳩《きじばと》、松茸《まつたけ》、三ッ葉、吸物、煮肴《にざかな》一皿、鶏《にわとり》午房《ごぼう》いりつけ、菜《な》玉子とち、湯とうふ、稲荷《いなり》すし、すしいろ〳〵」と挿し絵に記し、それはまことに豪華で多彩である。その「雉子鳩《きじばと》」とは雉子ではなく山鳩《やまばと》のことであり、その肉を煮たり焼いたりして古くから食べられていた。また「鶏午房《にわとりごぼう》いりつけ」とは、炒《い》り付《つ》けともいい、鶏肉と牛蒡を水気がなくなるまで煮る。そして「菜玉子とち」とは菜玉子綴《と》じ、すなわち汁気の多い菜の入った煮物に鶏卵を溶いて流した料理のことをいう。本当にいろいろな料理が江戸時代に食されていた。とくに雉子や雉子鳩（山鳩）はめったに口にすることはない貴重な料理だ。

その酒宴の風景が図78である。石城と川の舎、井狩の三人の下級武士が平膳の上の大きな皿や鉄鍋をまん中にして楽しそうに食べたり、飲んだりしている。その大きな皿の上にあるのは稲荷《いなり》ずしのようだ。その横の角火鉢に掛けた鉄鍋で雉子鳩の肉を煮ているのであろうか。ちょうどそこへすし売りの声がしたので呼び入れてそれを買う。すし売りは七段ほどの重箱にいろんなすしを入れて各家に声をかけていたのであろう。それはにぎりずしのようだ。前にみた図17でも書肆《しょし》（貸し書物屋）が武士の家を訪問していた。江戸時代にはこのような訪問販売が盛んであったようだ。川の舎はさっそくそれらのすしを物色する。

豪華な料理での酒宴はやがて興に入り、青山（主人）が頭に何かをかぶって歌い踊り出す。それを老母が見て口に手をあて笑い出す。青山の室（妻）も赤子をねんねこ（綿入れのはんてん）でおんぶしながら接待し、その左横の可愛い娘もお銚子を運んで手伝う。この日の酒宴も家族総出の歓待であった。

酒宴が引けたのは夜の一〇時過ぎであるが、石城はその帰りに土屋宅に立ちよる。すでに友人の岡村と笹岡がきていた。彼らは本当に土屋宅によく集まるが、それは土屋の温厚で誠実な人柄に引きよせられるのであろう。石城と土屋たち四人は深夜の一二時過ぎまで語り合う。この夜も土屋の家は下級武士たちのたまり場になっていた。

親戚の若林宅

これまでみてきたように、さまざまな集まりが武士の家で行われていたが、その部屋は茶の間や座敷であった。とくに座敷はふだんの主人の書斎に使い、特別の日の祝いや酒宴、それに何かの寄り合いなど多様な使われ方をしていた。

図 78　青山宅の正月の宴

石城は津田叔父に頼まれ若林宅を訪ねる。若林夫婦も津田夫婦と同じく石城の伯父と伯母にあたるが、その若林と津田とのあいだには親戚関係はないようだ。若林宅を訪ねる前に津田から相談を受けていたが、絵日記にはつぎのように記す。

――中陽《ちゅうよう》（二月）廿四日晴

「（前略）津田より若林一条（若林にある件で）、弥直談《いよいよじかだん》に及候間《およびそうろうあいだ》（及ぶことになった）、予に参会くれとの書状来る。右ニ付お安来りていろ〳〵相談し、今日津田へ状遣《つかわ》ス。（後略）」

――二月二十六日曇

「八時《やつどき》（二時）より雨（前略）津田若林出会の約ゆへ吾先《われさきに》若林了簡《りょうけん》（判断）も承《うけたまわ》りたく、折《おり》から雨降出《ふりだ》しけれハ津田よりハ参るへからす、とも角も予先ゆくへしと八ッ半（一時）過《すぎ》より至る。右の事も相談、さけ出《いで》て、菜ひたし、たら、三ッ葉、打興《うちきょう》し夜四ッ（一〇時）過《すぎ》まで物語し挑灯《ちょうとう》（提灯《ちょうちん》）かりて帰る。（後略）」

石城は二月二四日に津田から「ある件で若林といよいよ直談判をすることになったが、いっしょに行ってくれ」との手紙を受けとる。それは吉田お安の子どものことらしい。この女は図74で見た津田宅での福引きにきており、ちょうど料亭の山本屋後家と話をしていた。津田とは懇意にしていたようだ。そして石城はそのお安といろいろと話し合い、そのことを津田に手紙で知らせる。

若林と津田が会うことをまとめた石城は二六日に一足先に若林宅に出かける。その時刻は午後の一時過ぎであった。若林の伯父と伯母も揃って出迎え、やがて津田（廣馬《こうま》）もやってきてささやかな酒宴が始まる。石城がすでに根回しをしていたので、場はなごやかな雰囲気となり、酒宴は盛り上がる。

図79は若林宅の座敷の風景である。主人の若林八十兵衛《やそべえ》とは、御馬廻役一一〇石の中級武士である。季節は梅が咲く仲春《ちゅうしゅん》であるが、まだまだ寒い。それなのに障子が開けられ、その向こうには縁と垣根に囲まれた広い庭が見える。そこには大きな松が植えられ、その周囲は築山《つきやま》が施されている。造園の行き届いた立派な庭である。

図79　若林宅の酒宴

相談の前に酒が出てささやかな酒宴となった。その料理は「菜ひたし、たら、三ッ葉」と記す。それを木具膳の上の小鉢などに盛り、その横には採暖のための火鉢も置く。左手にいるのが若林の伯父と伯母で、庭の方に津田（廣馬）が坐り、手前に石城が坐って相談の取次をしているようだ。場はかなり盛り上がり、相談の話しもはずみ、石城は一〇時過ぎに提灯を借りて帰宅する。

翌月にも石城と津田は若林宅を訪ねるが、そのことをつぎに記す。

―**三月二十七日晴長閑《のどか》**

「（前略）八碑《ひ》半（午後一時）より若林へ至る。津田一条相談、若林にてハ此方《こち》（こちら）にて参りける。先方主人いまた（未《いま》だ）来《きた》らす（来《こ》ない）。右の心得も承知いたしたしとの事也。津田ニてハ八十《やそ》兵《べ》衛《え》（若林主人）参り候《そうらい》而《て》も子供達の詫言《わびごと》をも別に申され左《さ》すれハ、廣馬（津田）参り候上《そうろううえ》ニて此方《こち》も参るへしとの事也。双方、右の次第何ともいたし方なし。夕方よりさけ出て興《きょう》に入り、四ッ半（一一時）過《すぎ》に至りて辞してかへる。小冊子《さっし》二巻、写本一巻、御門札《ごもんさつ》借《かり》て帰る」

津田と若林は子どものことで何か難しい問題に直面しているようだ、その子どもとは前にのべたように、吉田お安と若林の子どものことであろう。そのあいだを取り持つ津田と石城である。おそらく若林の年頃の娘のことかもしれない。しばらくその話し合いがつづくが、夕方からは酒の宴となった。問題は解決されたのであろうか。絵日記の「何ともいたし方なし」の文は双方相身互《そうほうあいみたが》いの決着のようだ。

図80　ふたたび若林宅の酒宴

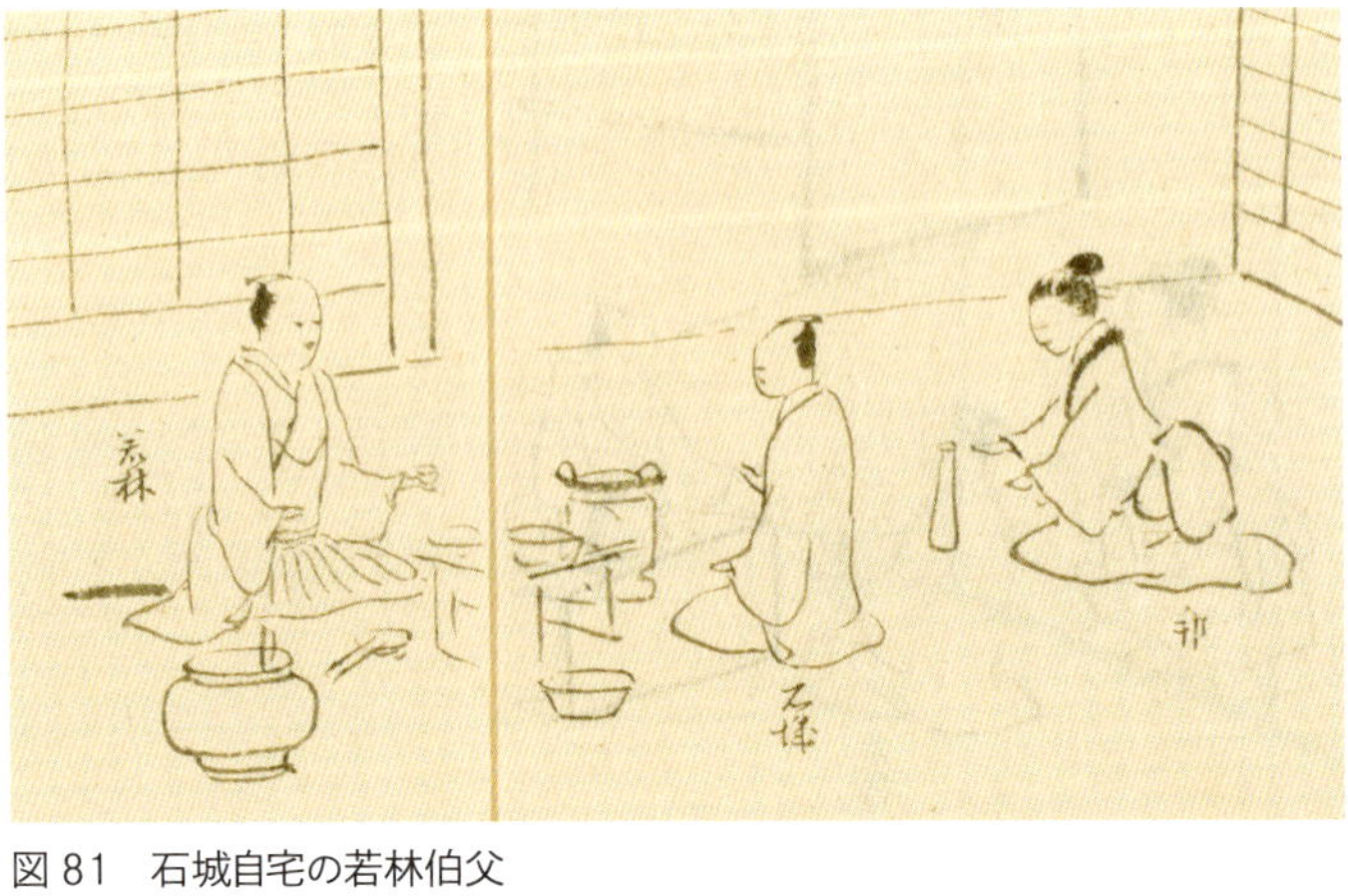

図81　石城自宅の若林伯父

図80は話し合いの後の酒宴の風景であり、その部屋は図79に見た座敷である。間口一間《いっけん》の床の間があり、そこに家紋入りの鎧櫃《よろいひつ》二つが置かれている。前に見た川の舎宅の座敷でも床の間に家紋入りの鎧櫃を置いていた。鎧や槍などの戦闘

図 82　石城自宅の若林伯母

用の武具はいざとうときにすばやく持ち出せるように玄関近くの棚に置いたり、壁に掛けるのがふつうであるが、すでに鎧を着けるような時代ではないので、家の象徴や飾りとして床の間に置くようになったのであろう。中級武士の家とはいっても、床の間の横には書院や違い棚もなく、押入だけの質素な座敷である。

この日の料理は「鮫《さめ》につけ、ゆとうふ、塩引《しおびき》、したし」と記す。この内陸の城下町で鮫を食べていたとは驚きである。また塩引きとは魚の塩漬けのことで、それは鮭であろうか。ともかくも魚をよく食べる。宴は一一時過ぎにお開きとなったが、石城は小冊子と写本を若林伯父から借りる。この伯父も本をよく読む人で、石城はたびたび彼から本を借りる。津田の叔父からも天保時代の大和《やまと》文庫一二巻などの本をよく借りていた。

石城は御門札《ごもんさつ》を借りて帰る。それはこの中級武士の居住地への木戸《きど》（門）の出入りができる許可札のことである。子《ね》の刻（一二時）にはその門が閉まるからであろう。

この若林夫婦も石城の自宅によくやってくる。図81は三月ごろの風景であるが、石城と妹の邦子が歓待する。またそれより前の一二月九日の風景が図82である。

―十二月九日晴

「（前略）六ッ（暮れの六時）過、若林叔母并《ならびに》政子来ル。懸《かけ》そは（掛蕎麦）食しとてなす。四ッ（一〇時）前かへり給ふ。間なく又廣馬《こうま》（津田）来る。閑話《かんわ》（とりとめない話）して帰る」

やってきたのは若林叔母と娘の政子であり、二人は出された掛《か》け蕎麦《そば》をおいしそうに食べる。その部屋は茶の間であろう。この二人に応対する石城の蕎麦のお代わりを妹邦子が取り継ぎ、進が茶の間より一段下の台所から昇って、それをお盆に載せようとしている。一家揃っての歓待である。

夕方の六時ごろにきて一〇時前までの長いあいだの話し合いとは何だったろうか。翌年の正月八日に江戸の母からの手紙には、

「若林ニ而《て》も又々《またまた》御縁女《ごえんじょ》不えんの由《よし》、是又《これまた》御きのとく（気の毒）の事ニ御さ候。とかく御縁無之《これなく》て御困りの御事《おんこと》と存候《ぞんじそうろう》」とある。

この不縁の御縁女とは図の娘政子のことであろうか。とすれば、石城に会いにきたのもその相談かもしれない。ともかくこの娘政子の縁談はたびたび潰れたようで、前にみた津田との話し合いもそのことであろう。

第六章――寺の風景

石城は寺にもよく出かける。この城下町には大小合わせて一三の寺があったが、とくに大蔵寺《だいぞうじ》、龍源寺《りゅうげんじ》、長徳寺《ちょうとくじ》と親交が深い。さらに清善寺《せいぜんじ》、天祥寺《てんしょうじ》とも親しい。それらの寺へは石城だけでなく、下級武士仲間と町人たちも多く訪れる。また寺の和尚たちも宗派にこだわらず、たがいの寺を訪ね合う。それらの風景を寺ごとにみていこう。

大蔵寺―さまざまな風景

石城は大蔵寺の和尚ともとても仲がよい。その寺は自宅のすぐ近くにあり、龍源寺とともに毎日のように行く。どちらも臨済宗《りんざいしゅう》の寺であった。

今日七月三日は、午前中に絵を仕上げて午後に大蔵寺へ行く。ちょうど龍源寺と長徳寺の和尚がきていた。その風景が図83である。長徳寺の篤雲《とくうん》和尚が寄付を集めるための勧化帳《かんげちょう》を持ってきて、それを皆に見せている。石城（襄山）は暑いのか、着物の裾《すそ》をめくり上げた怠惰《たいだ》な格好だ。

さらに三日後の七月六日は、午前中に庭掃除と書物の素読記録を付け、午後に土屋がきて話し合い、夜になって大蔵寺に行く。その風景が図84である。酒を飲んでかなり出来上がった様子、石城（襄山）と和尚、そして修行僧の良敬《りょうけい》が踊る。とくに和尚が愉快だ。うちわを頭上に仰ぎ、胸をはだけていい気分になっている。その横の石城も着物の裾を上げて両手を開いて踊る。左手の良敬だけが煙草を吸い、しらふのようだ。後ろには蚊帳が吊られているが、そのなかに、すでに酒に打ち臥した中村藤兵衛《とうべえ》が眠る。彼もこの大蔵寺に毎日のようにやってくるが、どうも隠居した老武士のようだ。

図85は翌年の一月の風景であるが、石城のほかに橋本母と下級武士の友道《ともみち》六三郎《ろくさぶろう》がきていた。橋本母はその白髪の風貌からしてかなりの年寄りに見える。銘々膳に出された芋汁をかけたご飯をおいしそうに食べる。また友道はお櫃《ひつ》を開けてご飯をいっぱいによそい、それに芋汁をかけようとするのは良敬だ。その向こうに坐る石城は満腹したのかゆったりとして興に入っているようだ。皆で芋汁ご飯を食べる和やかな大蔵寺の夕飯の風景であった。

舞曲をうなる

今日は友人の森三木といっしょに龍源寺を訪ねたが、留守であったのですぐに

図 83　大蔵寺の集まり

図 84　大蔵寺で酒を飲む

大蔵寺に赴く。そのことをつぎに記す。

——十一月朔旦《さくたん》（一日）雨

「（前略）龍源寺に至りしに寂寞《せきばく》（ひっそりとして静か）音なし。然《しか》ハ、大蔵寺に遊《あそ》ハんと三木と共に至る。和尚不在、良敬、藤兵衛なり。予、酔大《よいおおい》に発し、雨またしきりに降《ふる》。大声に舞曲《ぶきょく》をうなりちらし、果《はて》ハ、打臥《うちふ》して暁《あかつき》に至る」

図 85　皆で芋汁を食べる

その風景が図86である。大蔵寺の和尚も不在であったが、良敬がおり、隠居武士の中村藤兵衛もきていた。石城（永慶）が囲炉裏端《ばた》で酒を飲みながら酔いにまかせて舞曲を大声を張りあげて歌う。絵日記にはそれを「うなりちらし」と記しているので、よほどの奇怪な大声だったのだろう。となりの三木も石城に合わせて

図 86　舞曲をうなる

歌い始め、それを年老いた藤兵衛が煙草を吹かしながら神妙に聞き入る。石城はついに打ち臥して夜明けに至る。外は雨がしきりに降りつづく。まっ暗な深夜の城下町の一角、この大蔵寺は薄暗い行灯の明かりが灯《とも》りつづけていた。

ねぎ雑炊と酒宴

石城は翌日にもまた大蔵寺に行く。

——十一月二日雨自昨朝不止烈風至夜（雨は昨日の朝より止まず、烈風は夜に至る）

「鈴屋文集一巻よむ。西遊記六巻両閲覧。（中略）午後より巨燵《こたつ》に臥して小児を愛す。夜、大蔵寺に遊ひしに、良敬、藤兵衛両人にて一盃《いっぱい》を喫する所《ところ》なり。四ッ（一〇時）過《すぎ》まて語《ご》す。歌舞伎物語いろ〳〵、和尚昨夜よりかへらす（帰らず）。右に付、良敬四ッ（一〇時）後より迎《むか》ひに行、共《とも》に予も辞してかへり臥す」

昨日の朝より降る雨は今日も止まず、夜にかけて風は激しく吹く。石城は午前中、昨夜から明け方まで酔い臥したにもかかわらず書物を読み、午後は櫓こたつに入って姪のおきぬをあやす。可愛くてたまらない様子が「小児を愛す」ということばに込められている。そして夜になって大蔵寺に行くが、和尚は昨夜から帰らず、そこには良敬と中村藤兵衛がまたいた。そこで三人でねぎ雑炊をつくって酒を飲む。その風景が図87である。

囲炉裏端にはねぎ雑炊を入れた鉄鍋があり、その右手には大きな角形行灯が置かれている。四角いかたちをした台の上に油入れらしきものが置いてある。酒を飲みながら三人で歌舞伎の物語を話し合いながらの酒宴であった。今日の石城（永慶）は煙草を吹かしながら、それをゆっくりと語っているようだ。江戸にしばらくいたときに見た本物の歌舞伎を話しているのであろう。そして今日もまた隠居武士の藤兵衛がきているが、その静かな振る舞いが印象的だ。

和尚と院本をうなる

石城は寺でただ単に酒を飲み、飯を食うだけではない。中国の古事逸話《こじいつわ》を学び合い、また歌舞伎の物語を語り合う。それを日ごろから和尚たちと行っていた。このようなことはつぎの絵日記にも記されている。

——十二月五日晴

「朝、大蔵寺に遊ふ。院本《いんほん》二三冊有し、興《きょう》に乗《じょう》し、和尚と共にうなりちらす。笑ふへし。（後略）」

今日は朝から晴れる。そこでさっそく院本《いんほん》を二、三冊持って大蔵寺へ行く。院本とは浄瑠璃《じょうるり》の脚本のことである。その風景が図88である。

囲炉裏端で和尚（宣考《のぶたか》）、良敬の三人で院本を開いてうなり出す。両手を動かしながらうなっているのは和尚と石城（華頂《かちょう》）であり、良敬はその二人のうなり声に調子を合わせるように自分の坊主頭を鼓《つづみ》のごとく叩く。何となく可笑しくて愉快な風景である。左手に見える小さな床の間に飾っている達磨《だるま》人形も笑っているようだ。

さらに一三日にも大勢が集まるなかで院本をうなる。

——十二月一三日晴大風

「今日より藩翰譜《はんかんふ》うつしはしめ（写し始め）十二葉《よう》（枚）出来。八碑《ひ》半（三時）より大蔵寺に遊ふ。大藪辰衛《おおやぶたつえ》、天祥寺使《てんしょうじし》僧《そう》会す。右かへりて後《のち》、大風寒甚《かんはなはだ》し。今より一盃催《いっぱいもよお》すへしとの事にてさけ豆腐求め、炉を囲ミて酌《くむ》、はて（果て）ハ大声に例の院本をよみうなる事、烈風《れっぷう》よりも甚《はなはだ》し」

図 87　ねぎ雑炊と酒宴

図 88　和尚と院本をうなる

午前から午後まで藩翰譜《はんかんふ》の書物を写し、午後の三時に大蔵寺に行く。そこにいた客も帰り、今日ははなはだ寒いので一杯飲もうということになった。酒と豆腐を店まで買いに走り、囲炉裏端での酒宴となる。しだいに酔い、そこでまた院本を石城（華頂）と和尚の二人でうなり始める。その風景が図89である。

そこには良敬もおり、中村藤兵衛もまたまたきている。一日と二日の絵日記にも寺にいたことが記されており、彼もこの寺によくくるようだ。石城と和尚が口を大きく開けて、うなるように浄瑠璃を語るのを煙草を吹かしながら神妙に聞き入っている姿が妙に愉快だ。藤兵衛の手前には中村三智なる男がいるが、藤兵衛とは兄弟のようだ。今日は嵐のような風が吹いているが、二人の一席を「烈風よりも甚《はなはだ》し」と記しているから、よほどの大きな奇声であったのだろう。

正月の酒宴

これまで寺の風景をすこしみてきたが、寺には人びとがよく集まる。それは武士と町人であり、また宗派の異なる他の寺の和尚たちである。つぎにみる風景もその一つである。

—正月十日快晴夕少し雪

「今日ハ金毘羅《こんぴら》の祝日とて朝より太鼓《たいこ》のおと（音）抔賑々《などにぎにぎ》し、午後津田に至りて年賀を述《のべ》、夫《それ》より大蔵寺におもむき（赴き）しに、折《おり》から同寺の隠居秦憧和尚外《ほか》ニ保寧寺《ほねいじ》入来《いりき》。幸《さいわい》なりとて速《すみやか》にさけ出《いで》、折《おり》からまた〳〵浪之助、妻子供とも来り会し、盃飛《さかずきとぶ》に及ひて各々《おのおの》興《きょう》に乗《じょう》し歌舞《かぶ》し、夕暮皆々辞す。（後略）」

今日は遍照院の金毘羅《こんぴら》のまつりである。朝から太鼓《たいこ》の音が鳴り響き、大勢の参拝者が駆けつけていた。その場所は図8の城下町にみるように、大蔵寺の北となりである。よってその近くの石城の自宅にも太鼓の音がよく聞こえていたのであろう。午後に津田宅に行って年賀の挨拶をした後に大蔵寺に赴く。そこには保寧寺《ほねいじ》の和尚と大蔵寺の隠居した秦憧《しんどう》和尚の二人がいた。石城の顔を見て、これ幸いとさっそく酒宴が始まる。この高齢の和尚たちも、彼といっしょに飲むことがよほど愉快で楽しいのであろう。まもなくして下級武士仲間の浪之助《なみのすけ》が妻子を連れてやってきた。場は盃《さかずき》が飛ぶがごとく大いに盛り上がって、それぞれが歌い踊りだす。その盛り上がる前の風景が図90である。

保寧寺の和尚と秦憧和尚はかなりの老齢のように見える。小さなおちょこを手に持ち、静かに飲み始める。右手にいる大蔵寺の和尚は酒の追加を良敬にいい、その良敬はお銚子を二本運ぶ。石城と浪之助も盛んに飲み出したようだ。そこには浪之助の妻子はいないが、挨拶をしてすぐに帰ったのであろう。

酒宴の料理は「いり午房《ごぼう》、にまめ、あら汁、昆布巻」と記す。いり午房とは牛蒡《ごぼう》の炒《い》り煮《に》であり、あら汁とは魚を三枚おろしにした残り部分のアラを利用した汁物である。仏に仕える者は殺生が禁じられていた筈だが、そんなことはお構いなしに魚もよく食べていた。

酔いのたわむれ

酒宴は夕暮れにお開きとなって皆が帰って行ったが、そこへある婦人が一人でやってきた。そのことを前の絵日記のつづきにつぎのように記す。

「然《しか》るに去方《さるかた》の婦人壱人入来《いりき》りぬ。いと（大変）めつらしく（珍しく）来りて、さけ酌給《くみたま》へとて引《ひき》とゝめぬるに、和尚も

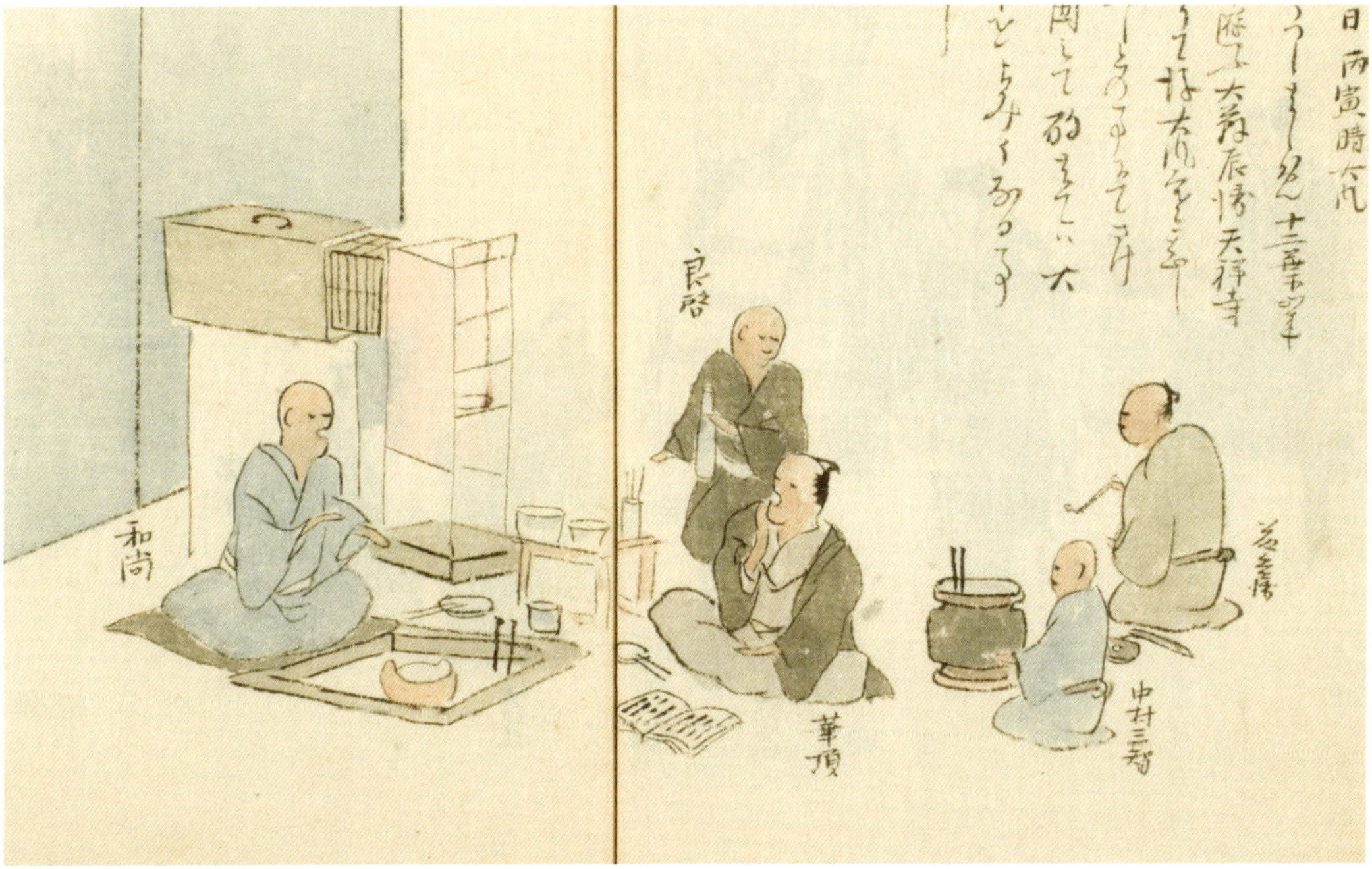

図 89　ふたたび院本をうなる

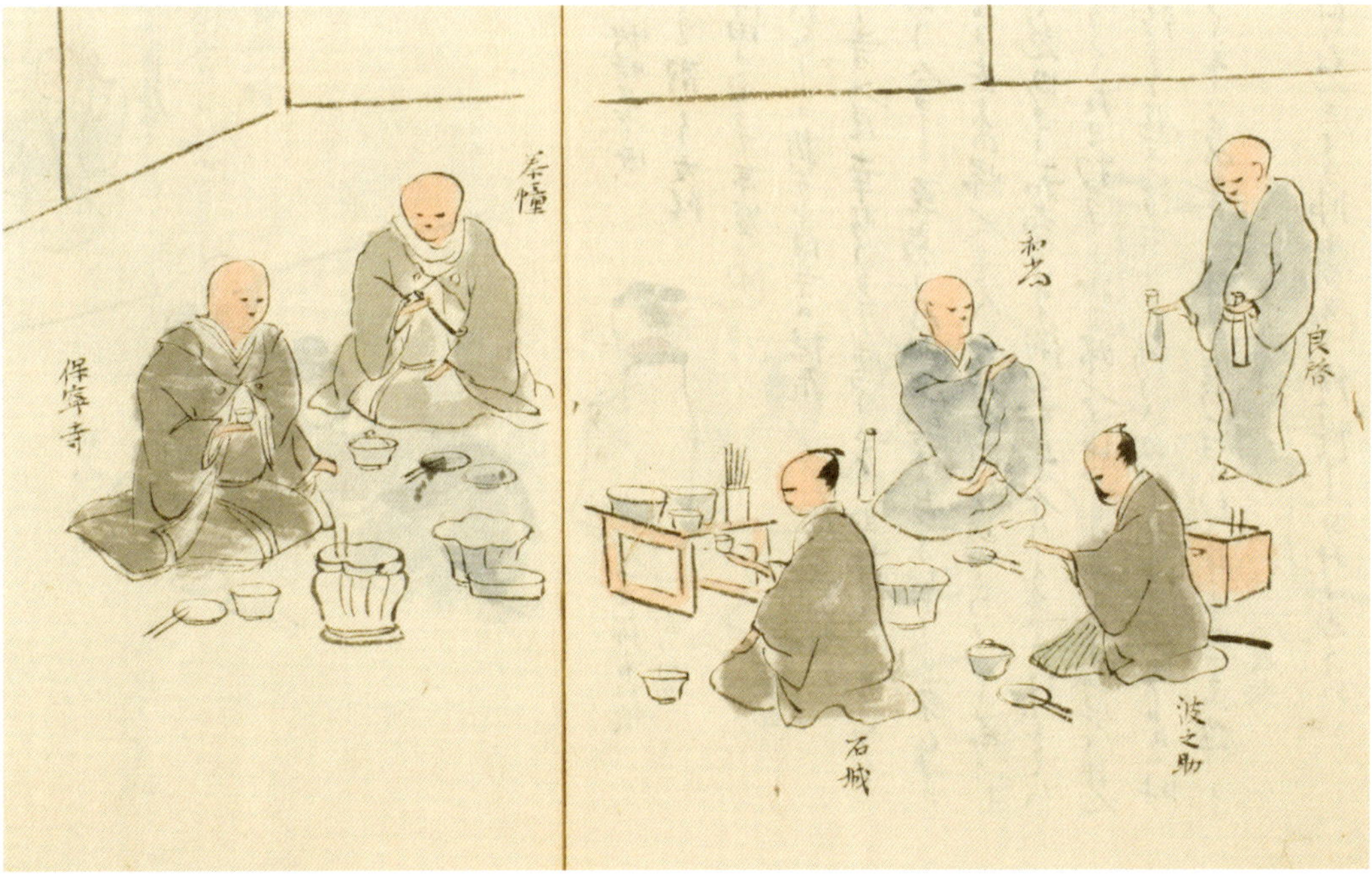

図 90　大蔵寺の正月の酒宴

わか側《そば》にて是食《これしょく》し給《たま》へと引《ひき》とゝむ。右と左に僧俗《そうぞく》（僧侶と俗人）たちて（立ちて）たわむるゝにそ、婦人も中〱《なかなか》にくるし（苦し）とや思ひけん。（中略）其時《そのとき》のさま（様子）いかなりけん（どんな風になるのか）しらす（わからず）。時に岸《きし》の左右助《さうすけ》来りて、予はそのまゝ積日《せきじつ》の鬱《うつ》一時にひらけし（開けし）ゆへにや酔《よう》てたへす（堪えず）打臥《うちふ》しぬ。夜八ッ（二時）過《すぎ》に至りて目さめ、夫《それ》より臥《ふ》しなから語談《ごだん》明け（夜明け）に至りぬ」

その婦人とは身分の高い武士の妻らしい。石城はその婦人の到来が大変珍しく思い、ぜひ酒を勧めようと引き止《とど》めるが、大蔵寺の和尚も酔いに任せて自分の方へと引っ張る。このように僧侶と俗人の二人が婦人の引っ張り合いをしている風景が図91である。婦人は戸惑いながらも嫌がる様子はなく、その場を楽しんでいるようにも見える。そこへ友人の岸左右助がやってきて、良敬といっしょに襖の向こうでそのたわむれの風景を見て笑い合う。描かれた婦人の風貌は艶っぽくてしなやかだ。それにしてもこの和尚、かなりの女好きである。前に見た図38の土屋宅での集まりのときにも岡村とともに女色《にょしょく》（女の色香）を論じていた。しかしながら人間の性《さが》を率直にさらけ出す愉快な和尚ではある。

石城はその酔いのたわむれのなかで「積日《せきじつ》の鬱《うつ》一時にひらけし（開けし）」と記し、これまでの積もり積もった不快で嫌な気分が一挙に晴れたという。それは後に詳しくのべるが、昨年暮れの不当な咎めによる閉居《へいきょ》のことであろう。彼はその後、酔い臥してしまう。夜中の二時ごろに目を覚ますが、和尚たちと身体を横にして語り合えば時は過ぎ、夜明けに自宅に帰った。

末摘花

—正月十二日

二日後の酒宴にはまた女が参加していた。

「（前略）大蔵寺に至りしに、山本やの後家《ごけ》居り、今より酌《くむ》へしとの事ゆへ、予、肴《さかな》を求めはしまる（始まる）。遂《つい》に歌舞《かぶ》し、酔臥《よいふ》してしらす（わけがわからなくなる）。七ッ（四時）前、皆々目さめ（覚め）、夫《それ》より茶つけを食してまた〱臥す」

この日の午前に川の舎に招かれて鮭や湯豆腐などの料理と酒をよばれる。そして昼過ぎになって、いつものように大蔵寺に赴く。そこにはちょうど山本屋の後家《ごけ》がきており、今から皆で酒を飲もうということになった。石城はすぐさま酒の肴《さかな》を求めて町人地の店まで走る。山本屋の後家とは料亭山本屋の女将であり、図74で見た津田宅での福引きにもきていた。後家というから主人は亡くなり、女手で料亭を切り盛りしているのであろう。それに石城と和尚は山本屋の料亭によく行くことから、女将とは以前から気心知れた馴染みのようだ。その風景が図92である。

挿し絵には女将のことを末摘花《すえつむはな》と記しているのが面白い。それは紅花《べにばな》の別名であり、茎《くき》の末《すえ》（先端）につく花を摘み取って紅色の染料にしたことからその名が付けられたという。絵に見る女将の舞姿はあでやかであるが、源氏が不美人の女につけたあだ名のごとく、女将の鼻は紅花のように紅かったのであろうか。

酒宴はしだいに盛り上がって、女将は得意の舞を踊り始める。扇子を片手にして舞う姿は色っぽく、それを石城、和尚、良敬の三人が手を叩いて喝采し、踊りの調子に合わせて歌う。この石城と和尚は、後にのべるが、女将の大ファンである。

　買ってきた肴は「しゃけ、つく芋」と記す。今日の午前に川の舎宅でよばれた料理も鮭が出たが、ここでの肴も鮭である。鮭もよく食べられていたようだ。またつく芋とはつくね芋ともいい、とろろにする長芋の一つである。やがて皆は酔いつぶれて寝てしまう。夕方の四時前に目を覚ますが、お茶漬けを食べると、ふたたびそこに寝てしまった。何とも愉快で楽しい寺の風景であった。

図 91　酔いのたわむれ

図 92　大蔵寺の末摘花

素人歌舞伎

料亭山本屋の女将はこの寺によく出入りする。明後日（一四日）の夜にもやってくるが、その日はちょうど大蔵寺の境内で素人歌舞伎が催された。

—正月十四日快晴

「朝、大蔵寺に遊ふ。此日《このひ》、歌舞伎の真似するものこのあたりを徘徊《はいかい》する。今日、こゝらへも来りしにそ。近隣のもの遊《あそび》ていつに（ひとえに）浮立《うきた》て、各《おのおの》白米一升つゝを与へて歌舞さすへしとの事にて、壱斗三升ほとをあつめ大蔵寺の境内にて催すよし。予、龍源寺に遊ひ、和尚同道にて見物にゆく。敵討《かたきう》ちすゝのにしき飛脚の段、妹背山《いもせやま》おミわの段、跡《あと》にて手おとり（踊り）あり。見るに足るものなしぬとも、辺土《へんど》（片田舎）の地にはこれらもまた目をよろこハするとの一事《いちじ》（ひとつの事）といふへし。（後略）」

素人歌舞伎がやってきた。このような地方城下町では皆が心浮き立つような楽しみの一つだ。城下町の各町を巡《めぐ》り、いよいよ石城たちの町にもやってきた。場所は大蔵寺の境内である。観劇料は木戸《きど》銭《せん》ではなく、一人米一升だ。それを前もって集めるらしい。一斗三升を集めたというから見物人は一三人である。石城はそれを見るに足らない素人芝居であるが、娯楽の少ない片田舎にあっては、皆を楽しませる行事の一つだという。

その素人歌舞伎の風景が図93であり、ちょうど妹背山女庭訓《いもせやまおんなていきん》お三輪の段（四段目）を上演中である。舞台は境内の一角に二畳ほどの筵《むしろ》を敷き、その後ろに屏《びょう》風《ぶ》を立てただけの簡素なものである。その上手《かみて》（右側）に舞台袖《そで》となるような小さな衝立《ついたて》を置き、その陰で女が三味線を弾き、その後ろの太夫《たゆう》なる男が台本を見ながら何かを語る。そして別の男が拍《ひょう》子《し》木《ぎ》を持って舞台後ろに置かれた床几《しょうぎ》の端を叩く。正面舞台で演じているのは二人とも女であり、上手の女は男役である。江戸、大坂の本物歌舞伎は男が女役をするのがふつうであるが、その逆である。それにしてもざっくばらんの素朴で愉快な素人歌舞伎であった。歌舞伎が終わると、演技者の手踊りで幕を閉める。総勢五人ほどでいろんな城下町や各地の村々を回っているのであろう。

ふたたび末摘花

前の絵日記はつぎのようにつづく。

「夜に入《い》り、大蔵寺に遊ひしに山本や後家居り、龍源寺とも〳〵さけはしまり（酒始まり）居《お》り、相会《あいかい》して酌《くむ》。五ッ（八時）前止《やむ》。夫《それ》より院本ともうなり、四ッ（一〇時）過《すぎ》に至りて帰る。近日山本やに到るへきに約《やく》ス」

素人歌舞伎は午前中に舞台の設定を行い昼過ぎに始まる。終わったのは午後の三時ごろであろう。彼は夜になってふたたび大蔵寺を訪ねる。そこには料亭山本屋の女将《おかみ》（末摘花《すえつむはな》）と龍源寺の猷道《ゆうどう》和尚がきており、すでに酒宴が始まっていた。石城もそれに加わり、場はさらに盛り上がる。その風景が図94である。

山本屋の女将を中心にして和やかに語らいながらの酒宴であり、良敬も女将と何かを話しているようだ。和尚たちもご機嫌よさそうに酒を飲む。酒宴は八時ごろにお開きとなり、その後に石城は院本をうなり出す。今日の素人歌舞伎はたわいもなかったので、江戸で見学した浄瑠璃の本物を聞かせようと思ったのであろうか。

それも一〇時過ぎに終わるが、その帰り際、近いうちに山本屋に行くことを女将と約束する。料亭山本屋はこの寺よりすこし離れた行田町にある。女将は夜も遅くなってから一人で帰って行ったが、江戸時代の城下町は治安もかなりよかったようだ。

龍源寺—さまざまな人たち

石城は龍源寺にもよく行く。またこの寺にも他の寺の和尚や、多くの下級武士や町人たちが集まる。もちろん女たちもである。一方、龍源寺や大蔵寺の和尚たちも石城の自宅や土屋宅など下級武士の家にもよく出入りする。そしてそれらの和尚たちも石城たちといっしょに酒店や料亭に繰り出すこともある。

寺同士の交わりも盛んであったが、寺と武士町人たちとの交わりも親密であった。この龍源寺は大蔵寺から西にわずか一〇〇メートルほどしか離れていない。よって石城にとっては龍源寺も絶好の遊び場所であった。

今日も午後に龍源寺に行ったが、すでに大蔵寺の和尚と友人の国友、それに酒店中屋の主人もきていた。そのことをつぎのように記す。

——十一月朔旦《さくたん》（一日）晴

「（前略）午後遊干《ゆうかん》（遊びゆく）龍源寺。

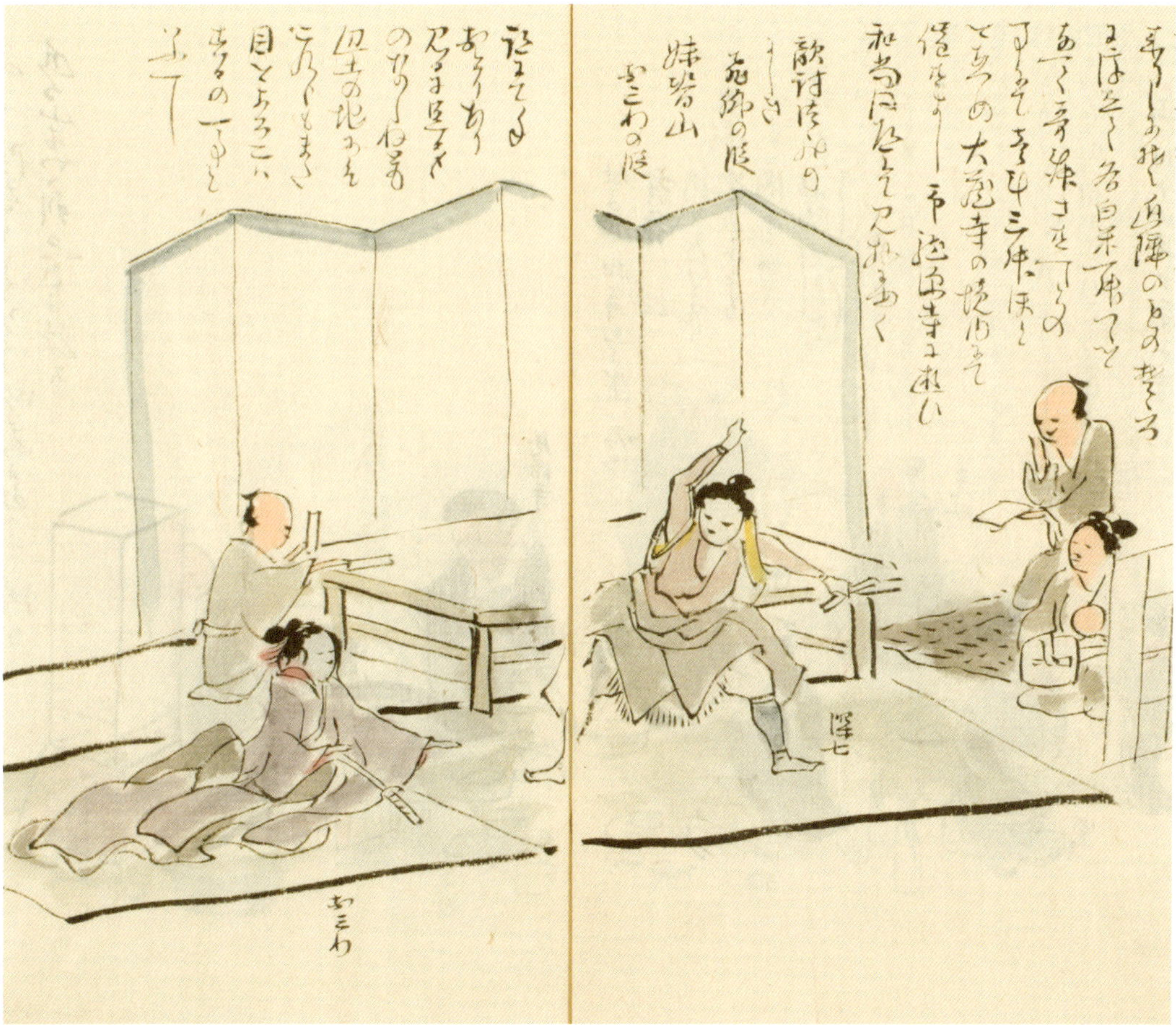

図 93　大蔵寺の素人歌舞伎

図 94　ふたたび末摘花

図 95　龍源寺の語らい

大蔵寺会し、予、蒙求《もうぎゅう》（中国唐代の書）を開《ひらい》て閲《えつ》して語譚《ごたん》す（語り話す）。国友（俊平のことか）、中屋も会す。和尚吾《われ》に対して屋中却唱莫臨乾地といふ。夫《それ》ニつき大笑、是ハ今日無興《ぶきょう》ゆへ夕暮《ゆうぐれ》より酒店に至るへきとの事そなり。則《そく》（直ちに）、二《に》僧一俗《そういちぞく》六ッ（六時）前よりおもむく」

図 96　ささやかな酒宴

大蔵寺の和尚もこの龍源寺によくくるようだ。皆でお茶を飲みながら石城が持ってきた中国の書物について語り合う。中国唐代の李瀚《りかん》が書いたもので、古人の伝記逸話をまとめたものである。寺の和尚たちが石城から習っていた。日ごろ酒癖の悪い石城であるが、このような幅広い学識からも和尚たちに一目置かれていたようだ。そのうち町人の酒店中屋の主人と下級武士の友人俊平がやってくる。その風景が図95である。皆は石城（永慶）の話を真剣に聞いている。とくに左手にいる中屋の主人もすこし離れたところで神妙な顔つきで聞く。しかしやはり酒が入らないと盛り上がらない。石城は龍源寺の猷道和尚の冷やかしを受けて、さっそく二《に》僧一俗《そういちぞく》の三人で中屋に参上することになる。その二僧とは龍源寺の若い修行僧であった。この風景については後で詳しくのべる。

さらに一三日にも龍源寺に行くが、やがて町人の越中屋政二郎と大蔵寺の和尚もやってくる。そのことをつぎのように記す。

――十一月十三日朝雨巳碑《みひ》（一〇時）**霄《みぞれ》**

「朝、良宗素読、日記しらへ。夕、龍源寺に遊ふ。和尚と一盃《いっぱい》を喫す。折《おり》から大蔵、今朝より御通輿《ごつうよ》見学ニ出たりとて来る。跡より政ニ郎さけ持参ニてまた〱酌《くむ》。四ッ（一〇時）前かへりて臥ス。朝食蕪《かぶ》汁、午飯にしめ。昨日、柴田より母来る。にしめ持参」

今日の朝は修行僧の良宗より頼まれていた文章の添削《てんさく》を行い、その後絵日記を書く。夕方になって龍源寺に赴くが、ちょうど和尚（猷道）もおり、二人で酒を飲む。まもなくして大蔵寺の和尚（宣孝）がやってきた。彼は、昨夜から熊谷宿に泊まっていた和宮が今朝に出立するので見学に行っていたという。前にのべたように熊谷宿とその付近の街道は厳重な警備が敷かれていたから、すこし離れた街道筋で遠巻きに見学してきたのであろう。それにしても仏へのお務めを後まわしにして、和宮通輿の見学に行くとは世俗に塗《まみ》れた愉快な和尚である。しかも去る一一月七日にも、龍源寺の和尚、石城、土屋、笹岡父子の六人で熊谷見物に行ってきたばかりであった。

しばらくして町人の越中屋政二郎が酒を持ってきた。彼もこの寺にたびたびやってくる。そこでまた皆で酒を飲むことになった。その風景が図96である。長火

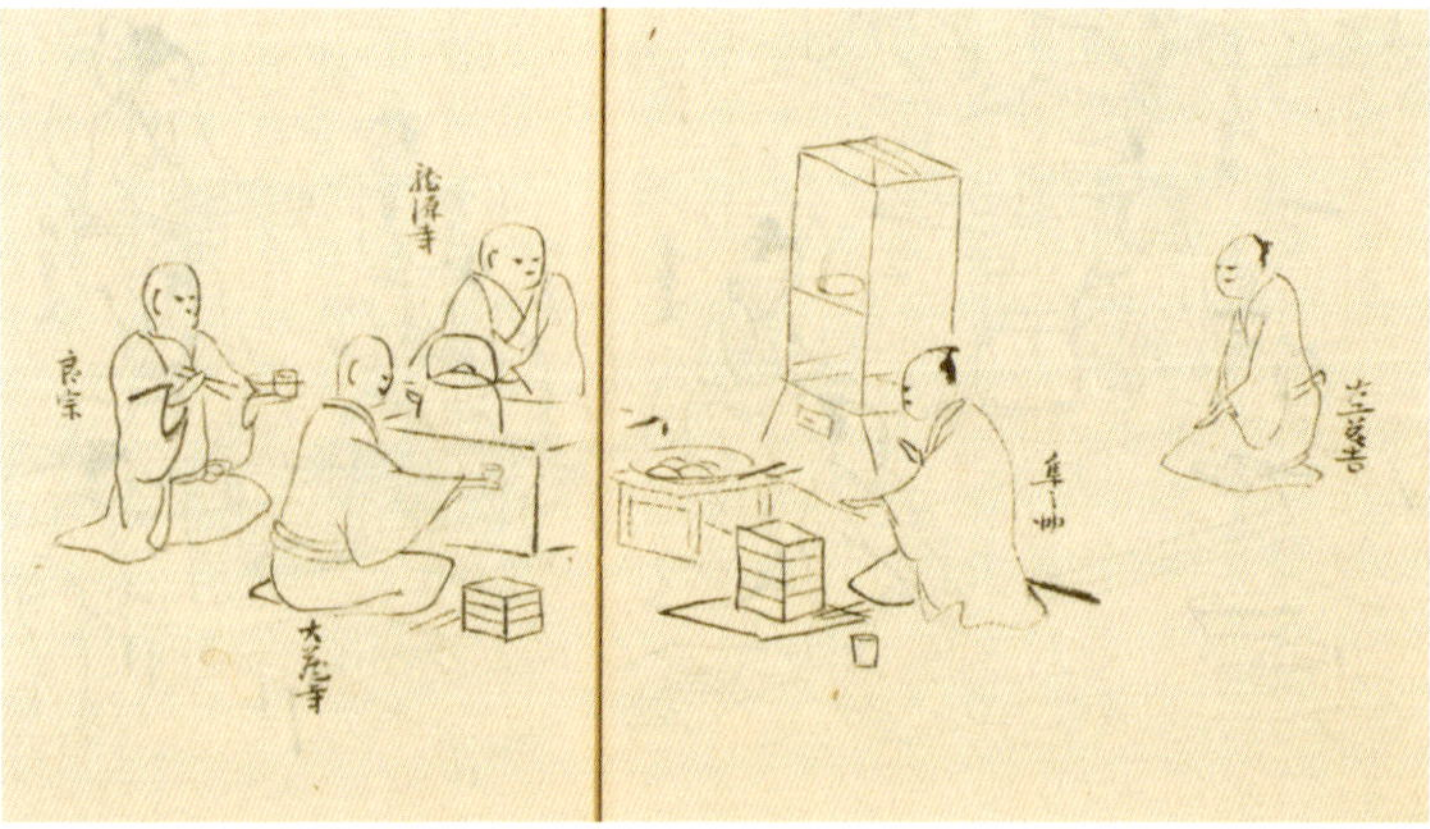

図 97　皆でそばを食べる

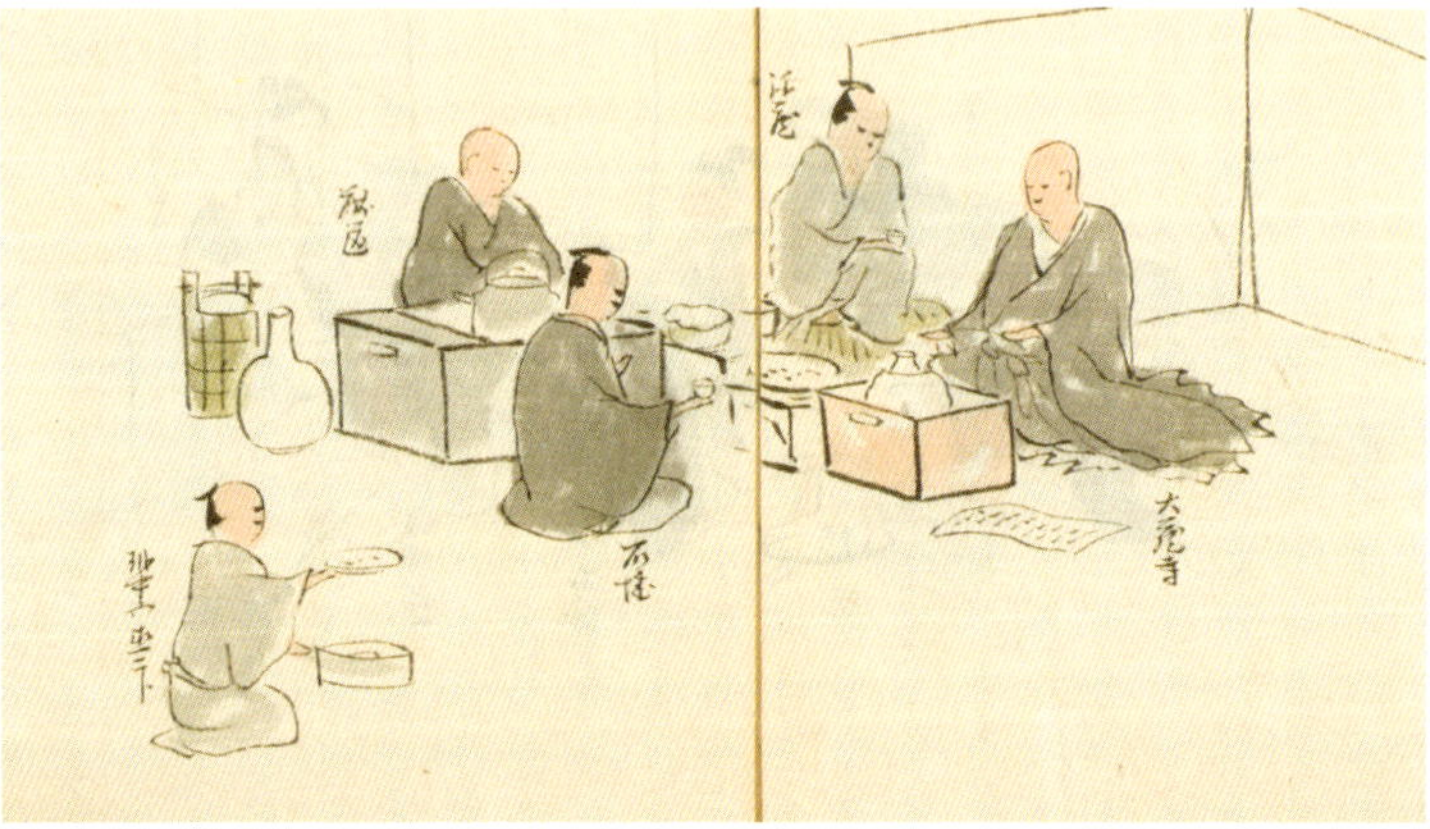

図 98　仲のよい和尚たち

鉢を囲んで龍源寺和尚（猷道）、大蔵寺和尚（宣孝）、石城（襄山）、そして町人の政二郎が楽しそうに酒を飲んでいる。酒は徳利に入れたままの冷酒のようだ。それに酒の肴も長火鉢に掛けられた鍋のなかにすこしあるだけ。それを皆で突つき合いながら酒を飲む風景は何ともいじらしい。石城の今日の朝食は蕪汁、昼飯は煮しめであった。その煮しめは昨日、進の柴田母が持ってきたもので、それを温めて食べたのであろう。この日の夕食もこのような質素なものであった。石城は一〇時前に自宅に帰り、そのまま床に臥す。

以上にみてきたように、龍源寺にもさまざまな人たちがやってくるが、図97に見る風景は、二人の和尚と石城（隼之助）、それに修行僧の良宗が蕎麦を食べている。それらとはすこし離れて藤吉が坐る。彼は大工であり、龍源寺の建物維持を任されているようだ。いわばお抱えの大工である。一一月ごろの風景であった。

また図98に見る風景は一月ごろであり、二人の和尚のほかに、石城と下級武士の弥蔵の四人が酒宴をしている。そこへ越中屋が酒の肴を持ってくる。それは丸い箱のような入れ物から料理を盛った皿を取り出している。それが注文の品か、あるいは差し入れなのかはわからないが、持ってきたのは常連の政二郎ではなく、真二郎である。政二郎の弟かもしれない。それにしてもこの龍源寺と大蔵寺の和尚は実に仲がよい。

床几で一杯

絵日記は遡るが、八月五日のまだ暑い日にちょっと龍源寺に立ちよると、台所の外に床几《しょうぎ》を持ち出して、そこで一杯を勧められた。その風景が図99である。床几の向こうの部屋には竈があり、それは手前の床上から坐って炊くようになっている。前にみた岡村荘七郎（甫山）の家でもそうであり、この当時の寺や武士の家の竈はほとんどそのような方式だ。もちろん江戸市中の家でも同じである。よって竈に面した部屋が台所である。その向こうに長火鉢が置かれているが、そこが茶の間であろう。

図を見れば、猷道和尚は床几の上に坐って、ふんどしだけの裸である。図17で見た石城の自宅にきたときも、皆の前で素っ裸になって風呂へと向かった。この和尚、すぐに裸になるようだ。そして和尚の左手にいる裸の男は、汗だくだくの身体を手拭《てぬぐい》でふきながらたまらなさそうな顔をしている。その名を達宗《たつしゅう》といい、大蔵寺の修行僧である。この男も龍源寺によくくる。石城は床几に腰かけて和尚と一杯飲む。

図100は、前の風景を別の角度から七月ごろに描いたものであり、龍源寺の台所の様子がさらによくわかる。今日も大蔵寺の和尚と修行僧の達宗、それに龍源寺の和尚と石城（永慶）の四人が台所で酒宴を開いている。暑いのか石城も上半身裸になって飲んでおり、となりの大蔵寺和尚も半裸になって、扇子を仰ぎながら

図99　床几で一杯

龍源寺和尚と熱心に話をしているようだ。

二つ穴の竈の焚口には燃料の小枝が一杯にくべられ、その向こうは土間になっている。その左手に水走り、舟と呼ぶ流しがあり、その壁にそって水棚と呼ばれる食器や調理道具の棚がある。前図で床几を出していた庭には草花を植えた花壇があり、向こうに垣根も見える。このように龍源寺の庭は趣があるが、それは和尚が庭いじりが好きなのであろう。

うどんと残り酒

この寺にも大勢の下級武士たちがやってくる。そのことをつぎに記す。

—九月三日晴夜少々雨

「午後龍源寺に遊ふ。坪井、松村、森、良敬会す。夜、甫山方へ至らんとせしに龍源寺に呼留《よびとめ》られ、残酒に饂飩《うどん》あり、飲《のむ》へしとの事にて夫《それ》より相対し酌《くむ》。跡《あと》より俊平、良敬来る。俊平は飯《めし》後なりとて喫せす。和尚ハ酔臥《よいふ》ス。良敬両人ニて飲《いん》し、四ッ半（一一時）後帰る。朝な汁、午《ひる》おとし玉子、夕ちゃつけ」

この日は午後に龍源寺に行く。そこには坪井、松村、森の下級武士たちと大蔵寺の良敬らがきていた。その後、一旦自

宅に帰り、茶漬けの夕食を済ました後、夜になってふたたび龍源寺に立ちより、それから岡村（甫山）宅に行こうとしたが、龍源寺の和尚に呼び止められ、残り酒にうどんがあるので飲もうということになり、相対して酌をし合う。しばらくして友人の俊平と良敬がやってくるが、その風景が図101である。

和尚の前に大きな鉢が置いてあり、そこにうどんが入っているようだ。和尚は大きな徳利から小さなおちょこに直接酒を注ぐが、それは豪快な飲み方だ。俊平はすでに夕食を済ましており飲まなかったが、和尚、石城（襄山）、良敬の三人が飲みつづけ、とうとう和尚が先に酔いつぶれてしまった。その後良敬と二人で飲みつづけ、石城は一一時過ぎに帰って行った。

それにしても、この龍源寺和尚はよく酒を飲む。それも頻繁である。仏に仕える身でありながら、多くの時間を武士や町人たちとの賑やかな付き合いにすごしていた。まさに仏《ほとけ》ほっとけの愉快な和尚である。

さらに四日にも龍源寺に赴くが、この日も大勢の人びとがきていた。

図 100　寺の台所で酒宴

――九月四日晴

「朝、甫山（岡村）方へ傘かへしに行《ゆきし》に不在ゆへ土屋に至る。主人に美女柳の枝《えだ》乞《こう》、やシ草、千日草外一色《ほかいっしき》貰《もら》ふ。九ッ（一二時）過《すぎ》かへる。甫山在宅、同人只今より近辺逍遥《しょうよう》せんとの事ゆへ土屋を誘ひしか肯《こう》せす（賛同せず）、則、龍源行《いき》て会せんと約しかへりて、右茶とも植え、一飯を食して八ッ（二時）過に及ふ。龍源寺へ至る。俊平、円蔵、大蔵寺会す。甫山、予、龍源寺に至りて和尚を誘引す。其間《そのあいだ》、甫山の求めにて雑煮《ぞうに》制ス。予両人にて三椀《みわん》も食ス。腹満《はらみち》たり」

朝、借りていた傘を返しに岡村（甫山）宅を訪ねるが、不在だったので土屋宅によるる。ちょうど主人がいたので、美女柳の枝とやし草、千日草のほかに一色《いっしき》（一品《ひとしな》）をもらう。そのうちの美女柳とは別名未央柳《びようやなぎ》ともいい、中国から渡来した。枝先が垂れ下がり、葉が柳に似ているが、樹種は柳ではない。黄色い五枚の花弁の可愛い花が咲く。楊貴妃《ようきひ》を歌った白楽天の長恨歌《ちょうごんか》にも出てくる樹木である。

図 101　うどんと残り酒

図 102

石城は一二時ごろ一旦自宅に帰り、その後岡村宅を訪ねると彼はいた。これから土屋を誘って近辺の逍遥《しょうよう》に行こうということになったが、残念ながら土屋は都合が悪く、しからば二人で行こうということになり、龍源寺で会うことを約束してまた自宅に帰る。昼飯を食べた後の二時過ぎに龍源寺に行けば、そこには俊平、円蔵の下級武士たちと大蔵寺の和尚がきていた。大蔵寺の和尚は毎日のように龍源寺にくるようだ。そして石城と岡村は龍源寺の和尚を逍遥に誘うが、岡村はまだ飯を食っておらず、よって彼の要望通りに逍遥に出かける前に雑煮をつくることになった。龍源寺の和尚がこまめに動いてそれをつくり、石城と岡村がいかにもおいしそうに食べている風景が図102である。

龍源寺の和尚は雑煮の入った大きな鍋の前に坐り、石城（襄山）と岡村（甫山）が銘々膳で語り合いながらにこやかに食べる。二人は三椀も食べ、腹いっぱいになったという。その後、龍源寺の和尚を連れ立って逍遥に出かけるが、この和尚、何と人のよい人物であろうか。

そして逍遥の帰りに酒店中屋に立ちよ

って三人で酒を飲み、この夜は龍源寺に泊まった。

寺の女たち

このように気さくで人付き合いのよい猷道和尚の寺には女たちもよく訪れる。それを四月の風景にみてみよう。

—令月《れいげつ》（これは二月の別称であり、四月の書きまちがい）四日晴

「今日和尚、庭中の模様を改め、菊の苗とも植《うわ》る間《あいだ》、手伝ひくれとの事ゆへ、先《さきに》家に帰り鍬《くわ》を持て釗《けず》る。和尚良祖《りょうそ》三人にて土堀《つちほり》はしめ（始め）、夕方にてあらかた（粗方《あらかた》）畢《おわ》る。夫《それ》よりさけ、高垣娘おさた、寺しま（寺嶋）すか抔《など》来る。弥《や》右衛門《えもん》も会し、後ハ酔臥《よいふ》す」

龍源寺の和尚も草花と庭いじりが好きだ。今日は庭の花壇の模様替えをし、菊を植えようとするが、それをちょうどやってきた石城に手伝いを頼む。草花の好きな彼は直ちに家に帰って鍬を持ってくる。そして和尚と修行僧の良祖の三人で土堀りを始め、夕方に粗方《あらかた》終わる。それから例のごとく酒を皆で飲む。そこへ元太郎の母親の寺嶋すかと友人の高垣半助の娘おさたなど女たち数人がやってきた。ちょうど飲んでいたので、彼女らにも酒を勧めたが、おさたは酔い臥してしまう。その風景が図103である。

酒の肴はこの日もうどんらしい。寺嶋すかと高垣おさたの二人だけが描かれているが、ほかの女たちはもう帰ったのだろう。おさたは酔って石城の膝にもたれかかり、彼は彼女の背中をさすって優しく介抱しているようだ。左手にいる寺嶋すかも気づかい、いたわる。そして和尚（猷道）は頭に手をやり、すこし飲ませ過ぎたかなあ、とでもいっている様子。近所の娘や婦人たちも気軽に訪れる夕方の龍源寺であった。

この月の一四日の夜も大勢の女たちが集まってきた。

—卯月《うづき》（四月）十四日晴

「終日一覧を抄《しょう》す（抜き出す）。笹岡来《きて》遊ふ。うつき（卯の花）一枚送る。夜、龍源寺精舎《しょうじゃ》ニ遊ふ。近隣の婦女子とも来り紛雑《ふんざつ》なり。和尚くわしいたし（甚《はなは》だ美しくて麗《うるわ》しいと）打興《うちきょう》す（興味を持って近づき話す）。（後略）」

今日は終日、一覧の抜き出しを写す。そのあいだ友人の下級武士の笹岡がきたので、卯《う》の花の写生絵を一枚贈る。夜になって龍源寺に行くと、そこには近隣の大勢の婦女子たちが集まっていた。その風景が図104である。絵日記にはその様子を「紛雑《ふんざつ》」と記すので、よほど賑やかだったようだ。

行灯のすぐ左手には、四日にもきていた元太郎の母寺嶋すか、それに髷《まげ》をつくる内職をして三人の娘を懸命に育てる岸後家すなわち岸お仲が左端の方にいる。その姿は堂々として風格すら感じられる。しかも貧しい暮らしを生き抜いてきた自信のようなものもにじみ出ている。すこし小太りのたくましいその風貌は、図14で見た「岸後家髷形内職図」の姿ときわめて似る。そしてお仲の右手には、石城がよく手伝ってもらう岸お俊が坐る。このお俊は三人姉妹の長女のようだと前にのべた。この挿し絵を見ても、お仲の後ろに立つ女性のきし（岸）おふち、またその手前にいる岸お留《とめ》は、まだ幼くてやはりお俊の妹のように見える。ともかく岸お仲の家族四人がいっしょにきていたことは紛雑ながらも心温まる風景である。

それらの婦女子に近よって語りかけているのは猷道和尚である。今日きた婦女子たちはなかなか美しくて麗しいといい

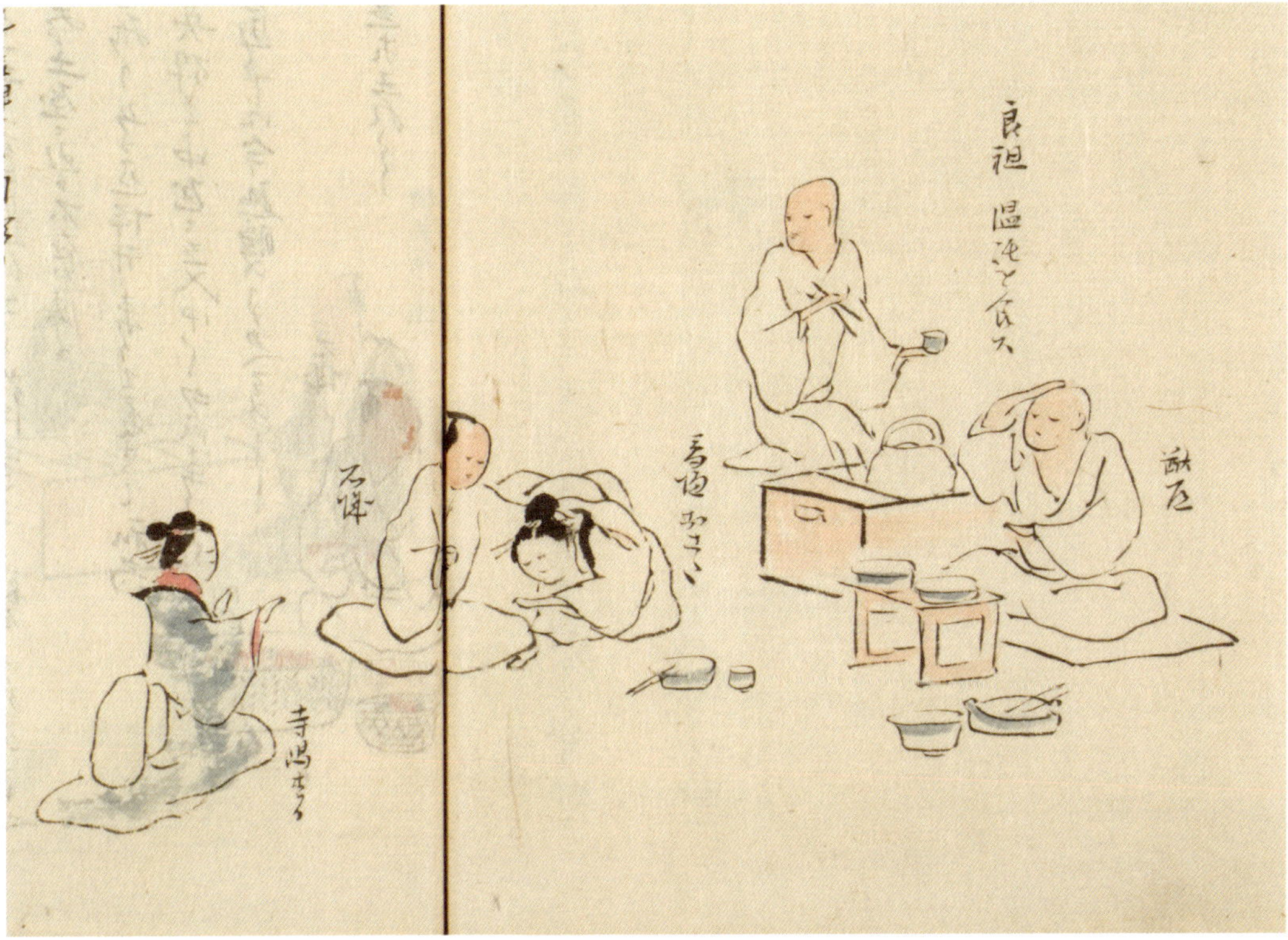

図 103　龍源寺の女たち（1）

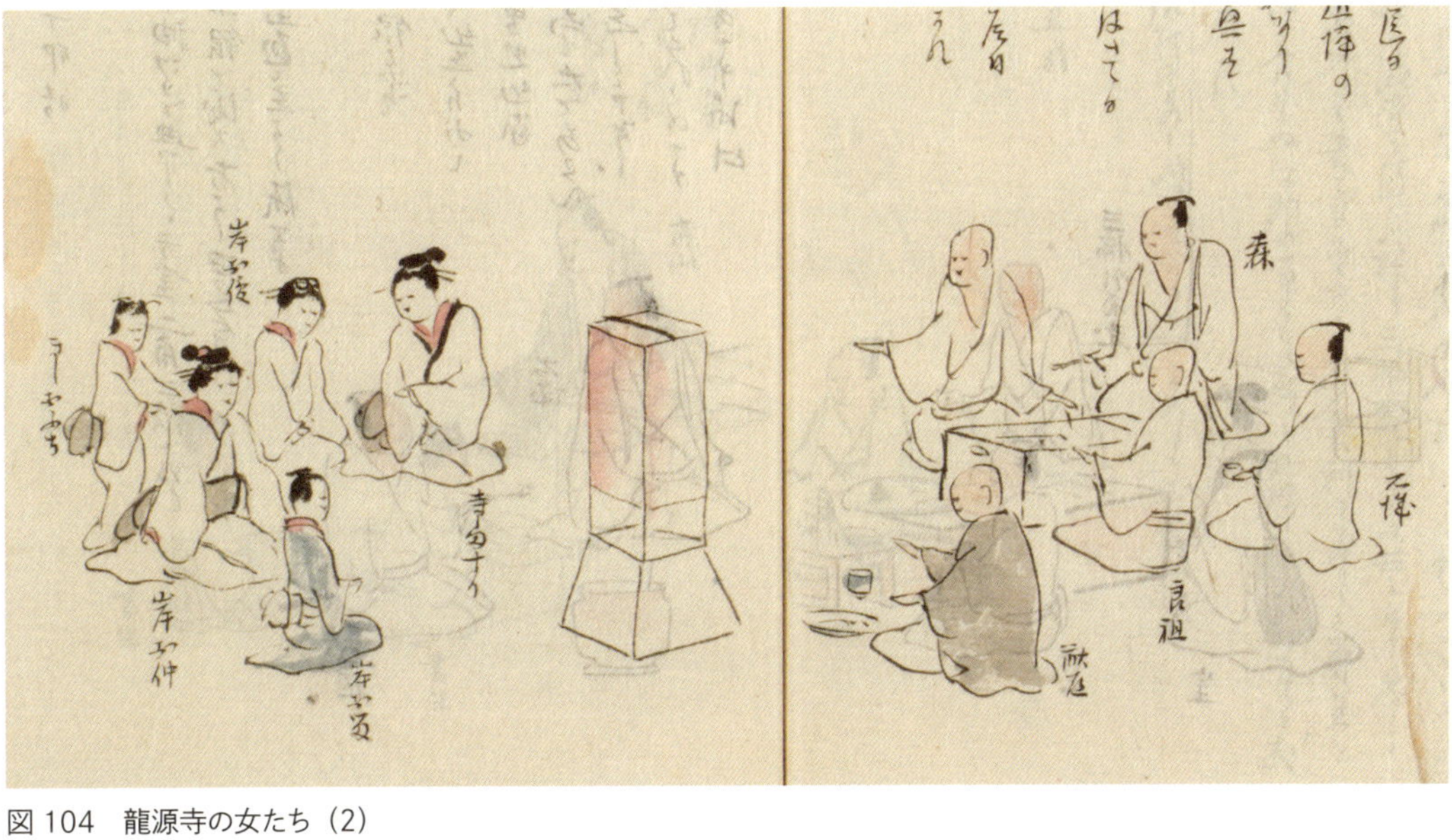

図 104　龍源寺の女たち（2）

ながら、彼女らに近づき話しかける。この和尚も大蔵寺の和尚と同じで、かなりの女好きのようだ。挿し絵の右手には石城や友人の森、それに修行僧の良祖たちが長火鉢を囲んで和尚と婦女子たちとのやりとりをにこやかに見ている。

　ところで、この絵日記の文では龍源寺のことを、この日に限って「龍源寺精舎《しょうじゃ》」と記す。精舎とは仏道にひたすら精進、修行する所という意味である。それとは大きくちがう寺の風景に皮肉を込めて記したのかもしれない。

寺の手伝い

　石城はこの龍源寺を自分の家のように振る舞う。つぎにみる風景もその一つである。

―十一月四日晴

「朝、和尚と共に麦めしたき、菜汁煮て食し。（後略）」

　昨日も龍源寺へ午後と夜の二度行く。午後に訪ねたときには和尚が残酒があるといい、ともに飲むが、夜に訪ねたときにはちょうど桃林寺《とうりんじ》の和尚がきていたので、またいっしょに酒を飲む。そして今日も朝早くから龍源寺に出かけ、和尚といっしょに朝飯の準備をする。その風景が図105である。

　台所と炊事場の土間との境には二つ穴の竈があり、床上の台所に坐って焚く方式だ。前にのべたように日本の武士の家の竈はそのような方式であった。石城は麦飯を炊く大きな釜をかけた焚口に吹き竹を吹いて火勢をつよくする。その左手では猷道和尚がすり鉢で何かをすっているが、それは菜汁にする味噌であろうか。このように朝は麦飯と菜汁だけの質素な食事である。

　石城は和尚から寺のさまざまな手伝いを頼まれることも多い。それは前にみた庭の花の植え替えや、年末の障子の張り替えから寺の留守番、そして花まつりの準備など多岐に渡る。つぎに見る風景は年末の障子の貼り替えである。そのことをつぎのように記す。

―十二月十日晴

「八碑（二時）後、龍源寺に遊ふ。障子切《きり》はり手伝ひ、かへり三木へ立寄《たちよる》。髪を束ね金毘羅《こんぴら》へ賽《さい》ス（お礼参りをする）」

　午後の二時過ぎに龍源寺に行くが、和尚に障子の貼り替えの手伝いを頼まれる。その風景が図106である。障子を外して横

図105　和尚といっしょに朝食準備

に立て掛け、その桟に合わせて丸まった障子紙を切っているのが石城である。その左手で切った障子紙に糊を塗っているのが食客《しょっかく》と記す旅人である。居候的な宿泊人なので、お礼に寺の手伝いをしているのであろう。そのような旅人は当時多かったようだ。寺は旅する修行僧やさまざまな旅人たちが気軽に泊めてもらえる宿泊所でもあった。石城は食客が糊を塗

った障子紙をもらって貼り付ける。画才に優れ、何をするにしても器用である。
障子の貼り替えが終わったのは夕方である。彼はそれから友人の森三木の家に立ちより、近くの金毘羅に詣《もう》でていくばくか賽銭を献じ帰る。

寺の留守番

正月の二八日には寺の留守番を頼まれた。そのことをつぎのように記す。

—正月二十八日

「暁《あかつき》七ッ（四時）過《すぎ》、龍源寺来りて、只今天祥寺《てんしょうじ》大切《たいせつ》の旨申来《むねもうしき》りぬ。予、大蔵寺（龍源寺のまちがい）に越《こえ》て不在を守る人なし。頼みたしとの事ゆへ、起出《おきいで》て日本史一巻、日記持《じ》して至り。和尚やかて出《いで》ゆく。火炉《かろ》を制し書をよみしに既に夜あけぬ。天祥寺は予父没《よのちちぼつ》せし時、はるかに書香奠《ふみこうでん》をよせ、また予閉居《よのへいきょ》中にも時に消息ありけり。一度面謝《めんしゃ》せんとせしに、時を得すして死別となりぬ。歎《たん》すへし（嘆かわしい）。起出《おきいで》て飯をかしき（炊《た》き）、本尊に備《そな》へ（供え）掃除し、豆腐のわつか（僅《わず》か）ありしを煮て朝食し、そこらふき拭《ぬぐ》ひ、書をひらきて読《よむ》。巳碑《みひ》（一〇時）後土屋来る。後大蔵寺（龍源寺のまちがい）

図 106　龍源寺障子貼りの手伝い

かへる。餅を焼きて出す。（後略）」

夜明け前の四時過ぎに龍源寺の和尚が石城の自宅にやってきた。天祥寺《てんしょうじ》の和尚が亡くなったので急遽《きゅうきょ》行かねばならず、寺の留守番を頼むという。龍源寺の若和尚や修行僧たちも皆出かけるのであろう。

天祥寺とは図8にみる城下町の南東の郊外、石城の自宅や大蔵寺からすこし離れたところにある。この天祥寺にも石城はよく行き、和尚とは仲がよかった。

石城の父が亡くなったときには、文《ふみ》と香奠《こうでん》を頂戴し、一度会って謝意をのべようと思っていた矢先で、何とも嘆かわしいことだと落胆する。

和尚の頼みを受け、さっそく日本史一巻と日記を持って龍源寺に駆けつける。しばらくして和尚たちは出かけて行った。囲炉裏の火を起こし、そのそばで日本史を読みふけっていたが、そのうち夜が明ける。寺には誰もいないので、石城は台所で飯を勝手に炊いて本尊にお供えをする。その風景が図107である。

毎日のように行き、しかも自分の家のように振る舞ってきたので、それらのことは手慣れたものだ。お供えの御飯を釜で炊き、四つのお膳の上の小さな椀《わん》（仏《ぶっ》飯器《ばんき》）一つ一つにしゃもじで丸く盛り付ける。それを本尊に供え、それから掃除をする。その後に残っていたわずかの豆腐で朝食をとり、さらにその辺《あた》りの床拭《ゆかぬぐ》いなどもした。それからまたしばらく日本史を読んでいると、一〇時ごろに土屋仁右衛門がひょっこり顔を見せた。それからしばらくして和尚が帰ってきたが、腹を空《す》かせているだろうと石城はもちを焼いてやる。

それにしても石城は勉強家だ。寺の留守番であるからもっと気軽な書を読めばよいのに日本史である。

図107　龍源寺の留守番

施餓鬼と酔っぱらい和尚

さて四月六日は大変な日であった。明日の七日は、ほかの寺の和尚たちが龍源寺に寄り合う施餓鬼《せがき》である。しかし肝心の猷道和尚は朝出かけたまま夜になっても帰ってこない。そのことをつぎのように記す。

―麦秋《ばくしゅう》（四月）六日晴

「巳碑《みひ》（一〇時）後、龍源寺に至る。今日より一二日《いちににち》の間《あいだ》、良祖《りょうそ》他出《ほかいで》ニ付《つき》、花《はな》御堂《みどう》を予に製してくれとの事也。午飯《ごはん》（昼食）をおさたと共に食し、夫《それ》より土屋に至る。不在ゆへ帰る。夜また龍源寺へ行《いき》、良敬居り、五ッ（八時）過《すぎ》坪井来りて、爰《ここ》まで和尚同道にて参りし所《ところ》、殊《こと》の外《ほか》の大酔《おおよい》にて、中屋に立入《たちいり》、中〱《なかなか》出《いで》す（出らず）。との事ゆへ、良敬至りしに今熟睡の事ゆへそのまゝかへりしとの事也。（後略）」

午前の一〇時過ぎに、いつものように龍源寺に行く。そこで和尚より、修行僧の良祖もいないので、花まつりに使う花《はな》御堂《みどう》をつくってくれないかと頼まれる。それから高垣半助の娘おさたもきていたので、彼女といっしょに昼飯を食べる。その準備も慣れた台所で石城がしたのであろう。おさたは図103に見るように四月四日にもこの寺にきていたが、龍源寺にはよくくるようだ。

昼飯の後に土屋宅を訪ねたが、ちょうど不在であったので自宅に帰る。そして夜になってふたたび龍源寺に赴いたが、午前に出かけた和尚はまだ帰っていない。ところがその後に坪井がやってきて申すには、和尚といっしょに近くまで歩いてきたが、かなりぐでんぐでんに酔っており、帰りの途中に酒店中屋に入ったまま出てこないので、寺の誰かが迎えに行ってくれという。そこで、ちょうど大蔵寺の良敬がきていたので、彼が急ぎ足で中屋に行くと、和尚はすっかり熟睡していたので、起こすのも可哀そうと思い、そのままにして帰ってくる。

ところが明日の七日は多くの寺の僧侶たちが寄り合う大事な施餓鬼《せがき》である。施餓鬼とは、生前《せいぜん》の悪行によって餓鬼道に落ちた霊、すなわち餓鬼を供養する法会《ほうえ》である。餓鬼は常に飢えと渇きに苦しんでおり、そのような餓鬼にも食べ物を施《ほどこ》して供養する。そこには釈迦の悪人への救済思想がみられる。さらにその教えを衆生《しゅじょう》に向けて行ったのは鎌倉時代の法然《ほうねん》である。彼は悪人こそ救済すべきという悪人正機《しょうき》を論じた。それを進化させたのは親鸞《しんらん》であり、「善人なをもて往生《おうじょう》をとぐ、いはんや悪人をや（歎異抄《たんにしょう》）」のことばを残す。それは、善人でさえ往生できるのに悪人こそ当然のこと往生できるとする逆説的な考え、すなわち煩悩《ぼんのう》深き悪人こそ救済すべきとし、男女、悪人善人の分け隔てなく往生できるという平等思想であり、社会から切り捨てられた人びとへの深遠なる救済思想であった。

その施餓鬼を龍源寺が主催する当番になっていた。しかし和尚は酒店の中屋で酔いつぶれ、まだ帰ってこない。翌日の絵日記にはつぎのように記す。

―新夏《しんか》（四月）七日晴

「暁《あかつき》六ッ（六時）、和尚かへり来り、其儘《そのまま》打臥《うちふ》す。今日ハ施餓鬼《せがき》有之所《これありのところ》、宿酔《しゅくすい》（二日酔い）にて中々起《なかなかおき》へくもあらず。良敬一人にて奔走《ほんそう》す。予もその手伝ひなし。辰碑《たつひ》（八時）此《ころ》より午《うま》（一二時）後半まで少しも休息なし。和尚看経《かんきん》（声を出さずに経文を読む）ニ出て又々打臥す。（後略）」

和尚は早朝の六時過ぎに寺に帰り、そのまばたんと寝てしまった。かなりの二日酔いで寝ている和尚を起こすのも可哀そうだし、龍源寺の若和尚や修行僧の良祖は出立していない。よって昨夜から大蔵寺の良敬が手伝いにきていたが、彼は一人で必死になって施餓鬼法会の食事の準備に奔走する。そして石城もそれを手伝うはめになるが、その風景が図108である。

　竈に掛けた釜からは炊いているご飯の湯気が立ちのぼり、そのそばでは石城（華頂）がすり鉢をこすって料理をつくる。その手前には、まな板と包丁が置かれ、その横の鍋で煮る料理もつくっているようだ。それを見て、右手の良敬はそんなに無理をしなさんなといって、労をねぎらっている様子。台所の向こうの茶の間には、大蔵寺、桃林寺、天祥寺（普伝）などの和尚や僧たちが談笑しながら銘々膳で食事を始めている。宗派はちがっても、寺のこのような寄り合いはたびたび開かれていた。

　石城と良敬の二人は、朝の八時から昼の一二時過ぎまで奔走し、休む間もないほどに忙しかった。和尚はこの間、ずっと寝ていたが、声を出さずにお経を読むという大切な看経《かんきん》だけは出ようと必死に起き上がる。しかしそれが終わると、ふたたび寝込んでしまった。

花まつり

施餓鬼の法会は昼過ぎに終わり、石城は和尚に頼まれていた花《はな》まつりに使う花御堂《みどう》の制作に二時より取りかかる。そのことを前の絵日記のつづきに記す。

「八碑《ひ》（二時）より花堂《かどう》の細工にかゝる。中々《なかなか》手間とり、予、はしめて（初めて）の事ゆへ様子もしれす（知れず）。薄暮《はくぼ》に及ふゆへ和尚来りて手伝ひ、折《おり》から投宿《とうしゅく》（泊まる）の僧来り。六ッ（六時）前ややく出来。夫《それ》より良敬とさけを酌《くむ》。和尚まつ（先ず）宿酔《しゅくすい》（二日酔い）もさめ（覚め）しよし、来客も一二盃《いちにはい》はてハ両人にてくむ。越智新右衛門《おちしんえもん》来る。予、打臥《うちふ》す」

　石城にとっては初めての作業であったらしく、いかにも大変そうだ。しかし持ち前の器用さでそれをこなす。夕暮れになったころに和尚が起き上がってその作業を手伝う。その風景が図109である。二人は竹籠《かご》いっぱいに集められた草花を花御堂の屋根に飾り付けている。そしてやっと出来上がったときは午後の六時前になっていた。それから良敬と打ち上げの酒となる。和尚も二日酔いからやっと覚め、花御堂の制作を見学していた投宿の僧と二人でまた酒を交わす。やがて友人の越智もやってきて皆で飲みつづけるが、石城はとうとう酔い潰《つぶ》れ、その夜もまた龍源寺で泊まる。

　明くる四月八日はいよいよ花まつりの日だ。

―浴仏日《よくぶつび》（四月八日）晴暖

「早朝より小児輩《やから》、甘茶を求めニ来る。（後略）」

　今日は晴れて暖かい。石城がつくった花御堂に小さなお釈迦さまの像を安置し、それに甘茶をかける。花まつりは、別名灌仏会《かんぶつえ》ともいい、釈迦の誕生日とされる陰暦四月八日に祝う。釈迦像に甘茶をかける風習は、釈迦誕生の産湯《うぶゆ》としての清浄な水を九つの龍が天から注いだとする説に由来する。その甘茶がいただけるので、子どもたちにとっては待ちに待った嬉しいまつりだ。早朝から親子連れが参拝にやってくるが、その風景が図110である。

　本堂の正面には石城のつくった花御堂が置かれている。そのまわりに母親に連れられた子どもたちは楽しそうだ。その右となりの部屋の障子際に坐っているのは石城である。着飾った子どもたちが母親に連れられて参る様子を嬉しそうに、かつ満足そうに眺めるのであった。

図 108　施餓鬼の手伝い

図 109　花御堂制作の手伝い

大暴れの石城

ところで、前夜の酒で石城は相当に悪酔いしたらしく、夜中に暴れ狂って寺の障子をぶち壊し、さらに床板やその下の根太までを打ち抜いた。酔って障子を壊すことはたまにはあるにしても、床下の根太《ねだ》まで打ち抜くとはよほどの狂乱ぶりである。彼はそのことを前の絵日記のつづきにつぎのように記す。

「昨夜、泥酔《でいすい》して台所に打臥《うちふ》したるかゆへ、中夜《ちゅうや》（夜半）、戸まとひ（戸惑い＝寺の様子や歩く方向がわからなくなる）をなしけるよし、更ニしらす（知らず）。あちこち奔走したるゆへにや根太《ねだ》を打《うち》ぬき、障子の戸、数おりたり。誠ニ面目《めんぼく》なし」

そしてさらにつぎのようなことも記す。

「今朝《けさ》、髪結《かみゆい》せんとて元結《もとゆい》（髪をまとめて結ぶ紐《ひも》）をたちたる（外《はず》す）に、左の髪の毛一かたまり引《ひき》ぬきたる如《ごと》くに肉つきてあり、是《これ》も昨夜いつれに（何《いづ》れに）か突当《つきあ》たるものと見へたり。恐《おそ》るへし〳〵」

朝起きて、乱れた髪を結び直そうとした。ところが左の髪の毛一塊《ひとかたまり》が抜けそうになり、毛根には肉が付着していた。おそらくどこかに頭をつよくぶつけて頭髪を絡ませてしまい、そのまままつよく引っ張ったのであろう。ともかくも大暴れで面目《めんぼく》なしの石城であった。図110の花まつりの風景で、石城は障子の影に隠れるようにいるが、それはどことなしに元気がないようにも見えた。昨夜の大暴れの疲れが響いているのであろう。

花まつりは大蔵寺でも行われていた。石城は午後になってそこへも行くが、多くの参詣《さんけい》の婦女子たちが訪れて釈迦も大変満足であろう、と絵日記に記す。

投宿の僧

前に見た図106の風景では、龍源寺の障子紙貼りを石城が手伝っていたが、同じように手伝う食客《しょっかく》がいた。その人は旅をしている武士のようで、この寺の手伝いをしながらすこしのあいだ居候のように逗留《とうりゅう》（滞在）しているのであろう。このように寺は人びとが旅をするときは必ず利用する宿泊所でもあった。石城は今日も龍源寺に赴くが、投宿《とうしゅく》している修行僧が品玉《しなだま》や茶碗の芸を披露するのを見学する。そのことをつぎのように記す。

——維夏《いか》（四月）十日雨

「雨降《あめふる》、徒然《つれづれ》なるゝまゝ龍源寺へ遊ふ。投宿《とうしゅく》の祖景《そけい》と申人至《もうすひといたり》て口軽にて、またいろ〳〵の品玉《しなだま》を遣《つか》ふ。茶碗五ッを弐本の指にて持事《もつこと》を申出《もうしだ》ス。各〳〵《それぞれ》工夫《くふう》すれともしれす。外《ほか》に玉章結《たまずさむす》ひと申事《もうすこと》を学ふニてハ、男女密会（逢引《あいび》き）の媒《ばい》（橋渡し）に為の用なりといふ。予、十二三《じゅうにさん》頃ハしきりに品玉を好む。さま〳〵《ざま》の手品とも伝授せしか、今ハ皆わすれたり」

寺にはこのような修行僧たちもよく泊まる。修行のために各地を行脚《あんぎゃ》する僧たちである。門前に立って銭や物を乞う托鉢《たくはつ》をし、お返しに説教を語って家人の極楽往生を祈るという乞食《こつじき》の修行であった。泊まる所は村のお堂や廃庵などもあったが、多くは寺に投宿した。そのような行脚僧は奈良時代の薬師寺僧侶の行《ぎょう》基《き》から始まる。それまでの理論に重きを置いた学問としての奈良仏教にたいして、寺に籠《こも》るのではなく民衆のなかに入って彼らの悩みや苦悩を救おうとし、後の空《くう》也《や》に受け継がれる。江戸時代にはそれが一人前の僧侶になるための大切な修行となる。

しかし修行といっても、何か楽しみを持っていないと息が詰まる。この行脚僧は品玉芸を得意とし、それをお礼として披露しながら寺宿を巡っていたのであろう。その品玉とは、手玉を空中に投げ上げ、これを巧みに受け取るという曲芸である。さらに茶碗五つを二本の指で持つというから、かなりの技のようだ。その風景が図111である。

挿し絵の祖景《そけい》と称する投宿僧はまだ若く見える。猷道和尚と良敬がそれを真似ているが、なかなかうまくいかないようだ。石城は、それに凝った昔の自分を思

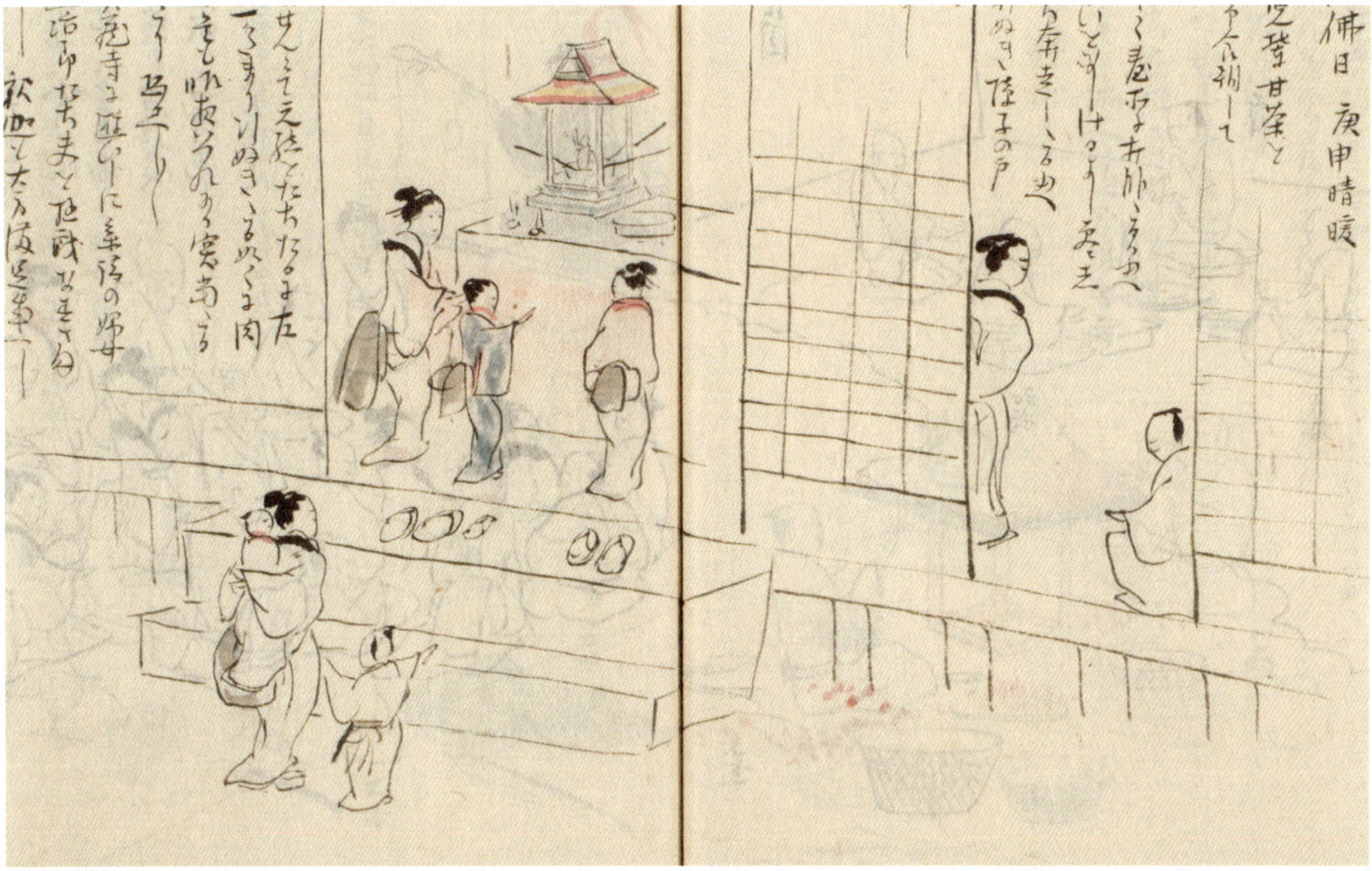

図 110　龍源寺の花まつり

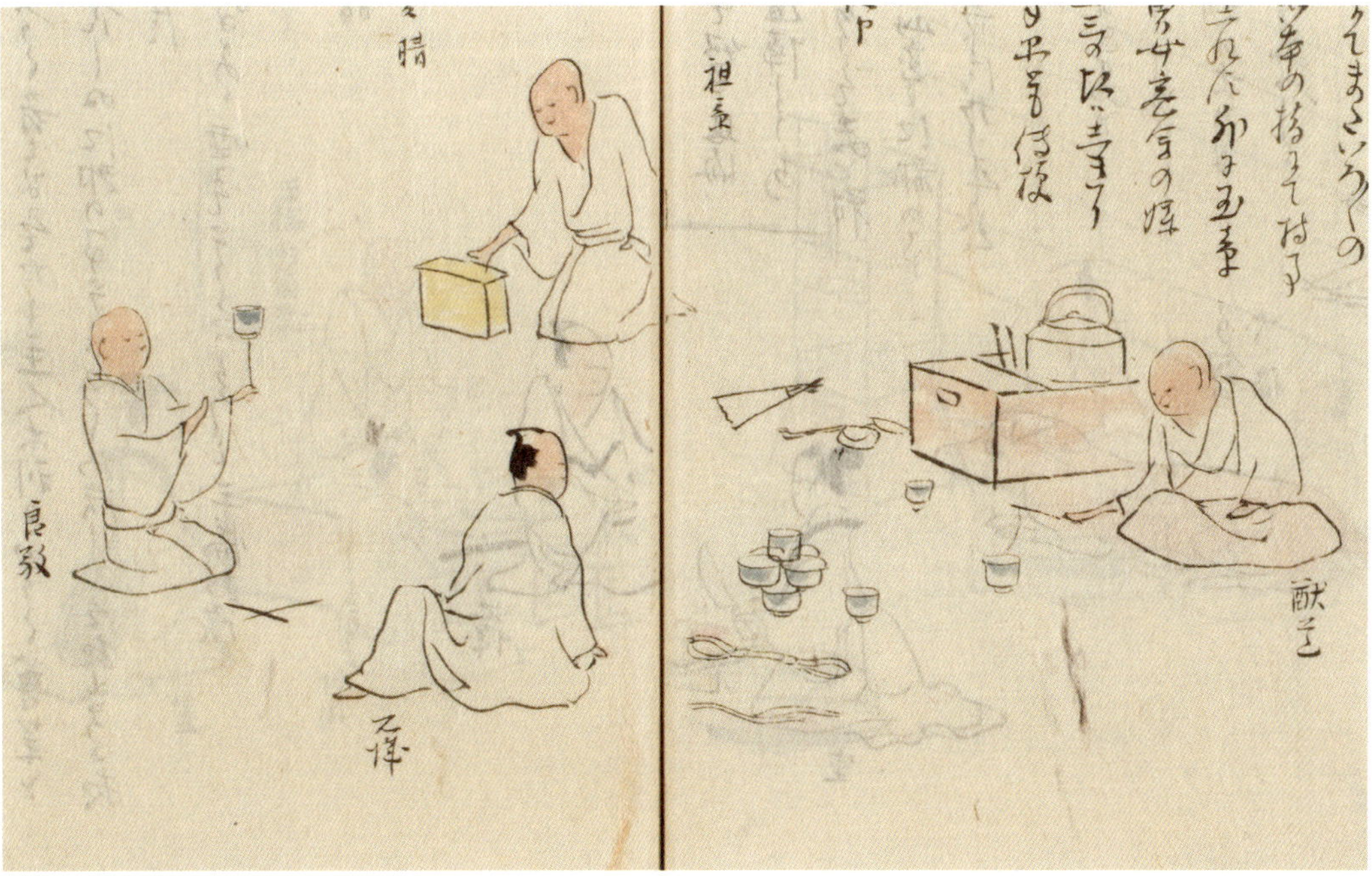

図 111　龍源寺の宿僧

い出しながらであろうか、微笑みながら眺めている。

ところで玉章結《たまずさむす》びとは、手紙を細く巻いたまん中をひねり結び、折《お》り文《ふみ》ともいう。男女の恋を成就《じょうじゅ》させるのに必要といわれ、そのやり方も石城は学ぶ。

長徳寺―浄瑠璃会

長徳寺《ちょうとくじ》は城下北東の端にあり（図8参照）、石城の自宅からは約一・二キロほどあろう。彼は長徳寺和尚の篤雲《とくうん》ともすこぶる仲がよい。その篤雲は武士町人の分け隔てなく寺で和術も教えている。よって石城はその稽古のために長徳寺を訪れることも多い。

前にみたように四月八日は浴仏日で、龍源寺と大蔵寺では花まつりが開かれていたが、長徳寺では浄瑠璃《じょうるり》会が行われていた。石城は午前中龍源寺にいたが、午後に大蔵寺に立ちよった後、二時ごろに友人の岸左右助《そうすけ》といっしょに浄瑠璃の見物に行く。その風景が図112である。

浄瑠璃は広い本堂で行われているようだ。語り手と三味線を弾くお囃子《はやし》の女二人が簡易につくった小さな舞台で演じている。石城が大蔵寺でうなったように、前に置いた浄瑠璃の院本（脚本）を見ながら大きな声で語る。見物人は、この寺が町人地の行田町に隣接していることから武士よりも町人の方が多い。

その挿し絵の見物人の表情が楽しい。右端には赤子を抱いた若い女、その左の方には白髪の老女、その手前には坊主頭の僧侶のような男、その左手には壮年らしき大勢の男女、そして舞台のすぐ下には若い男たちが坐る。皆、楽しそうに聞き入っている。

左となりの部屋では、この寺の和尚篤雲と石城、岸左右助らが角火鉢を囲み、浄瑠璃の様子をお茶を飲みながらにこやかに眺めている。演目は「お俊伝兵衛《しゅんでんべえ》―堀川の段、忠臣蔵―喧嘩場《けんかば》、安達《あだち》ヶ原―雪降《ゆきふり》の段、忠臣講釈―十太郎《じゅうたろう》宅、躄《いざり》仇討《あだうち》―箱根の段」だ。なかなか充実した内容であった。

浄瑠璃は夕方の五時ごろに終わる。石城は、後からきた三木（森東作）とともにいろいろな酒屋に立ちよるも気に入ったところはなく、友人の佐藤宅に行ってうなぎの蒲焼《かばや》きをご馳走になったことは前にのべた。彼らはさらに料亭大利楼に登ることになるが、その愉快な風景は後にのべよう。

和術稽古

この寺では、居合《いあい》、棒《ぼう》、太刀《たち》、長刀《なぎなた》、柔術《じゅうじゅつ》の和術稽古も催されていた。これにも石城を含めて、多くの武士と町人たちがやってくる。寺で和術の稽古をしていたことも興味深いが、武士と町人たちがいっしょに稽古に励んでいたことは実に面白い。

その和術のうち、まず居合とは日本刀を鞘《さや》に収めた状態で帯刀《たいとう》し、鞘から抜き放す動作で、相手に一撃を加える術である。太刀とは、日本刀のうち刃長が二尺（約六〇センチ）以上で、太刀緒《お》（長さ約三メートルの組み紐）を用いて腰から下げるかたちで佩用《はいよう》（身体に付ける）する術である。そして長刀とはまさに長い柄《え》のある刀であり、棒も、長い棒で相手を攻撃する術である。

それらの和術を教えるのは篤雲和尚だ。よってこの和尚、元は武士であったのかもしれない。古来、武士の身分を捨てて仏門に入った者は多い。平安時代の西行《さいぎょう》もそうであった。彼は鳥羽《とば》院に仕える佐藤右兵衛尉義清《うひょうえのじょうのりきよ》という名の北面《ほくめん》の武士

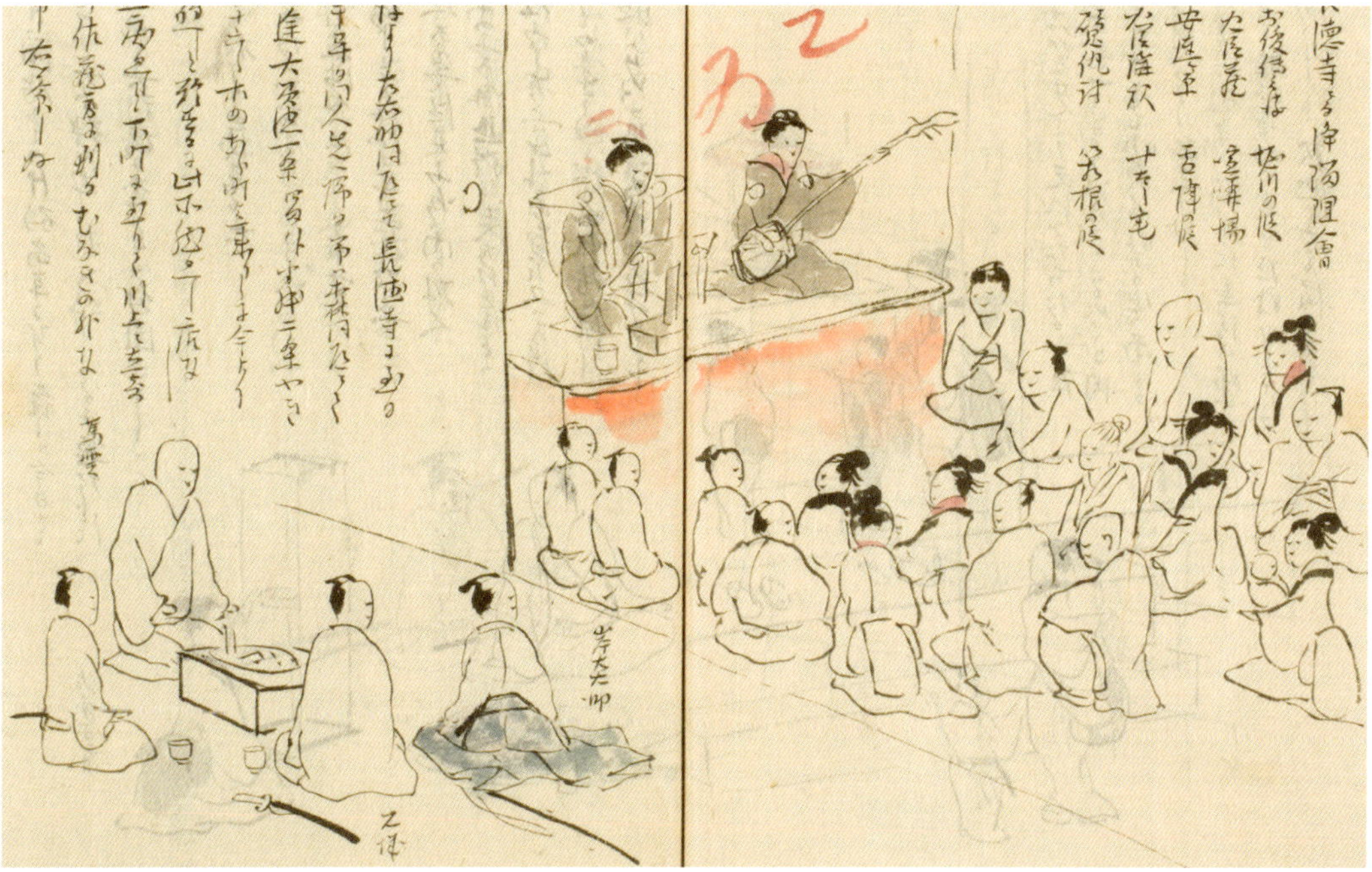

図 112　長徳寺の浄瑠璃会

図 113　長徳寺の和術稽古後の休憩

であったが、穢《けが》れた世を厭《いと》い、家族を捨てて出家し、名を西行と改名する。その後諸国を行脚する孤独の生涯であった。この篤雲和尚も身寄りはないので、そのような経過を経てきたのであろうか。

図113は一二月一〇日の夜稽古が終わった後の休憩の風景である。角火鉢の後ろに坐る指南の篤雲は泰流軒《たいりゅうけん》と名乗る。その姿は、いつもの柔和な和尚とはちがって、いかにも勇壮なる雰囲気だ。そのまわりには、よく行く料亭大利楼の主人とその倅の中二郎、それに豆腐屋の荒井屋福太郎がいる。この二つの店は行田町にあり、長徳寺からは近い。また駒二郎、美之助も町人のようだ。

皆の後ろには長刀《なぎなた》と棒が数本置かれ、手前には武具と刀が置かれている。皆は小さな角火鉢を囲み、大きなやかんで湯を沸かし、それでお茶を飲んでいる様子。石城の前には硯と筆と帳があり、何かを書いているようだ。今夜の出席者を記載しているのかもしれない。武士と町人を交えての和気合い合いとした長徳寺の夜の風景であった。

では、石城と篤雲和尚との和術稽古をみてみよう。図114は、一二月ごろの棒稽古の風景である。筵敷《むしろじき》の上で長い棒をたすき状に押さえ交わして始める。やがてその棒を振りかざすのであろう。顔と身体には何も付けない真剣勝負に似ている。

図 114　篤雲和尚と棒稽古

さらに居合の場面をみてみよう。八月に遡るが、そのことをつぎのように記す。

―**八月九日雨夕晴冷気**

「夕方より東作と金毘羅《こんぴら》に遊ふ。夜、長徳寺にゆきて居合《いあい》入門、数刻稽古《けいこ》」

石城は八月に入門して和尚から手ほどきを受ける。その風景が図115である。挿し絵には「居合懸《かけ》ふ」と記しているので、篤雲和尚が日本刀を上段から切り込むようにして居合をかけ、石城（隼之助）が精神を冷静にしてそれを受けるのであろう。その和尚は、かつて剣豪であったと

図 115　篤雲和尚と居合稽古

図 116　長徳寺の和術稽古仲間の親睦会

図 117　長徳寺衝立絵の制作と集まってきた町人たち

思わせるような雰囲気がにじみ出ている。

　このような和術稽古の合間に親睦会のような酒宴も一二月に催される。もちろん武士と町人、それに和尚たちいっしょだ。その風景が図116である。

　挿し絵には「今日会集者十一人」と記し、いつものメンバーのようだ。右手には、大利楼若主人の中二郎と荒井屋福太郎、それに美之助、駒二郎、さらに大工の佐助もいる。そして石城と森東作の下級武士たちは左手に坐る。篤雲和尚の泰流軒は輪のまん中に坐って激しい稽古をねぎらっているようだ。何とその横には大蔵寺の和尚もきている。その背面には神棚がある。当時は神仏習合《しんぶつしゅうごう》で、寺に神棚や神社があるのはふつうであった。今夜の酒宴の料理の内容は記していないが、絵にはとても大きな皿二つが並び、その上にたくさんの料理が盛られている。篤雲は一人暮らしなので、町人の誰かの差し入れであろう。

衝立絵の制作と月見

　石城は和術稽古がない日でも和尚との仲のよさから、すこし遠いこの寺にもよく行く。今日は和尚に頼まれていた衝立《ついたて》絵の制作である。絵日記にはつぎのように記す。

——十一月十七日曇

「朝、柴田母かへる。日記しらへ。風呂をわかし浴ス。八ッ(二時)後より甫山(岡村)方へ至り、同道ニて長徳寺に至るへきの所《ところ》、甫山用事有之《これあり》よしゆへ、予一人至る。和尚不在なれとも、兼《かね》ての約ゆへ筆取出《とりだ》し衝立《ついたて》に画《え》かく。夕、和尚かへり来り、また唐紙三枚かく。後、にしめ、さけ出、飯を食し、弟子とも(共)来る。五ッ(八時)過《すぎ》かへる。今日、甫山より傘借りしに、雨降るさる(去る＝止む)かゆへ帰途立《きとたち》よりしに早く臥したり。則《そく》、門戸《もんこ》の内へさし入《いれ》てかへりぬ。長徳寺近辺の小児、異国の鼠《ねずみ》を持し来る。則、写生す」

　昨日は進が和宮《かずのみや》の熊谷通輿《つうよ》の警備から無事に帰った日であり、その無事の祝いと慰労にきていた柴田母も今日の朝早くに帰る。その後、絵日記を書いて風呂に入り、午後二時を過ぎたころになって、前々から篤雲和尚に頼まれていた衝立の絵を書くために長徳寺に行く。親友の岡村(甫山)を誘って行くつもりで彼の家に立ちよったところ、彼は用事があるので石城一人で長徳寺に赴いた。しかし和尚は不在だったので勝手に寺に上がり込み、筆を取り出して絵を書いていたところ、夕方になって和尚は帰ってきた。その後も唐紙三枚を描き、和尚のつくった煮しめで酒を飲み、飯を食っていたところに篤雲和尚の弟子たちが集まってくる。その風景が図117である。

　それらの面々は荒井屋の福太郎、大黒屋(大利楼)の中二郎、綿屋の新太郎、そして大工の佐助である。すべて町人であり、和尚の和術指南の弟子たちだ。彼らは石城(永慶)が描いた左手後ろの衝立絵を感心して眺めているようだ。手前に坐る石城の毅然とした姿と横に置いた大小刀が印象的である。この日も武士と町人と和尚とが、身分のちがいなどおかまいなしに屈託もなく語り合う夜の長徳寺の風景であった。

　石城は八時過ぎに寺を辞するが、雨が止んだので借りていた傘を返そうと帰り道に岡村の家に立ちよる。彼はすでに寝ていた様子で、家はまっ暗だったので門戸の内にそっと傘を立て掛けて帰る。このことからも下級武士の小さな家ではあるが、庭と門があったことがわかる。

ところで、寺近辺の子どもたちが持ってきた異国の鼠《ねずみ》とはリスの仲間だろうか。石城はさっそく得意の写生をする。
この長徳寺には大蔵寺の和尚もよくくるが、龍源寺の猷道和尚もまた飲みにやってくる。その風景が図118であり、八月の絵日記のなかに挿入されている。田楽を肴にして石城（隼之助）を含めた三人での楽しい酒盛りの風景である。

図 118　長徳寺で酒を飲む

また八月一五日は陰暦の中秋の名月であり、月見が長徳寺でも行われた。その風景が図119である。本堂らしき部屋の障子際に二段の飾り台を置き、その上にだんごを盛り、草花を花瓶に生けている。その横では、篤雲と石城（永慶）が月を仰ぎ見ながら静かに語り合っているようだ。この日も石城は両刀を横に置いているが、このようなラフな着物でも武士の象徴である刀を腰に差していた。

清善寺―心温まる風景

清善寺《せいぜんじ》は性善寺または精善寺ともいい、曹洞宗《そうとうしゅう》の寺であった。その場所は城下町の東、町人地に近いところである（図8参照）。この城下町に建つ寺のなかでは最も広い敷地を有する。そこにも大勢の人びとが集まってくる。それをつぎのように記す。

―八月六日雨

「扇子《せんす》三本したゝむ。午後より性善寺に遊ふの約。大蔵寺と龍源寺とありし（在りし）ゆへ、今日往《ゆく》むやとせしに大蔵断《ことわ》

図 119　長徳寺の月見

なれハ志村へゆきしに、同人も当直のよしゆへ独歩《どっぽ》ニておもむく道より元太郎同道《どうどう》ニて（いっしょに）ゆく。和尚昨日、有卦《うけ》（運が向いてよいことがつづく年回り）に入候所《いりそうろうところ》、今日、小幡伊左衛門《おばたいざえもん》方へまねかれゆくよし。酒一二杯《いちにはい》にて出《いで》ゆく跡《あと》に、菱《ひし》や直外《なおほか》ニ成田龍源寺の隠居来り、三人にてさけ酌《くむ》。同宿比丘《びく》（尼僧）二人あり、壱人ハ二十四五、壱人ハ三十一二、共に出て歌舞す。（中略）万福寺隠居、寺嶋の貧するをきゝて元太郎をあわれ（哀れ）と一朱与《あた》ふ」

石城は午前に扇子《せんす》三本に絵を書く。その一本を大蔵寺修行僧の達宗に、二本を清善寺に贈るためである。今日はその清善寺の寄り合いの日だ。前々からいっしょに行くことを約束していた大蔵寺と龍源寺の和尚がいたので午後より行こうとしたが、大蔵寺の和尚から都合が悪いと断られる。それでは友人の志村宅へ行って彼を誘おうとした。しかしあいにく彼は当直で登城《とじょう》していた。よって一人で清善寺に赴くが、途中で元太郎を連れ出す。大蔵寺の和尚は昨日の占いで有卦《うけ》といわれ、これから運が開けてよいことがつづくと思っていたら、さっそく今日、

図 120　清善寺の寄り合い

小幡伊左衛門《おばたいざえもん》に家に招かれた。

　清善寺では酒と料理が出されて酒宴が始まる。その風景が図120である。部屋は床の間のある広い座敷のようで、たくさんの人たちが集まっている。右手には清善寺の和尚が普明《ふめい》という若い僧と語らっているようだ。この普明は天草の寺の納所《なっしょ》（寺務をする僧）からはるばるやってきた修行僧であり、清善寺に投宿している。すこし左手の方にはやはり投宿している二人の尼僧がいる。一人は若くて二四、五歳ぐらい、あとの一人は三一、二歳である。彼女らはいっしょに諸国行脚をしているようだ。

　酒宴も興《きょう》に入り、二人はともに立ち上がって歌い踊り出す。そして石城（襄山）も踊るが、その姿はなかなか優雅な趣があり、それを眺める万福寺の隠居も感心しているようだ。

　そして一番左手に坐るのが町人の菱屋《ひしや》である。その横には酒樽が置かれ、帳簿をそれに掛けているので、おそらく酒と料理の仕出し屋であろう。その町人までもが料理を食べているのが愉快である。

　一方、連れてきた元太郎は右の手前でおいしそうに何かを食べている。そのしぐさからしてうどんのようだ。絵日記には、万福寺の隠居が元太郎家族の貧窮を哀れに思い、一朱《しゅ》援助したことを記す。元太郎はそのお金を帰って母にすぐに渡したであろう。心温まる風景である。

　ところで万福寺は真言宗《しんごんしゅう》、そして先に帰った成田龍源寺は臨済宗《りんざいしゅう》、前にのべたがこの清善寺は曹洞宗《そうとうしゅう》である。それぞれに宗派は異なるが、そんなことはお構いなしに寄り合う。

　挿し絵には「夜四ッ（一〇時）過《すぎ》、酔《よう》て挑灯《ちょうとう》（提灯《ちょうちん》）をかりてかへる」と記す。石城はかなり酔い、一〇時過ぎに提灯《ちょうちん》を借りて家へ帰った。

天祥寺――修行僧普伝の旅立ち

　天祥寺《てんしょうじ》は禅寺である。石城はこの寺にもよく行き、和尚とも仲がよかった。その寺は前にのべたように石城の自宅（大蔵寺の付近）からは南東にすこし行ったところにある。この和尚は、江戸の父が亡くなったときに弔文《ちょうぶん》と香奠《こうでん》まで届けてくれた。その和尚が正月の二八日に亡くなり、あわてて龍源寺和尚が天祥寺に駆けつけたが、寺の留守番を石城が頼まれたことは前にのべた。その後の天祥寺の風景をすこしみてみよう。

　四月九日は天祥寺納所《なっしょ》（寺務を行う和尚、亡くなった住職の和尚を補佐した）の弟子普伝《ふでん》が旅立つ日である。そのことをつぎのように記す。

――**建巳月《けんしげつ》（四月）九日晴**

「今日、天祥寺の納所祖徒弟普伝出立《なっしょそとていふでんしゅったつ》の由《よし》ニて早朝より来る。右、留別《りゅうべつ》（旅立つ人が後に残る人に別れを告げる）とてさけはしまる（酒始まる）。見送《おくり》の人々会す。午後出立。龍源寺も見送りニ同道。（後略）」

　その旅は諸国を行脚《あんぎゃ》する乞食《こつじき》の旅であり、大切な修行の一つであった。早朝から大勢の人たちが寺に駆けつけ、酒で送行会を開いて普伝を見送る。その風景が図121である。

　集まった人びとのなかには馴染みの大蔵寺や龍源寺の和尚たちがいる。そして石城のほかに斎藤俊平、鈴木順悦ら二人の下級武士たちもいる。石城はまん中に置かれた大きな鉢盛りのそばで、これから旅立つ普伝に励ましのことばをかけているようだ。普伝は草鞋《わらじ》を履く準備をしながら石城のことばに聞き入っている。

　このように江戸時代の若い修行僧は諸国行脚の旅に出た。前にものべたように、

図 121　天祥寺の壮行会

図 122　天祥寺のまつりの小道具を点検

それは乞食《こつじき》の旅であった。家の門前に立ち、托鉢《たくはつ》をして家人に食べ物を乞う。そのお礼に説教をして家の人びとの極楽往生を祈る。それはまた食べ物をつくる労苦を思うという受食《じゅじき》の修行でもあった。

　では乞食《こつじき》とは何か。平安時代のなかごろ以降、多くの貴族や武士たちが世を捨て出家をし、さらに寺を出て漂泊《ひょうはく》の旅をした。それは苦難の修行の旅であり、物《もの》乞《ご》いの旅でもあった。この物乞いする僧を乞匃《ほかいびと》または乞食《こつじき》という。平安末期に成立した今昔《こんじゃく》物語巻一五には、「門乞匃《かどほかいびと》御坐《おはしまし》ニタリト云《いひ》テ、極《きはめ》テ貴《たふと》ビ敬《うやま》ヒケル程《ほど》ニ」と書かれ、家の門の前に立つ門《かど》乞匃《ほかひびと》は土地の人びとが大変尊び、敬っていたという。この乞匃の「ほかひ」とは、折口信夫《おりぐちしのぶ》によれば古くは寿命や豊作を祈る寿歌《じゅか》や寿詞《じゅし》のことをいい、それを行う人を「ほかひゞと」と呼んだ。奈良時代になると、托鉢して旅をする行基《ぎょうき》集団が形成され、その僧たちもそのように呼ぶようになる。江戸時代にかけての旅する僧もその流れにあった。単なる物もらいの乞食《こじき》の意味でいわれるようになるのは明治以降である。

　このように天祥寺の若き修行僧を当該の寺人だけではなく、他の寺の和尚や武士たちもいっしょに見送る。そこに当時の寺と世間との密接なつながりがうかがえる。

図123　まつりの飾りを修理

寺のまつり

　前よりすこし遡っての三月は天祥寺のまつりである。その日とまつりの様子の説明は絵日記に記していないのでわからないが、三月の絵日記に挿入されている挿し絵からその風景をみてみよう。

図122は石城が納所に頼まれてまつりの小道具の準備をしている。大蔵寺の和尚も手伝いにきており。石城といっしょにその小道具を箱から取り出して点検する。その様子を見守る天祥寺の納所はまだ若そうだ。

図123は神輿《みこし》や飾り龍などを修理する風景である。器用な石城は禿げた龍の面を塗り直している。角《つの》を生やした龍の面はいかにも恐ろしい形相だ。それを長い竹の先に付け、紙でつくった首を竹に通す。それを高く掲げて歩くのであろう。修理を見守る納所の名は顧勇《こゆう》という。そしてそこには針妙《はりたえ》と記す優雅な女もいるが、その前にはさみが置かれていることから、彼女も手伝いにきているのであろう。

　つぎにみる図124は神輿と飾り提灯をつくっている風景である。右手には経《きょう》師《じ》屋《や》とその倅が一生懸命に飾り提灯をつくる。経師屋とは屛風、襖などを表装する職人のことである。左手の縁では大工が神輿の壊れた部分を修復し、その手前では石城が神輿に貼る絵の描いた紙を貼るために糊を塗る。

　まつりの道具の準備も整い、やがて酒宴が始まる。その風景が図125である。おそらくまつりの行列に出る前であろう。

図 124　天祥寺のまつりの神輿と飾り提灯をつくる

図 125　まつり前の酒宴

一〇人の和尚と僧たちが座敷のような部屋に一同会している。それぞれ銘々膳の料理をおいしそうに食べ、酒を酌み交わす。手伝った石城も左の端っこで悠然と酒を飲んでいる。主催者の天祥寺納所は屏風のある上座に坐って皆に労をねぎらっているようだ。

　会する人たちのなかには、大蔵寺、崇《そう》福《ふく》寺、それに道林寺《どうりん》の和尚たちもいる。左手端にちょこなんと坐る小坊主が可愛い。彼は盆を持って、お代わりの茶碗などを給仕するのであろう。

　そしていよいよまつりの行列が始まる。その風景が図126である。行列が通る道は江戸道《えどみち》といい、忍城下と江戸とをつなぐ松林の街道であった。まず先頭には高い龍の飾り物が数本通り、ついで神輿がつづく。その神輿は三台もある。それにつづけてまた龍の飾り物が一つ、そして最後に駕籠《かご》と荷物を運ぶ二人で閉める。なかなか勇壮な行列である。その行列を石城と和尚たちが面白そうに眺める。

　行列は夕方までに終わる。それから慰労を兼ねたざっくばらんの酒宴が始まる。その風景が図127である。部屋は副司寮《ふうすりょう》だ。副司とは住職を補佐する役割のことで、副司寮とはその副司の専用部屋である。その部屋に皆が集まる。あまり料理はないが、それでもあり合わせの食事で愉快に酒を飲んでいる。そこに集まっているのは前と同じの石城、大蔵寺、龍源寺、崇福寺、道林寺、それに主催者の天祥寺納所である。とくに天祥寺納所はよほどお腹が空いたのか、鍋のものをがつがつと食べているようだ。一方石城は囲炉裏端で悠然と酒を飲む。そこへほかの僧が出来たての料理を鍋に入れて縁から運んできた。大蔵寺と龍源寺の和尚は、今日のまつりはよかったなあ、と手振りしながらいっている様子。大勢の和尚たちが集まるなごやかなまつりの日の風景であった。

図 126　天祥寺のまつりの行列

図 127　まつり後の酒宴

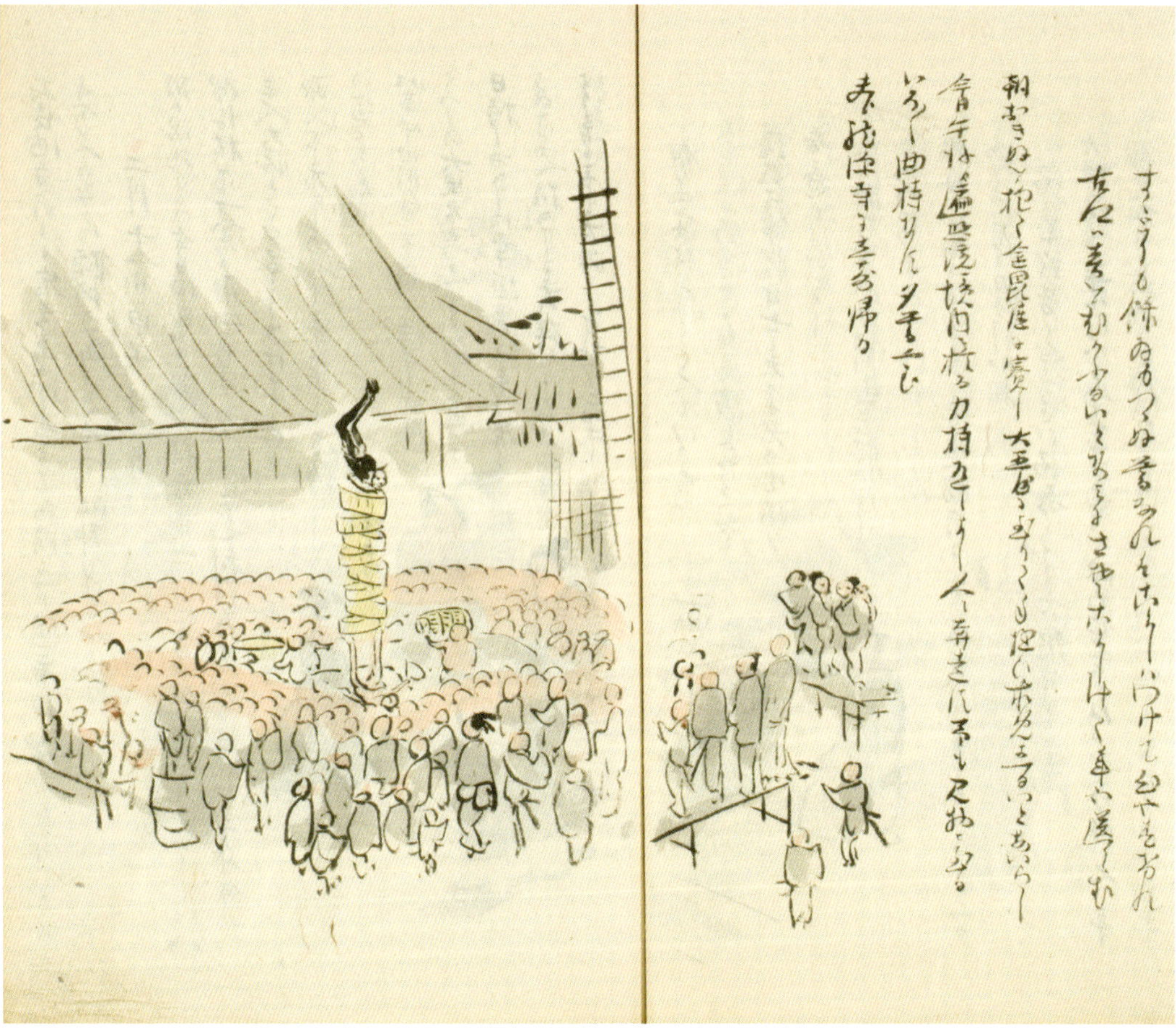

図 128　遍照院の曲芸の催し

遍照院—曲芸の催しと金毘羅まつり

遍照院《へんしょういん》は大蔵寺の北となりにあり、石城の自宅からもすぐそこである。真言宗の寺で、神仏習合により金毘羅も祀っていた。今日はその境内で催し物が行われる。それをつぎのように記す。

—二月十日晴

「（前略）今日午後より、遍照院境内ニ於《おい》て力持有《ちからもちあり》しよし、人々奔走す。予も見物に至る。いろ〱曲持《きょくもち》なす。夕暮やむ。夫より龍源寺に立寄《たちより》帰る」

境内での催し物は力持《ちからもち》と曲持《きょくもち》である。前者は石、米俵《こめだわら》などの重い物を持ち上げてその技を披露する見世物であり、後者はさまざまな物を手、足、肩、腹などで持ち上げ、それを操《あやつ》って見せる曲芸であった。図128はその風景である。

境内には相当の人数の人びとが見物にきている。群集のまん中では、男が米俵を担ぐ。その左手では何段にも重ねた丸桶のような物を一人の男が足で持ち上げ、その最上部で別の男が逆立ちをする。拍手喝采が境内に鳴り響いているようだ。右手の高い桟の上には数人の人びとがそれを見ているが、後ろの桟には赤子を背負った女たちもいる。挿し絵の右端には

図 129　金毘羅まつり

高い梯子《はしご》が見える。消防の出初式《でぞめしき》のように、その先端で曲芸をするのであろう。

この日より遡る八月九日には、遍照院の金毘羅のまつりが行われたことは前にのべた。そのことを簡単につぎのように記す。

—八月九日雨夕晴冷気

「夕方より東作と金毘羅に遊ふ。夜長徳寺にゆきて居合入門、数刻稽古」

この文は長徳寺のところでのべたが、再度ここに示す。金毘羅まつりの風景が図129である。

左手の建物に賽銭箱が置かれ、その上に大きな提灯が何個もぶら下がる。そこが本殿であろう。その手前にはいくつもの鳥居をくぐる参拝道がある。そこを子どもたちが親に連れられて参拝している。奥そして右手の建物は広い座敷である。そこには掛け軸を掛けた床の間があって囲炉裏も切られている。そのまわりで、石城（永慶）と斎藤俊平、そして町人の越中屋政二郎と大蔵寺若和尚の憲明が坐ってお茶を飲んでいる様子。左端にはいっしょにきた森東作がいる。そのほかにも多くの人たちが縁などに坐ってたむろすると楽しそうな風景であった。

第七章――酒店と料亭の風景

この小さな城下町にも多くの酒店や料亭があった。石城はそこへもよく行くが、友人の下級武士や寺の和尚たちもいっしょである。またそれらの酒店や料亭の主人や女将たちも寺や下級武士たちの家をよく訪れる。とくによく行くのは酒店の中屋、料亭の山本屋、四つ目屋、大利楼、そして豆腐屋の荒井屋である。それらの風景をつぎにみてみよう。

下忍の酒店中屋

この店は石城の自宅や龍源寺に近いところにある。その辺りを下忍《しもおし》という。前にみた寺の風景のところでは龍源寺の愉快な和尚をみてきた。この和尚、情にもろいが、とても酒好きで女好きである。また「施餓鬼と酔っぱらい和尚」のところでは、酔って帰る途中に中屋に飛び込んでさらに酒を飲み、そこで夜明けまで寝てしまったことはすでにのべた。とにかく中屋へは皆よく行くようだ。

図130は八月九日と記された挿し絵であるが、そこは中屋の風景である。龍源寺の猷道和尚、石城（永慶）、大蔵寺の良敬が木具膳の上の料理を食べながら酒を飲んでおり、となりには女将のお八重《やえ》がいる。和尚はお八重の着物の裾を引っ張り、もっと飲もうと誘っている様子。それを見る石城は上半身裸になってかなり酔っぱらい、和尚に手振りをして冷かしているようだ。仏に仕える僧侶としてはすこし見苦しい風景ではある。

となり客に絡まれる

龍源寺の和尚はさらに九月四日にも石城といっしょに中屋を訪れる。その日の午後四時前から和尚、石城、そして友人の岡村（甫山）の三人で郊外に逍遥に出かけた。その帰り道に埼玉屋という茶店に立ちよって酒を飲み、夕方の六時過ぎに帰り着くが、またまたその近くの中屋に入る。絵日記にはつぎのように記す。

――九月四日晴

「（前略）六ッ（六時）過《すぎ》、下忍《しもおし》に来り。また〳〵中屋に至る。次の間に角《つの》や元《げん》太《た》郎《ろう》、美濃《みの》や蒔《まき》二郎《じろう》、鈴木清《きよし》来り居り、然《しか》るに蒔二郎酔《よい》に乗《じょう》し不礼《ぶれい》の言《ことば》出ス。右を龍源寺咎《とが》めしに彼いかりて（怒りて）元太郎共に和尚とい々込まん（言い込めよう）とすゝみ（進み）来るかゆへ和尚も怒りて一二言《ひとふたこと》争ふ。市人《いちびと》の所業悪《しょぎょうあく》むへきかゆへ、予、側《そば》より大発《だいはつ》して両人とも平伏《へいふく》せしめぬ。甫山（岡村）も是《これ》か為に激して先へかへる。同時東作も会し行田へ赴かんとの事なれとも辞す、一人出行《いでゆ》く。龍源寺へ帰り同寺に一宿《いっしゅく》」

石城と龍源寺和尚と岡村の三人は、郊外の逍遥から夕方の六時過ぎにやっと下忍《しもおし》に帰り着く。そこは城下町の南側に位置する（図8参照）。それぞれの家はさらに南の方であるが、彼らはその途中で中屋に入る。よってこの辺りにも飛び地のような町人地があったのであろう。

中屋の衝立で仕切られた一角で酒を飲んでいると、次の間すなわちとなりの一

図 130　酒店中屋の女将と和尚

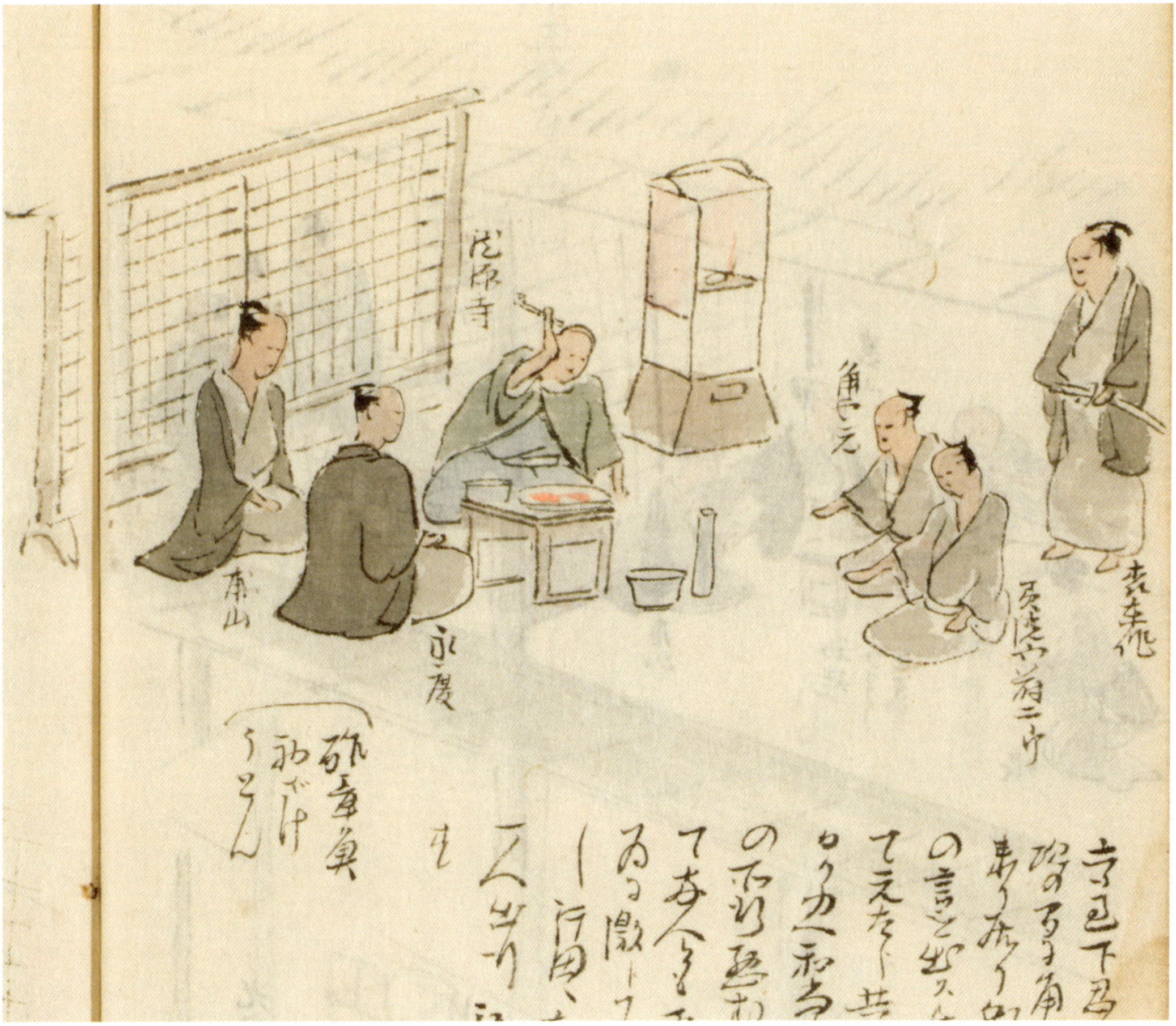

図 131　酒店中屋でとなり客に絡まれる

角には町人の角屋元太郎《つのやげんたろう》、美濃屋蒔二郎《みのやまきじろう》らがいた。そのなかの蒔二郎はかなり酔っており、数々の無礼なことばを投げかけてきた。それを龍源寺の和尚が咎《とが》めると、蒔二郎らは一層怒りだし、元太郎とともに和尚をいい込めようとこちらの方にやってきたので、和尚もがまんならず怒りだし、一言《ひとこと》、二言《ふたこと》返す。その様子にたまりかねた石城は、市人《いちびと》すなわち町人といえども、そこまでの言動は許されないと大声で諌《いさ》める。それを見た彼らは途端にしゅんとなり、その場にひれ伏した。

図 132　石城と蒔二郎

それにしても、いざというときの石城はすごい迫力がある。親友の岡村（甫山）は激怒してさっさと先に帰ってしまった。その風景が図131であり、ちょうど龍源寺和尚が難癖をつけてきた蒔二郎に一、二言返す場面を描いている。和尚はまさに煙管を大きく振りかざしていかにも怒っているようだ。町人が武士に盾突くこのような風景は決して珍しいことではない。またそれを無礼だと怒って武士が刀を抜くこともほとんどなかったようだ。それだけ下級武士と町人とのあいだは何かと親密であり、明治以降の文献史学でいわれてきた差別意識も、実際にはそれほどなかったからともいえる。

ところが和尚らに盾突いたこの蒔二郎、実は石城とは仲のよい町人であった。石城は行灯絵、襖絵、軸物絵などを描くことから、それに使う唐紙などをよく買う。美濃屋とはそれらの紙や絵の用具を売っている店らしい。蒔二郎はそこの息子のようだ。図132は石城が蒔二郎が持ってきた軸物絵を眺めている風景である。そこには酒と料理が用意され、料亭の部屋のようだ。また蒔二郎は石城の自宅にもやってくる（八月三日）。このように蒔二郎と石城は前からの馴染みでもあったが、中屋の件では石城の一喝にさすがに一目をおいてひるむ。

中屋で注文した料理は「酢章魚《すだこ》、初さけ、うどん」と記す。またも酢だこを食べていた。そこへ友人の森東作《とうさく》（三木十八公）がやってきて、皆に行田の料亭に行こうと誘う。石城と和尚は、今日は飲み過ぎの食べ過ぎなので珍しくも断り、やがて二人は龍源寺に帰って行く。石城はこの夜もまた龍源寺に泊まる。

翌朝、龍源寺にやってきた男がいた。昨夜の蒔二郎である。そのことをつぎのように記す。

―九月五日晴

「和尚はしめ（始め）皆〱《みなみな》打臥《うちふし》たりし所《ところ》へ蒔二郎入《いり》来りて昨夜の失礼を詫《わび》たり。起出《おきいで》て盥漱《かんそう》（盥《たらい》で口《くち》を漱《すす》ぐ）し、爰《ここ》に朝食す。五ッ（八時）過《すぎ》帰る」

その光景が図133である。和尚と石城が昨夜の飲み過ぎでまだ寝ていたところへ蒔二郎が謝りにきた。その彼の風貌が面白い。腰と首をふにゃと曲げた、やつれ顔のやさ男だ。ともかくも翌朝すぐに謝りにくるとはなかなか素直ではある。
和尚と石城はその後すぐに起き、口《くち》を漱《すす》いで朝飯を食う。それは「茄子《なす》油揚《あぶらあげ》汁《じる》、餅芋《もちいも》」と記す。茄子油揚汁とは朝食の定番で、茄子と油揚げを具に入れた味噌汁である。餅芋とは、お櫃《ひつ》のなかからご飯をお椀《わん》に入れて食べているようなので、さつま芋を入れたすこし硬い芋粥《いもがゆ》のようなものかもしれない。左手には、大工の藤吉が竈に薪《まき》をくべる。和尚たちの朝食の用意にきていたのであろう。寺はいろいろな人びとに助けられていた。

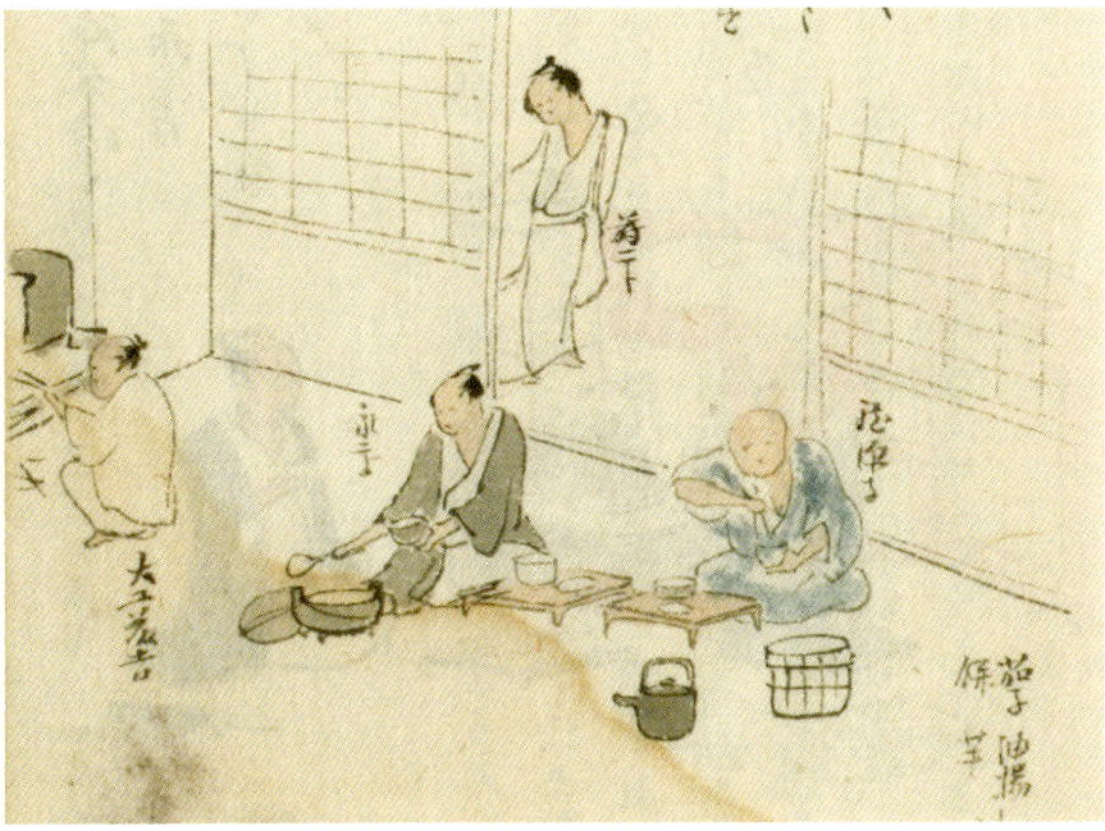

図 133　龍源寺に謝りにきた蒔二郎

二僧一俗と酔客

一一月一日は前にのべたように龍源寺で中国書物の勉強会であった。その後に酒が出なかったので、龍源寺の若い修行僧二人を連れて夕暮れの中屋に繰り出す。そのことをつぎに記す。

—十一月朔旦《さくたん》（一日）晴

「（前略）今日無興《むきょう》ゆへ、夕暮より酒店に至るへきの事そなり。則《そく》、二僧一俗《にそういちぞく》六ツ（六時）前よりおもむく。二僧一俗酒を呑跡《のむあと》より三木十八公《みきじゅうはちこう》来り会し。各《おのおの》酒肴《さけさかな》命す」

若い修行僧二人と石城を二僧一俗《にそういちぞく》と記しているのがうまい表現だ。もちろん酒店の支払いは石城のおごりであろう。三人で飲んでいると、そこへ三木十八公（森東作）がやってきた。三木十八公とは森東作の別称らしい。その風景が図134である。店は床の間のある広い座敷を低い衝立で何か所かに仕切り、それぞれの場所で客が酒を飲んでいる。今でいう居酒屋のようだ。よってほかの客の顔も見え、声も聞こえることから、ときにはとなりの客が絡んでくることもある。そのことをつづいてつぎに記す。

「側《そば》に一酔客《いちすいきゃく》ありて、頗《すこぶる》、乱語《らんご》を吐出《はきだ》し狼藉《ろうぜき》にて予輩《よはい》の席へ入《い》らんとする。十八公の知己《ちき》（知り合い）ゆへ同人いろ〱なたむ（なだめる）。言語大ニ高くゆへに夕二郎《ゆうじろう》席にたへす（堪えられず）はしり（走り）出《いで》つゝいく。大羅《たいら》もにけ（逃げ）出《いで》ぬ。跡《あと》にハ三木十八公のミ又ゝ酒肴をかへ興尽《きょうつき》て立出《たちいで》、龍源寺に到りしに寂寞《せきばく》（ひっそりとして寂しいさま）音《おと》なし、然《しから》ハ大蔵寺に遊ハんと三木と共に至る。（後略）」

となりの酔客は乱暴なことばを発する狼藉者で、石城たちの方へ絡んできた。その客は途中でやってきた森東作の知り合いらしく、東作はいろいろとなだめるが、引っ込まないようだ。また女将のお八重もいきり立つのを止めている。酔客らは数人で飲みにきていたが、左手にいた同伴の半左衛門《はんざえ》もなだめる。それまで気もちよく飲んでいた修行僧の夕二郎《ゆうじろう》は、酔客の張り上げた大声にたまらなくなり、店を走り出て行き、もう一人の大羅《たいら》も逃げ出してしまう。

残った石城と森が酔客にどのように対処したかは記されていないが、おそらく九月五日のときのように石城の毅然とし

図 134　酒店中屋の二僧一俗と酔客

た迫力で酔客は一瞬にしてだまりこんだであろう。また森東作も高い武術を持っていたからして、彼のいざというときの威厳にひれ伏したものとみられる。文中の「跡《あと》にハ三木十八公のミ又丶酒肴をかへ（変え）興尽《きょうつき》て立出《たちいで》」とあり、酔客の言動が収まり、三木（森東作）は悠々と別の酒肴を所望したことからもそのことがうかがえる。

今日の料理は「蕎麦《そば》六椀《わん》、鰤《ぶり》煮附《につけ》二皿、酢章魚《すだこ》二皿、鰤魚軒《ぶりぎょけん》二皿」と挿し絵に記す。鰤魚軒とは鰤の刺し身のことであり、また酢だこもある。魚中心のなかなか豪華な料理であった。

石城と三木（森）は中屋を辞して龍源寺に向かう。しかし寺はひっそりとして寂しい様子で和尚たちはいなかったようだ。そこで大蔵寺に赴く。良敬がおり、いつもの藤兵衛もきており、舞曲をうなり散らすことは前にのべた。

待ちくたびれた石城

そして二日後の一一月三日にも石城は中屋に行く。しかし満足の行くようなものではなかったようだ。そのいきさつをつぎに記す。

——十一月三日晴風

「朝、書を閲《えつ》す并写字《ならびにしゃじ》（書の字を写す）。午後龍源寺に遊ひしに、和尚残酒ありとて一呑《ひとのみ》あたゝめすゝめ（温め勧め）、茶つけ。折《おり》から十八公来る。酒肴《さけさかな》たらす（足らず）、今より中屋に到りて蕎麦《そば》を食すへしと約す。然《しから》ハ、予、先早《さきばや》く越《こし》へしと立出《たちいで》て中屋に到りしに時七ッ（四時）前下《くだ》り、そはさけ食し、独酌《ひとりくみ》せしに時過《すぎ》れとも両人とも来《こ》らす、さけ一二合を喫せし沙汰《さた》（連絡）なし。折柄《おりがら》（ちょうどそのとき）、石井茂《しげ》左衛門《ざえもん》、斎藤俊平入り来りしを相まちて、同人そは肴さけ食し、予、暫時《ざんじ》（しばらく）酌《くみ》て両人とも辞、予、独猶《ひとりなお》十八公夕二郎をまてとも来らす。怒《いかり》を発して立出《たちいで》、龍源寺にゆきしに和尚桃林寺《とうりんじ》と共にさけ酌《くみ》て居る。先刻良敬を以て断申遣《ことわりもうしつかわ》したりとの事なれとも、予、酒気強くいろ〳〵に争ひ果《はて》ハ酔臥《よいふ》す。此所《このところ》に一宿《いっしゅく》せり」

図135　待ちくたびれた石城

今日は朝から書物を読み、その書を写し取る。午後になって龍源寺に行くと、和尚は残り酒があるからと、酒を温めて石城に勧める。それから茶漬けを和尚といっしょに食べる。折から三木十八公（森東作）がやってきたが、酒と肴は足らない。そこで中屋に行って蕎麦《そば》を食べようと和尚、三木と約束する。石城は一足先に行って彼らを待つことにした。ときも四時を過ぎ、とうとう待ちくたびれて一人で蕎麦を食べ、酒を飲むが、中屋には二人は何の連絡もなく、一向に二人は何の連絡もなく、一向に来ない。ちょうどそのときに石井茂左衛門と斎藤俊平が現れる。石城はその二人としばらく蕎麦を肴にして酒を飲むが、その風景が図135である。

石井は八六石取りの中級武士であるが、斎藤俊平は三人扶持の極貧武士である。その二人がこの中屋に連れ立って現れる。身分のちがいにこだわらないそのような風景はこれまで何度もみてきた。石城（裏山）は例のごとく大小刀を無雑作に横に置き、他の二人もそれを横に置いて、蕎麦を食べ、酒を飲み合う。酒の肴は蕎麦だけではない。その挿し絵には「鰤煮附《ぶりにつけ》、酢章魚《すだこ》、そは」と記す。今日も酢だこを食べていた。二つの木具膳の上の大きな皿には鰤《ぶり》の煮付けと酢だこが盛られており、蕎麦の重箱は一二段もある。かなり食べたようだが、その勘定は石城持ちであろうか。

やがて石井と斎藤はその場を辞するが、一人取り残された石城はなお三木十八公と修行僧の夕二郎らを待ちつづける。石城はさすがに怒り、中屋を出て龍源寺に行く。ところがそこには三木はおらず、和尚は悠然と桃林寺の和尚と酒を飲んでいた。和尚は先ほど、中屋に行けない旨を良敬に頼んでそちらに差し向けたという。酒気つよくて怒りが収まらない石城はぶつぶつと文句をいうが、ついに酔い臥してそのまま寝てしまう。今夜も龍源寺での一泊となる。

行田町の料亭山本屋

寺の風景のところでみたように料亭山本屋の女将は大蔵寺にたびたび遊びにきていた。そこでは和尚や石城たちとで楽しい酒宴となり、石城は帰り際、山本屋に近日中に遊びに行くと約束したが、何とその翌日にはさっそく訪れる。そのことをつぎに記す。

—孟春《もうしゅん》（正月）十六日晴

「髪月代《かみさかやき》し、大蔵寺に遊ふ。今日、山本や方へ至るへしとの事にて、午後より大蔵寺同道《どうどう》にて（いっしょに）立出《たちいで》しか、何となく間《ま》なして（あいだを置かず）龍源寺にたちよりしに人々にいさめられ（諫《いさ》められ）、おかしくも至りしに後《のち》、室《しつ》（女将）出迎《でむか》ひて、夫《それ》よりさけあたゝめ酌《くむ》。夜に入《い》りて平野後家、此家《このいえ》へ年礼《ねんれい》（年始めあいさつ）に来りしに、いさ一興《いっきょう》（それなりの楽しみ）あり。また柴後家の娘十八九なる不縁にて戻り居り、夫《それ》か恋を叶えんとて、近辺の遊冶郎《ゆうやろう》替《かわ》る〳〵来るか、予《よ》輩《はい》（わが輩）の為にむなしく帰りゆくもおかし、主人助二郎《すけじろう》かへり来り。猶《なお》またさけ、四ッ（一〇時）過《すぎ》に至りて辞し、夫《それ》より大蔵寺にゆきて打臥《うちふ》し、暁《あかつき》帰る」

今日は行田町にある料亭山本屋に行く日だ。よって午前中に月代《さかやき》を剃って髪を整えた後に大蔵寺に赴き、昨夜約束した山本屋に行こうと和尚を誘う。それから午後になって二人で出発するが、昨日女将と会ったばかりで、よって何となくはばかられ龍源寺に立ちよる。そこでは猷道和尚たちに山本屋に行くことを諌められるが、それを可笑しく思いつつも山本屋に至る。店に入ると女将が喜んで出迎えてくれ、さっそく酒を温めて酒宴となる。その風景が図136である。

右手にいる末摘花《すえつむはな》と記しているのが女将である。彼女が差し出す蕎麦を口を大きく開けて食べようとする石城の姿が滑稽だ。和尚もまた女将の娘にかまわれてご満悦の様子。二人とも見苦しいほどにでれでれである。酒宴は盛り上がって夜に入り、そこへ一人の後家婦人がやってくる。名字を平野といい、年始の挨拶にきたようだ。石城はこの婦人と顔なじみらしく、それなりの楽しい対応をする。

酒宴の途中に近辺の遊冶郎《ゆうやろう》（酒色にふけり身持ちの悪い男）なる何人かが恋を叶えんと代わる代わるやってきた。彼らの目当ては不縁で戻っていた柴後家の一八、九歳になる娘である。彼女はこの山本屋で働き、石城らの相手をしていたのであろう。遊冶郎たちはその場を見てしかたなく諦めて帰る。それを「予輩（わが輩）の為にむなしく帰りゆくもおかし」と記し、すこし意地悪な石城であった。

それからまもなくして助二郎が帰って来る。彼は娘の夫で、山本屋の若主人で

図 136　料亭山本屋と末摘花

ある。とすればこの女将も後家であったのか。左手の助二郎も頂戴したおちょこの酒を飲んで、石城と和尚にお返しをし、なお酒宴は盛り上がる。このように女将と若夫婦の三人で精いっぱい歓待する山本屋の風景であった。

酒宴は一〇時過ぎにお開きとなる。石城は和尚といっしょに大蔵寺に帰り、そこでとうとう打ち臥してしまう。そして夜明けのころに自宅に帰って行った。

熊谷の料亭四つ目屋

熊谷宿にある四つ目屋の女将およしは土屋仁右衛門《つちやにえもん》の家によくきていた。そこで彼女を囲んでの愉快で楽しい酒宴も開かれた。その場には、石城を始め多くの下級武士たちも集まった。それに土屋の家にもおよしは何度か泊まったこともある。土屋の妻が開けっぴろげのざっくばらんな性格であったがゆえのことであろう。およしは土屋に何かと相談し、土屋もおよしのことを気づかっていた。そしておよしがいる土屋宅の茶の間に石城が出くわし、土屋とその家内、それにおよしとの四人で夜遅くまでこたつに入って語らったこともある。

その四つ目屋はこの城下から約一里半（六キロ）も離れた熊谷宿にあった。およしはそんな遠いところから土屋宅をたびたび訪ねていた。土屋も何度か熊谷の彼女の料亭を訪ねたことがあり、その縁がつづいていたのであろう。

二月一八日、石城と土屋の二人は熊谷の四つ目屋を訪ねる。昨日から熊谷のすこし北にある肥塚《こいづか》村と南良《なら》村の知人宅などを訪れていたが、その帰り道に立ちよる。そのことをつぎのように記す。

―二月十八日快晴夜少し雨

「（前略）午前この家を辞す。おいつも同道にて八ッ（二時）前肥塚《こいづか》に至り、夫《それ》より熊谷四つ目屋に遊ふ図のことし。八ッ（二時）過《すぎ》四つ目屋に至り、主婦大悦《たいえつ》にて（大に喜んで）速《すみやか》にさけ肴命《さかなめい》しもてなす。かまほこ、鯛、三ッ葉、くわい（塊茎《かいけい》の煮もの）、よせ鍋、玉子、のり、まくろ、すし、貝。娘か三味《しゃみ》せんならし、関《せき》ノ戸抔《など》かたる。別に肴なけれハ壱朱遣《つかわ》ス。予、大酔《たいすい》して土屋に誘引《ゆういん》せられ五ッ（八時）過《すぎ》かへり、同人宅に至り砕《くだけ》臥《ふ》し、四ッ（一〇時）過《すぎ》目さめて（目覚めて）かへる。笹岡、西村も居りしなり」

土屋と石城の突然の訪問におよしはびっくりし、大喜びで歓迎する。およしは前にのべたように、つい先ほどの二月一二日から一五日までは土屋宅にいたから、それから三日後のすぐの出会いがやはり嬉しかったようだ。やがて出された料理は豪華だ。鯛とまぐろがあり、寄せ鍋からすしまで出る。およしは土屋に随分と世話になっていたから、そのお返しの意味もあったのであろう。その風景が図137である。

左端には急な登り階段が見え、また長火鉢もあることからその部屋は茶の間であろう。その長火鉢をあいだにしておよしと石城が酒を酌み交わしている。長火鉢のすぐ横には底の浅い鉄鍋が木具膳の上に置かれているが、それは寄せ鍋であろうか。右手にはおよしの娘らくが三味線を弾いて浄瑠璃「関の戸」を語る。そのらくの語りを土屋は寝そべって気もちよさそうに聞き入っている。この娘おらくの表情がまた面白い。その姿は大きな三味線を横に抱え、顔は横に向いて大きな口を開けて精いっぱいに語る。真正面を向いては土屋につばが飛ぶからであろう。本当に皆を楽しませる快活な人柄に見える。その土屋の頭近くには、大きな

図 137　料亭四つ目屋とおよし

皿があり、たくさんの料理が盛られているようだが、それは鯛とまぐろの刺し身であろうか。
　熊谷の四つ目屋を出て城下の土屋宅に帰り着いたのは夜の八時過ぎになっていた。約一里半の道を大酔いの石城は、ふらふらしながらも土屋に導かれてやっとの思いで帰ったが、土屋宅に着くとたちまちその場に倒れ臥してしまう。それを「砕《くだけ》臥《ふ》し」と記すから、まさにくたくたであった。その土屋宅で一〇時過ぎに目を覚まして自宅に帰る。
　ところで笹岡と西村は土屋と石城が熊谷から帰る前から土屋宅で彼らの帰りを待っていたが、石城が自宅に帰った後も土屋宅にいた。彼らも土屋宅によくくる下級武士仲間である。穏やかで誠実な老武士の土屋を心底信頼し、親しみを抱いていた。土屋と彼ら二人の語らいはその後の深夜までつづいた。

およしの娘を語る

　四つ目屋のおよしは、それからわずか三日後の二月二一日の夜に土屋宅の茶の間のこたつで石城、土屋とその家内の四人で語らっていたことは前にのべた。何かを相談しに土屋宅を訪ねたのであろう。そのことをつぎに記す。

　――**二月廿三日曇**
「午後ハ土屋に至りしに甫山（岡村）高垣会す。先日熊谷よりの帰途、誤《あやまっ》て刀《かたな》の鞘《さや》をいためぬ。右補理《ほり》の事甫山にたのむ。夜また土屋に遊ひしに甫山会し、およし女《むすめ》、当廿二日より他へ奉公に出しゆへ、皆々寂寞《せきばく》（ひっそりとして寂しい）たり笑ふべし」

　この日、石城は午後になって土屋宅を訪ねる。そこには親友の甫山（岡村）と高垣半助がきていた。石城は先日の一八日、熊谷から帰る途中で刀の鞘を傷めてしまい、その修理を甫山に頼む。おそらくその帰り道はぐでんぐでんに酔っていたから、刀をどこかへぶつけて鞘を壊してしまったのであろう。石城は夜になってまた土屋宅を訪ねる。そこにはまだ甫山がおり、彼と土屋でおよしの娘のことについて語る。およしによれば、娘のらくを昨日の二二日に奉公に出したという。皆はそれを聞いて、これから四つ目屋に行っても、彼女がいないのでひっそりとして寂しい限りと笑う。その話は二一日に土屋がおよしから直接聞いたのであろう。

　その土屋宅の風景が図138である。囲炉裏が切られた部屋なので、そこは茶の間であろう。石城が訪ねた折りに甫山と高垣の二人がいたというから、午後に訪ね

図 138　およしの娘を語る

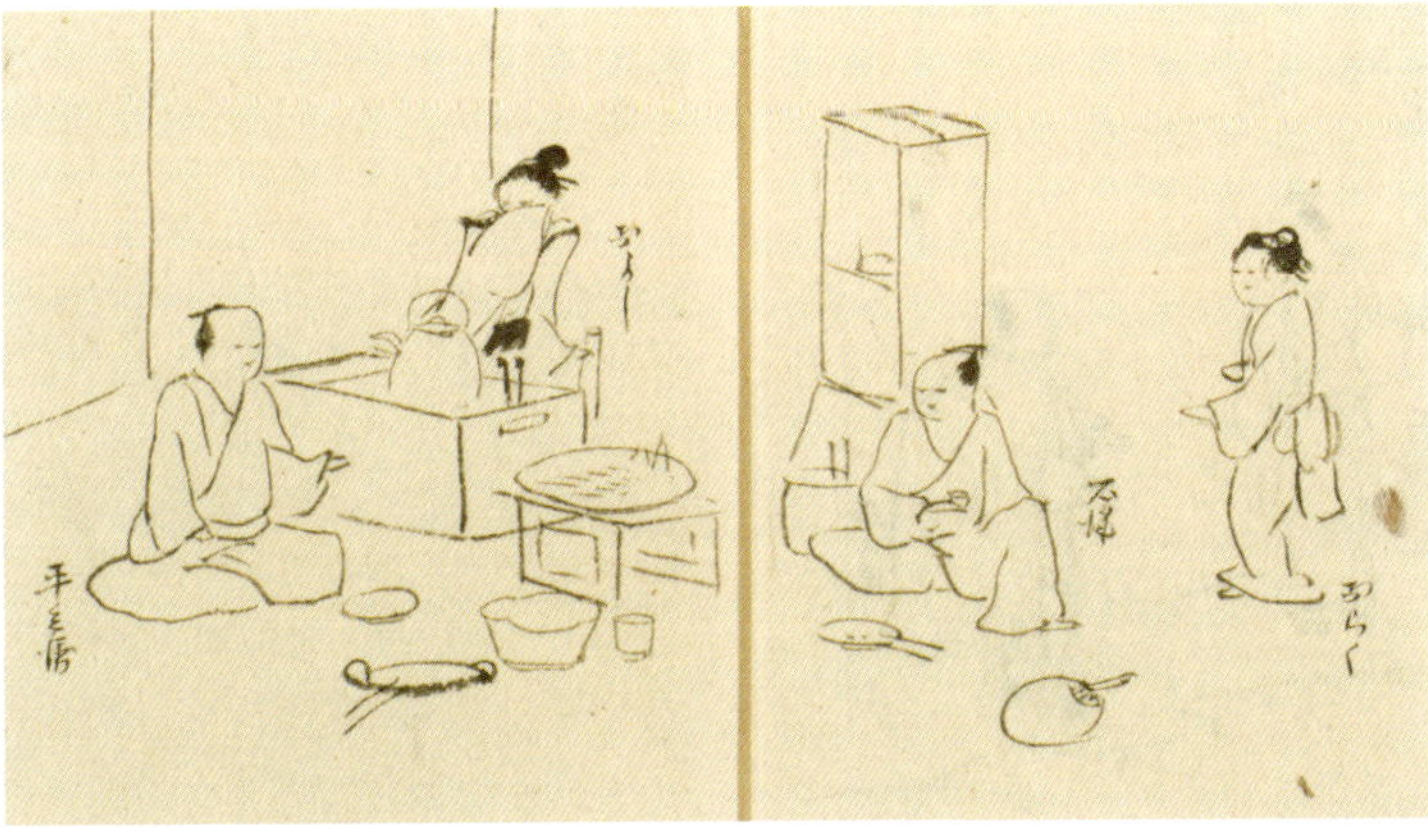
図 139　四つ目屋を訪ねた石城

たときの風景である。絵に見る土屋の風貌も白髪の老武士のようだが、高垣もそのようだ。だが二人とも年ごろの若い娘がいる。

翌月の三月に石城は用があって熊谷の四つ目屋を訪ねる。軸物商人の平兵衛といっしょであった。おそらく熊谷の方で軸物に絵を書いてほしいと平兵衛を通して頼まれたのであろう。そのとき四つ目屋を二人で訪ねた風景が図139である。

ところが二月二二日に奉公に出したはずの娘らくがちゃんといるではないか。たまたまその日に限って戻っていたのか、それとも、もう奉公先から出戻ったのかはわからない。想像ではあるが母一人にするわけにはいかず、らくの判断で前のように二人で料亭を切り盛りして行こうと考えたのではないか。この日もまた女将のおよしは刺し身や鍋などの料理を振る舞い、精いっぱいもてなす。平兵衛と石城が面白いことをいったのか、およしの着物の袖を口に当てて笑うしぐさがいかにも麗しい。

行田町の料亭大利楼

石城たちは大利楼にもたびたび赴くが、その料亭は町人地の行田町にあった。なぜか森東作（三木十八公）とはよくいっしょに行く。まずその風景をみてみよう。

――七月三日晴

「（前略）夜、行田篤雲方へ至らんとして途、東作に逢《あい》、摩強《ようきょう》（つよく誘われ）せられて大利楼に登る。茶碗蒸《ちゃわんむし》、さきうと、鯰《なまず》煮付、玉子焼」

石城は行田町の端にある篤雲和尚の長徳寺に行こうとしたが、その途中で森東作にばったりと会う。その東作につよく誘われ料亭大利楼に行くことになる。その風景が図140である。酒宴の場所は屋外にある涼み台のようだ。石城は暑いのか、着物の裾をめくり上げた怠惰な恰好だ。その前の四角い大きな平膳には皿や鉢が置かれ、鯰の煮付けや玉子焼きなどが盛られている様子。そして右手にいる「きよ」とは、この料亭の仲居のようで、盛りつけられた料理を各自の小皿に注ぐ。また石城の右手そばに蓋《ふた》をしたお椀《わん》があるが、それは茶碗蒸しであろう。

―八月四日

「(前略)夜、大清方に遊ひしにさけ出しもてなし。四ッ(一〇時)過《すぎ》にかへる。今日、松むし、鈴むし、きり〳〵《きり》す、くつハむしもとむ」

今日は一人で夜に大利楼へ出かけた。大清とは大利楼主人の名前だ。その風景が図141である。酒宴の場所は中庭に面した広縁である。その庭には柳などの木が植えられ、小さな石もところどころに置かれ、風情の趣がある。接待するのは若主人の中二郎であり、母と記す女が女将であろう。石城は一〇時過ぎにそこをお開きにしたが、今日は松虫、鈴虫、きりぎりす、くつわ虫を求めて帰るという。一度に四つの鳴き方のちがう虫を求めるとは、いかにも風流である。石城は翌日の五日の夜も東作と連れ立って大利楼に登った。

この大利楼(大黒屋)へは朝早くに訪れることもある。そのことをつぎに記す。

―十二月朔旦《さくたん》(一日)晴

「七鼓(朝の四時)後加藤喜春《よしはる》来る。同道ニて長徳寺に到る稽古。六ッ半(七時)過《すぎ》帰る。(後略)」

夜明け前の四時を過ぎたころに友人の加藤喜春《よしはる》が長徳寺の朝稽古に行こうと誘いにやってきた。彼も下級武士のようだ。石城は彼と連れ立って行田町の長徳寺に出かけるが、その稽古が終わって、近くにある大利楼を訪ねる。一二月の早朝は寒い。そこで大利楼にお茶を飲みに立ちよったのであろうか。挿し絵には「朝遊《ゆう》干《かん》大黒屋」と記す。大黒屋とは大利楼のことである。その風景が図142である。玄関先に訪ねるが、朝早いので大利楼の主人(大清)とその女房、若主人の中二郎の三人が寝間着姿で出迎える。そして温かいお茶を提供してくれた。頭巾を被った防寒着の石城の姿に味がある。

図140　東作と大利楼に登る

小柄を足に突き刺す

翌年の四月八日の大利楼は実に愉快であった。この日は龍源寺のところでのべた浴仏日《よくぶつび》、その前夜は龍源寺で悪酔いして障子を壊し、床の根太を打ち抜くほどの大暴れをした。今日はそれに反省しつつ午前に花まつりを見た後に長徳寺の浄瑠璃会を見学し、そして夕方になって川上宅から佐藤宅に立ちよるが、そこで夕食をご馳走になる。それから友人の三木(東作)とで大利楼に繰り出す。まことに多忙な一日であり、迫力さえ感じる。その料亭の風景が図143である。

酒宴の場所は障子に囲まれた広い座敷のようだ。その外側には廻り縁と欄干がある。左手にいる「おきよ」と右手にいる「おきん」が芸者を兼ねた仲居とみられる。さらに左手には三味線を弾く女がいるが、彼女も同じであろう。この三人は通いではなく、大利楼に住み込みのようだ。そして三人の女たちのあいだの後ろでは、花吉《はなきち》という男が扇子を開いて踊る。彼もまた男芸者のいわゆる太鼓《たいこ》持ちであろう。彼女彼らの賑やかなもてなしに石城と三木（東作）は大小刀を隅に放り投げて興に入る。とくにまん中に置かれた燭台のかたちが珍しい。

今日の料理は「鯔《ぼら》さしみ、吸《すい》もの、煮肴、口取物、筍甘煮《たけのこあまに》、酢のもの」と記す。なかなか豪華な料理であったが、その値段もかなり高いようだ。もちろん二人の割り勘であろう。

図 141　一人で大利楼へ

図 142　早朝に大利楼に立ちよる

図 143　料亭大利楼の酒宴（1）

　この帰りに石城はドジをする。それを四月八日の絵日記のつづきにつぎのように記す。

「予、大酔いして前後をしらす（知らず）。三木の肩にかゝりて龍源寺までかへりぬ。途《と》、小柄《こづか》ぬけ落《おち》て右の足の小指に立《たち》て、甚《はなはだ》いたみし事ハ覚へたるのミ」

　大利楼で大酔いした石城は三木の肩に寄りかかりながら帰途につく。その途中で、腰に差す刀の鞘《さや》に付けていた小柄《こづか》（細身の小刀《こがたな》）が抜け落ちてしまった。それだけ大酔いし、ふらふらに酩酊していたのであろう。ところが不幸にも落ちた小柄は足の小指を突き刺してしまう。よほど痛かったにちがいない。

堀に転げ落ちた石城

　このようなことは昨年の師走の一二月一〇日にもあった。午後に龍源寺にて障子の紙貼りを手伝った後に長徳寺で和術稽古をし、一〇時ごろにそれが終わる。ちょうど三木がやってきたので帰り道に大利楼に登る。その風景が図144である。

　その部屋は前図でみた座敷であろう。正面に床の間があって左手から手前にかけて障子のようだ。前図でみた縁と欄干

図 144　料亭大利楼の酒宴（2）

は手前の障子の外にあったと思われる。今日の酒宴にもおきよとおきんが接待をしているが、大利楼の主人も歓待している。石城と三木は今日も二本差しを床の間のそばに投げ出して酒宴にふける。

今日の料理は「茶碗、三つ葉、松茸《まったけ》、鯛、煮肴《にざかな》、かまほこ、よせくるミ、ゆは」と挿し絵に記す。「よせくるみ」とは、煮て溶かした寒天に醤油と砂糖で味つけ、それに崩れた豆腐を入れて固めたものを豆腐よせというが、それにくるみを混ぜた料理ではないか。また「ゆは」とは、いわゆる豆腐の「湯葉」のことであろう。いずれにしても、魚と豆腐が中心の豪華な料理である。

それにしても不思議なのは、単衣《ひとえ》しか持たず、重陽《ちょうよう》の日に着て行く寒服《かんふく》（袷《あわせ》の着物）がないので仮病をしてまでも行くのを止めようとし、また髪結いの僅《わず》か二八文を友人の岡村に借りるという余裕のない不安定な暮らしにおいて、なぜにこのような芸者を兼ねた仲居たちが接待する料亭によく行けるのか。それは石城だけでなく、三木（東作）などの下級武士たちにもいえる。六月二一日にも（図6参照）東作たちといっしょに大利楼を訪れたが、そのときの料理の値段は八〇〇文もした。割り勘にしてもそれなりの金高になる。大利楼の主人がいくら和術稽古の仲間だといっても、きちんとお金は払っているであろう。その費《ついえ》は低い俸禄《ほうろく》の他に、頼まれた行灯絵、屏風絵、襖絵などと手習いの教えで得た収入で補うのであろうが、宵越《よいご》しの金は持たないというきっぷがうかがわれる暮らし方である。

石城はこの日の大利楼での酒宴の最中と帰り道でもまたまたドジをする。そのことをつぎに記す。

—一二月十日晴

「八碑《ひ》（二時）後、龍源寺に遊ふ。障子切《きり》はり手伝ひ、かへり三木へ立寄《たちよる》。髪を束ね金毘羅《こんぴら》へ賽《さい》ス（参る）。夜《よる》、於《ちょう》長徳寺《とくじにおいて》和術稽古《わじゅつけいこ》。四ツ（一〇時）過《すぎ》、稽古畢《おわ》りて皆々と共に立出《たちいで》しに、三木の来るに逢《あい》たり。皆々に別れ、同道にて長徳に至り直《ただち》にかへり道大利楼に遊ふ。折《おり》から主人、先月和宮様御下向《かずのみやさまおんげこう》の節《せつ》、野宮《のゝみや》宰相《さいしょう》に短冊《たんざく》を乞《こう》たり、その句、意解《いかい》（理解）しかたし（難《かた》し）、ときて（解《と》いて）給《たま》われとてさし出すその歌。

さゝ波やなからの山の峯つゝき見せはや人に花のさかりを

是《これ》ハかく〳〵《かく》の意なりと物語るそハ（側《そば》）ニ、予、あやまちて（過ちて）燭台《しょくだい》を打《うち》たをし（倒し）ぬるに、主人の面《つら》にこけかゝり、あハて（慌《あわ》て）取おこせしに（起こせしに）、眉毛《まゆげ》のちり〳〵《ちり》と焦《こげ》たり、おかしくも気の毒になりて」

酒宴の最中に大利楼の主人は、皇女《こうじょ》和宮《かずのみや》が下向《げこう》（江戸に向かう）の途中に、付き添いの野宮《ののみや》に乞うた短冊に書いた和歌の意味がわからず、それを石城に尋ねようとした。石城はその文を燭台《しょくだい》のろうそくの明かりに近づけて読み、その意味を主人に説明しようとしたところ、燭台を主人の顔の方へ倒しかけてしまう。あわてて燭台を起こしたがすでに遅く、主人の眉毛《まゆげ》はちりちりに焼け焦《こ》げていた。それを見て石城は、「おかしくも気の毒になりて」と他人事《ひとごと》のように記す。おそらくそのとき、下を見て「くす！」と笑ったことであろう。

図144の挿し絵はそのような場面を描く。燭台が大利楼の主人の顔に倒れかかり、石城は「しまった！」というような顔つき、そして三木やまわりの仲居たちも「あれまあ！」と驚き心配の様子だ。

その日の絵日記はさらにつづく。

図 145　井戸と頬かぶり

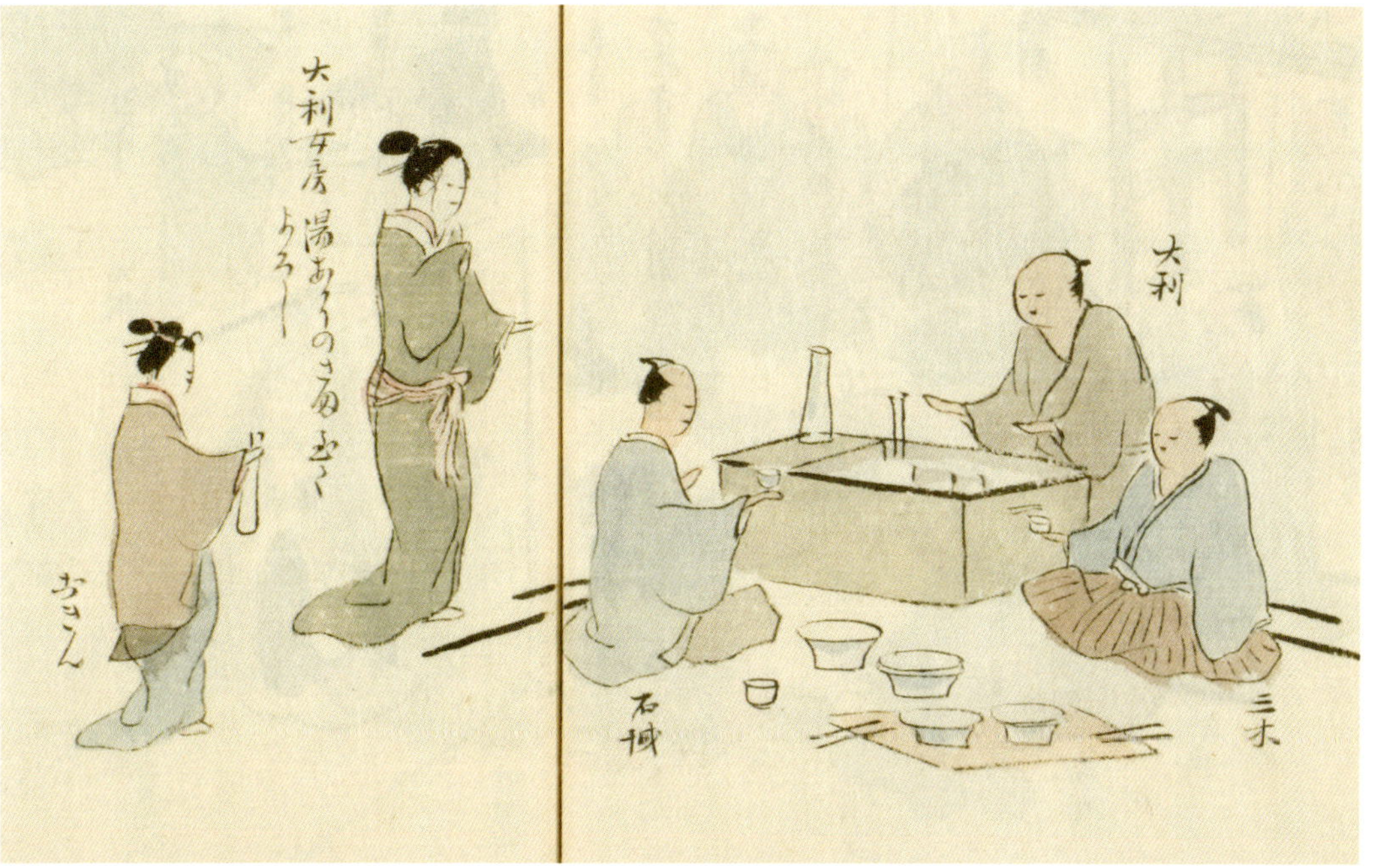

図 146　大利楼の湯上り姿の女将

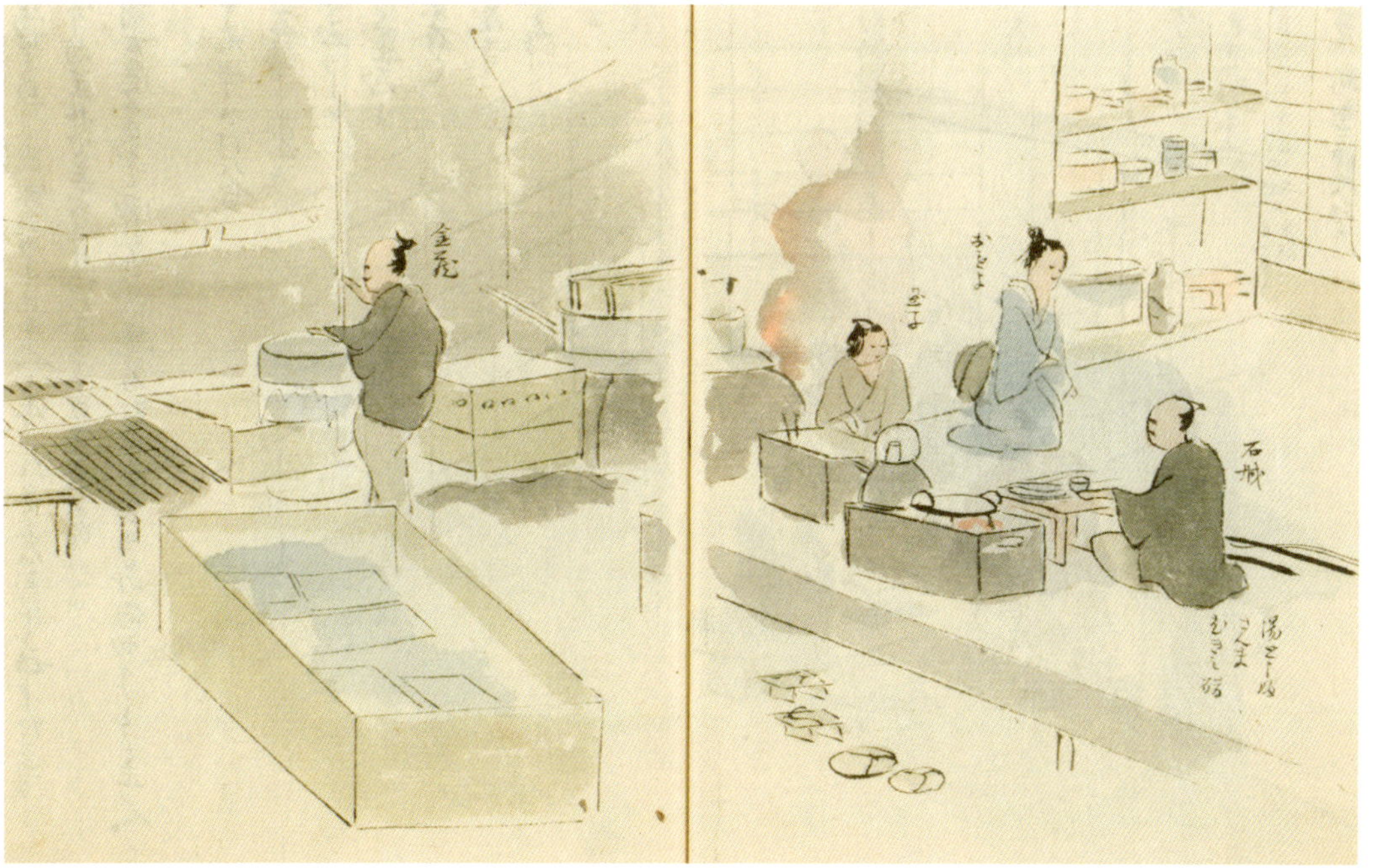

図 147　行田町の荒井屋

「九ッ（一二時）過、利楼を立出《たちいで》、三木は当直のよしにして天満にて別れ、独《ひとり》行吟《ぎょうぎん》しなから、はてハねむり（眠り）つゝあゆミ（歩み）しに、下忍《しもおし》にて堰《せき》の中へ落入《おちいり》たり。おとろき（驚き）て目さめ（目覚め）はい出たれとも衣類狼藉《ろうぜき》の躰《てい》ゆへ、側《そば》の井戸にていさゝかそゝき（濯《そそ》ぎ）、はしり（走り）かへりぬ。あゝ寒し〳〵」

行田町の大利楼を出たのは一二時過ぎにもなっていた。帰る途中の天満で三木（東作）と別れるが、彼は今から当直という。それはおそらく城の夜番《やばん》であろう。当時は酒を持って登城し、酔って夜番に行くことは大目にみられていたらしい。それにしてもおおらかであった。石城は三木と別れて一人詩吟を歌いながら気分よさそうに歩くが、そのうち歩きながら眠ってしまう。しかしこの城下町は道沿いに堀が多かったから、ついに下忍《しもおし》の堰《せき》（土手）のなかの堀へ転げ落ちてしまった。その場所は図8に見る城下町図南方の辺りであろう。着物はびしょびしょの泥だらけである。そばにあった井戸ですこし洗い、そのまま家にたどり着く。その光景が図145である。手拭《てぬぐ》いで頬《ほお》かぶりをして誰かに見られていないかと辺りを見まわす石城の姿がやはり滑稽だ。

石城は五日後にもまた三木といっしょに大利楼を訪れる。その風景が図146である。長火鉢を囲んで、三木と主人との三人で飲んでいると、ちょうどそこに女将が現れた。その姿は湯上りのなまめかしい長襦袢《ながじゅばん》姿である。それを挿し絵に「大利女房、湯あかりのさま至《いたっ》てよろし」と記す。料亭のなかでも大利楼に行くのが多いが、どうも石城の目当てはこの女将にあったのではないか。

行田町の荒井屋

町人地の行田町には料亭の山本屋、大利楼があったが、もっと気軽に酒が飲める店もある。それは豆腐をつくる荒井屋である。石城は長徳寺での和術稽古の帰りによくそこを訪れた。主人の名は金蔵といい、かなり気さくな人柄のようだ。長徳寺の和術稽古にきていた荒井屋福太郎とはこの金蔵のことであろう。町人ではあっても名前を複数もつ例はよくあったからである。彼がつくる豆腐はさぞうまく、自宅、友人宅、寺での酒宴のときには豆腐を買ってくることもあったが、それはこの店の豆腐かもしれない。

図147は石城が荒井屋に立ちよって酒を飲んでいる風景である。挿し絵には、今日の一二月八日は霜が降りて雪も降り、寒さは甚《はなは》だ厳しいと記す。店は豆腐をつくる作業場としての広い土間と床上の茶の間に分れる。その土間の奥では主人の金蔵が大きな石臼《いしうす》を回して煮たばかりの大豆をひく。その右手で大豆を煮ているようだ。大きな竈にはたくさんの大豆を入れた大釜が掛けられている。そして土間の手前には四角に切った出来上がりの豆腐が水のなかに沈めている。今も変わらない豆腐をつくる仕事風景だ。

石城は茶の間に置かれた長火鉢の前に一人坐って出来たての豆腐を肴にうまそうに酒を飲む。そして今日の料理は、挿し絵に「湯とうふ、さんま、むきミ醋《さく》」と記す。やはりつくりたての豆腐を素材にした湯豆腐だ。また「むきミ醋《さく》」とは、魚貝の剥《む》き身《み》に醋《さく》すなわち酢《す》で味付けした料理である。

彼の前で接待する「おとよ」が妻であり、その左手にいるのが子どものようだ。その名は珍しく「玉子」という。金蔵夫婦にとってまさに玉のような子であったのであろう。

第八章——城下町郊外の風景

石城は下級武士の友人や寺の和尚たちと城下町郊外の逍遥《しょうよう》に出かけたりする。その帰り道に茶店に立ちよって例のごとく酒となる。また和宮が下向する熊谷宿の見物にも皆で行き、やはり茶店によって料理を食べ、酒を飲む。さらに土屋と二人で熊谷宿近くの村を訪れ、そこの知人宅に泊まって旧交を温める。そして面白い催し物が郊外の村であることを聞いて友人といっしょに見物に出かけるが、それに興覚めして帰ったこともある。ここではそれらの風景をみてみよう。

図 148　甫山と逍遥

郊外の逍遥

九月四日の朝、借りていた傘を返しに岡村（甫山）宅を訪ねたが、留守であったので土屋宅に行く。そこで美女柳や千日草などをもらう。その後、岡村宅をふたたび訪ねると、ちょうど彼は家に帰っており、これから郊外を逍遥するという。そこで土屋を誘っていっしょに行こうということになり、また土屋宅に出向くが、あいにく断られたので龍源寺で岡村と会う約束をし、一旦自宅に帰る。土屋にもらった草花を植え、昼飯を食べる。しばらくして龍源寺に行き、猷道和尚を逍遥に誘う。そうこうしていると、そこへ岡村がやってきたが、石城は岡村の求めに応じて寺の台所で雑煮をつくってやる。おいしかったのか、石城、岡村、猷道和尚のそれぞれ三椀も食べた。お腹も満腹になり、やがて三人は四時前からやっと郊外の逍遥に出かけようとする。ここまではすでにのべた九月四日の絵日記の概要であり、これからが逍遥の風景となる。

まず図148は石城（嚢山）が岡村（甫山）宅を訪ねたときの風景である。この日は無刀である。下駄履きのままのラフな格好だ。

つぎに見る図149は和尚を含めた三人での逍遥の風景であり、郊外の田園のなかの道をゆっくりと歩く。絵日記には「秋色惑深し《しゅうしょくまどいふかし》」と記し、秋の気配が当惑するほどに深まっているという。陰暦の九月といえば陽暦の一〇月のころである。田の稲穂も色づいて黄金色《こがねいろ》となり、山野も紅葉しつつあった。この逍遥のときは二本差しの武士らしい姿である。足には下駄ではなく草履《ぞうり》を履く。二人とも一旦自宅に帰って武士らしく装いをして龍源寺に出かけたのであろう。後からついて行く和尚は下駄履きのラフな姿である。

茶店の埼玉屋

逍遥の後、三人はさらに前谷村の不動の山に登り、そこにある茶店の埼玉屋で休憩する。その前谷村とは城下町の南方二・四キロほどのところである。そのことを前の絵日記につづいてつぎのように記す。

「前谷村の不動に立《たち》より、遂《つい》に頂上に至り埼玉やに休《きゅう》せしに。先に日方《ひかた》役人三人此屋《このや》に憩《けい》して奥の間塞《ふさぎ》たり。障子を隔《へだ》て、予輩《よはい》三人唯之盃《ただこれさかずき》を酌《くむ》。肴ハ新鮭《しんざけ》、生節《なまりぶし》の外《ほか》なし。去《さり》とも興《きょう》に入《いり》、兎角《とかく》次の間心《こころ》せハ、彼も又相同《あいおな》しかるへし。薄暮《はくぼ》辞す。就《つき》るに和尚手巾《しゅきん》を不動にわすれたりとの事にて、帰途《きと》光明寺《こうみょうじ》に立寄《たちより》しに、法印志《ほういんし》きりにと〻めてまたさけ出、和尚興《きょう》に乗《じょう》し、出す所の肴残りなく食い、笑ふへし。そのさま左図のことし」

立ちよった埼玉屋とは不動の山の頂上に建つ茶店である。そこで一休みしようとするが、一番よい奥の間はちょうど四人二人を連れた三人の日方《ひかた》役人が休憩していた。よって石城たち三人はそのとなりの部屋に入る。その風景が図150である。

茶店は茅葺屋根の小さな平屋だ。一番よい部屋の奥の間はその建物の右端にあり、廻り縁のある見晴らしのよい部屋である。役人たちは囚人二人を外に坐らせたまま奥の間で酒を飲んでいる。彼らは同心《どうしん》の下で働く下級の役人であろう。そのそばで囚人たちに縄をかけ、それを手に持って逃げないように見守る男がいるが、彼は小者か岡っ引きであろうか。よって石城（嚢山）たちはやむなく障子を隔てたとなりの部屋に入る。料理は新鮭《しんざけ》と生節《なまりぶし》しかなかったので、それを肴に酒を飲む。新鮭とは初鮭のことで、その刺し身であろう。また生節《なまりぶし》とは鰹《かつお》の生《なま》利節《りぶし》ともいい、生の鰹を解体して蒸したり茹《ゆ》でたりしたものである。この武蔵野の奥まったところの小さな山の頂にある茶店の料理も新鮮な魚であった。それらの料理は二つの木具膳に載せられた大皿

図 149　田園の逍遙

図 150　茶店の埼玉屋

図 151　光明寺の接待

に盛りつけられている。右端にいるこの茶店を営む年老いた主人（湊屋）の娘が三人に酌をする。

皆はしだいに盛り上がって興に入る。石城はとなりの部屋の役人たちに思いをはせ、同じような下級武士の立場で大変だろうと気づかったろうか。

光明寺の接待

石城たちは夕暮れに不動山の茶店を辞す。ところが城下に帰る途中に猷道和尚が手巾《しゅきん》（手拭い）を茶店に忘れたことに気づいた。手や顔を洗いたかったのか、あるいは厠であろうか。すぐさま近くの光明寺《こうみょうじ》に立ちよる。やがて帰ろうとするも、法印《ほういん》和尚につよく引き止められて酒となる。その風景が図151である。法印は僧の最高位をいうが、ここでは光明寺住職を持ち上げた表現だろう。

長火鉢が置かれた茶の間のような部屋で三人はくつろぐ。右手にいる猷道和尚（龍源寺）が和尚（光明寺）に向かって、そのようなおかまいは恐縮です、とでもいっているようだ。そこへ姥《うば》（和尚の母であろうか）がお茶などを運び始める。その料理は「芋、焼とうふ、茄子《なす》煮付《につけ》、茄子香《こう》ノ物」と挿し絵に記す。あり合わせのふだんの食事であるが、心温かさを感じる。それにしても突然にちょっと寄っただけで酒や小料理でのもてなしをするとは、寺同士の仲が本当に親密で人情が濃《こ》かったのであろう。

絵日記には出された料理を残さずにきれいに食べてしまったと記すが、先ほどの茶店でも充分に食べたばかりなのに、何とよく食べる人たちであろうか。しかもそれだけでは終らなかった。下忍《しもおし》に着いたのは六時過ぎであったが、またまた中屋に立ちよる。そこで美濃屋蒔二郎に絡まれたことは前にのべた。

熊谷見物

皇女和宮が下向途中の一一月一二日に熊谷宿に泊まるので、その警備のために進が一一月八日に出立したことは前にのべた。その前日、石城と和尚たちは熊谷見物をする。そのことをつぎに記す。

―十一月七日晴午後大風

「早朝大蔵寺に至りて熊谷見物相催《あいもよおし》候所《そうろうところ》承知の趣《おもむき》。夫《それ》より甫山方へ行《いき》、同人より先日の料二穴受取《うけとる》、土屋ニて簑《みの》借用かへりて仕度《したく》なす。四ッ（一〇時）過《すぎ》、龍源寺へ行《いき》、爰《ここ》ニて待合《まちあい》、仁右衛門、笹岡父子《おやこ》も来る。龍源寺ニも強《しい》て同道なす。吹上より久下へ至るの道ニ而一休《ひとやすみ》しぬ。往来普請構《おうらいふしんかま》ひさま等《など》いろ〳〵麁末《そまつ》（粗末）な体《てい》なり。江戸表将軍御成の節のさまとも大《だい》ニ麁《そ》（大いに粗末）なり。何さま此位《このくらい》の事にてよろしかるへし。人足小屋場馬つなきの体《てい》図のことし。熊谷寺うらに至る又々小屋場あり。爰《ここ》ニて笹岡土屋に見失《みうしな》ひ各々《おのおの》たつね（尋ね）れともしれす（知れず）。龍源寺腹減《はらへら》したりとて、先《さきに》、新井やといふそはや（蕎麦屋）へ立寄《たちより》、一盃《いっぱい》を喫《きっ》し、往来《おうらい》を詠《なが》むれとも来らす（来ない）。爰《ここ》を出《いで》、三百七十二文、よしのや（吉野屋）とふそはや（蕎麦屋の前ニ而《て》半時（一時間）ほと待たれともしれす（知れず）。日も西山にかたむく（傾く）。

去《さる》ハ一盃してかへらん（帰らん）と和泉《いずみ》やニ立入《たちいり》、爰《ここ》ニてゆる〳〵食し、夜ニ入立出《いりたちいで》、八百三十二文。又ゝそこゝ徘徊し、宿の女とも旅人と心得、立出《たちいで》て行《いき》とゝむる抔《など》興あり。四ッ時（一〇時）龍源寺にかへる。良宗良敬不在を守り居り。予、大《おおい》ニ草臥《くたびれ》、宿にかへりしに風呂わかしありて浴す。（後略）」

早朝に大蔵寺に行くと、皆で熊谷見物に行こうということになった。石城はそれから岡村（甫山）宅に行って、彼から二穴（二文）を受けとる。さらに土屋宅に寄って、簑《みの》（かや、すげ、わらなどで編んだ雨を防ぐ外衣）を借りて自宅に戻り熊谷見物の仕度をする。一〇時過ぎになって龍源寺に行って、ここで皆と待ち合わせをする。龍源寺の和尚をもつよく誘い、総勢は石城の他に、龍源寺と大蔵寺の和尚、そして土屋仁右衛門と笹岡善三郎父子の計六人である。途中の吹上より久下までのあいだにある茶店でひと休みした。その風景が図152である。

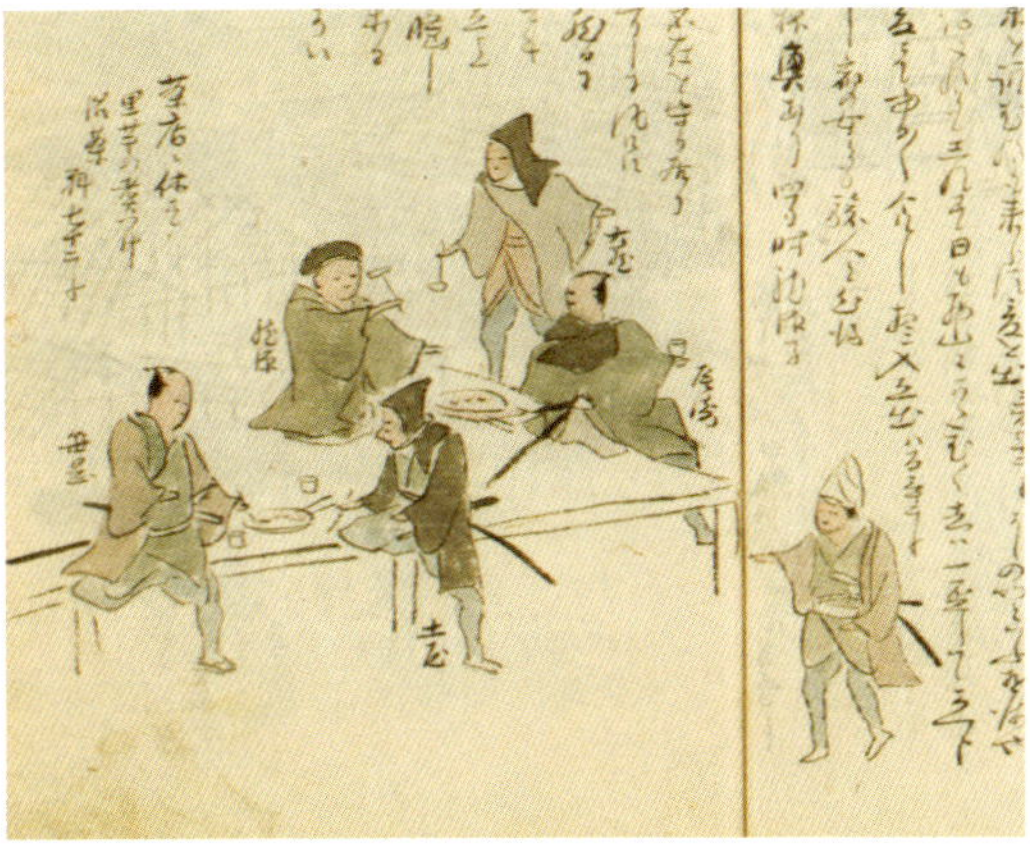
図 152　熊谷宿途中の茶店でひと休み

陰暦の一一月は陽暦でいえば一二月である。絵日記には「晴午後大風」と記しているので、午前中は晴れるが、午後から雲行きが怪しくなると思ったのであろう。その姿は防寒着や雨着を羽織り、また頭巾を被るという重装備だ。右手端にいるのが笹岡の倅で、もうすでに立派な武士の出《い》で立ちだ。皆は茶店の台に腰かけ、出された料理を食べる。それは「里芋の煮つけ、渋茶、料七十二文」と挿し絵に記す。里芋の煮付けを串にさして食べているが、里芋は料亭や自宅、それにこのような茶店でもよく食べられた。その料金は渋茶代を併せて七二文である。そう高くはなかったようだ。

やがて彼らは街道の熊谷宿の近くまでくるが、その風景を見て驚く。街道の整備はほとんどされず粗末に荒れたままで、以前に将軍が御成りしたときとは大ちがいであるという。親藩の松平領ではあっても、和宮を迎える熱気と期待のようなものはあまりないのが本当のようであり、その結果でもあろう。

さらに彼らは人足小屋場の方を見物するが、その風景が図153である。その小屋場とは、進が出立した折りに農夫二人を人足に雇ったが、彼らの休息と寝る場所であろう。またそこには馬をつなぐ小屋もあったという。中級武士は馬に乗って出立したので、その馬を留め置く小屋であろう。図を見ると、なだらかな丘陵地にたくさんの小屋が建つ。屋根は茅または藁葺のようだ。小屋のすぐ向こうに見える細い道が中山道《なかせんどう》と思われる。そしてさらに遥か向こうにそびえる山が富士山であろうか。六人は風景を眺めながらいろいろと話し合っているようだ。

そしてさらに彼らは熊谷寺の裏の方にもある小屋場に行くが、そこで土屋と笹岡父子とはぐれてしまう。しばらく探したが見つからず、龍源寺和尚がお腹が空いたというのでやむなく三人で宿場町の方へ歩き、そこの新井屋《あらいや》という蕎麦屋《そばや》に入る。その風景が図154である。

宿場町に並ぶ店は平家建ての低い建物であり、板葺き屋根の簡素なものである。またその間口も三間ほどしかない。店の入口にはのれんが掛けられ、その右手には店の名前と料理の品目が書かれた看板が掛けられていた。その前の通りには、

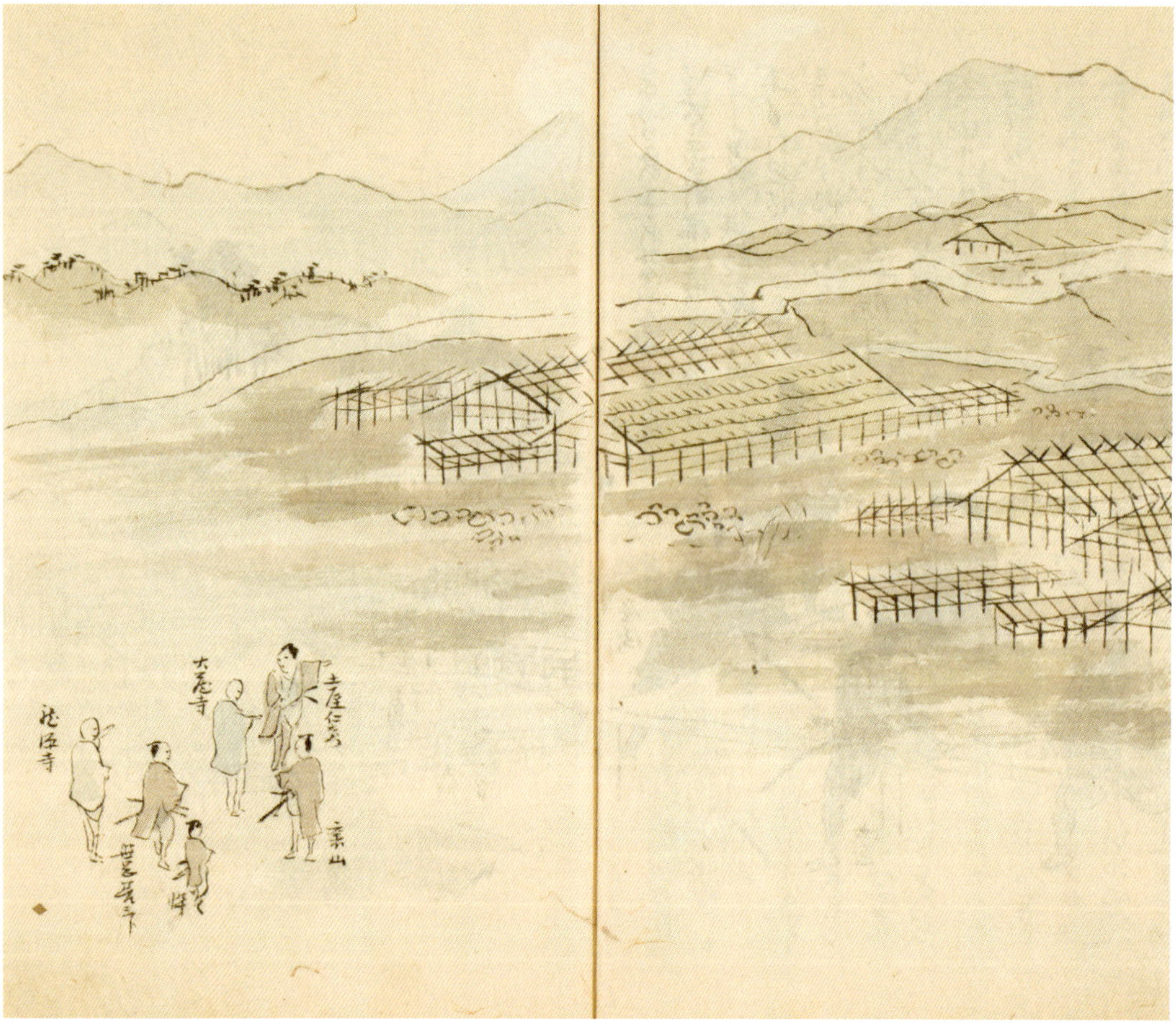

図 153　熊谷宿の人足小屋

ちょうど桑名藩の藩士とその家来四人が馬を伴ってやってきたばかりのようだ。馬の腹に掛けた三つ葉葵の家紋が印象的である。それなりの地位の者であろう。

この風景と新井屋で食べた料理のことを挿し絵につぎのように記す。

「桑名侯の藩士一昨日より入込《いりこみ》、皆々手軽の行装《ぎょうそう》、鉄砲自ら肩にかけたり、衣服のさまも質朴《しつぼく》ニ見へぬ図のことし。新井やにて、さけ三合、かけ三ッ、かしはそは三ッ、枵《きょう》然腹中《ふくちゅう》忽《たちまち》満《みつ》」

桑名藩の武士は一昨日からきていたという。それは鉄砲を自らの肩に掛けた手軽な行装といい、衣服も重装備ではなく質素な様であるという。挿し絵を見ても、警備というような重々しい雰囲気はなく、何となく気軽な雰囲気だ。石城と大蔵寺、龍源寺和尚の三人はとりあえず新井屋に入り酒三合と蕎麦《そば》を注文する。「かけ」とは掛け蕎麦のことであり、器《うつわ》に入れた蕎麦に熱いつゆを掛ける。また「かしはそは」とは、柏《かしわ》の葉っぱを容器にして、そこに蕎麦を盛り、いわゆる茹でた蕎麦麺をつゆにつけて食べる。この二つの蕎麦をそれぞれ三人分注文した。最後に「枵《きょう》然《ぜん》腹中《ふくちゅう》忽《たちまち》満《みつ》」と記し、あれほど空《す》

図 154　熊谷宿の店

いていた腹のなかは忽《たちま》ちにして満腹になったという。その値段は三七二文であり、すこし高いかとは思う。

　それにしても可哀そうなのは土屋と笹岡父子の三人である。店の前の往来をしばらく見つめてもおらず、さらに吉野屋という蕎麦屋の前に半時（一時間）探しても見つからない。そうこうしているうちに日も西に傾いてきたので、やむなく帰ることにした。でももう一杯飲もうということになり、和泉屋《いずみや》に立ちよって料理と酒を夜に入るまでゆっくりと飲み、そして食べる。その値段は何と八三二文であった。それからその店を出て土屋たちを探しにそこここと徘徊する。宿の女たちからは宿泊人と間ちがえられ呼びこまれそうになったり、それはそれで面白かったという。

　龍源寺に帰り着いたのは夜一〇時頃だったが、良宗と良敬はちゃんと留守番をしていた。石城は草臥《くたびれ》て家に帰るが、ちょうど風呂が沸いていたので浴して寝る。だが土屋たちのその後の消息をうかがえる文はない。石城たちよりずっと早く帰っていたのであろう。ともかくも今日は愉快な熊谷見物だったようだ。

目沼の旅

二月一七日の早朝に土屋が石城の自宅にやってきた。彼が申すには「今日出遊《しゅつゆう》すへしとの事也」という。出遊とはちょっと他郷に旅して遊ぶことである。その目的地は熊谷のすこし北辺りの肥塚《こいづか》村から南良《なら》（奈良）村にかけてと目沼《めぬま》であった。肥塚村には土屋の縁者の納見《のうみ》家があり、まずそこへ出向くという。しばらくして土屋が旅姿をしてふたたびやってきたが、その風景が図155である。

石城の自宅には堀田伴蔵と笹岡善三郎の二人がきていた。下級武士の笹岡は土屋宅にもよく出入りし、熊谷見物にも石城らといっしょに出かけ、仲がよい。一方堀田は五石弐人扶持の下級武士だ。彼はあまり石城たちの前には顔を見せないが、今日は所用でたまたま石城の自宅を訪ねていた。土屋は着物の裾を後ろにまくり上げた尻端折《しりはしお》りの股引《ももひき》姿である。さらにまだまだ寒いので防寒着も羽織る。石城もすぐさま旅姿に整え出立する。その旅はつぎのようである。

—二月十七日快晴

「（前略）天気よろしく暖気。中途《ちゅうと》、新《しん》右衛門《えもん》に逢《あい》、四五町同道ニて辞し。九ッ（一二時）前後の頃、土屋縁者なる肥塚《こいづか》の宅へ至る。爰《ここ》にて午飯を食し、菜ニ甘ひたし、塩いわし。夫《それ》より南良《なら》（奈良）に至り、爰《ここ》ハ右肥塚の家より娘の嫁し居る家也。主人ハ伊勢参宮にて不在。隠居老人をり茶出《いで》つ。まつ（まず）目沼《めぬま》の聖天《しょうてん》に参詣《さんもう》なすへしとて、夫《それ》よりさすらへ至り、目沼の地に入《い》りしに肥塚なる娘おいつ女外《ほか》ニ童男女市二郎二人同道ニて先にあり、連《つれ》たちて聖天宮へ拝す。聞《きき》しにハまさりし荘厳《そうごん》にてたくミ（巧み）のさま、すへて（全て）のかたり（語り）容易ならす。境内もひろく（広く）そこ〳〵《そこ》逍遥し、立《たち》いてゝ（出て）門前なる小倉やといふ茶肆《ちゃし》に休す。料理のさまも中〳〵見事也。童子等に飯を与へさけ一二合を喫して辞す、弐朱ト三百文。（後略）」

今日は天気がよくて快晴であり、しかも暖かい。熊谷への道の途中で越智新右衛門にばったり会い、すこし同行する。彼も土屋宅によくくる仲のよい下級武士だ。やがて石城と土屋は九ッ（一二時）ごろに肥塚村の土屋縁者の納見家にたどり着き、そこで昼飯をよばれる。その風景が図156である。

昼ごはんを食べている部屋は座敷のようだ。そこから見る庭の風景は格別である。縁の向こうには広い庭がつづき、小さな屋根の付いた立派な門と竹垣がその庭を囲む。右手には多くの樹木を植えた築山《つきやま》と小さな茅葺き小屋もある。さらに竹垣の向こうはどこまでも田園が広がる雄大な景色である。

料理は「菜ニ甘ひたし、塩いわし」であった。前者はほうれん草をゆがいて甘

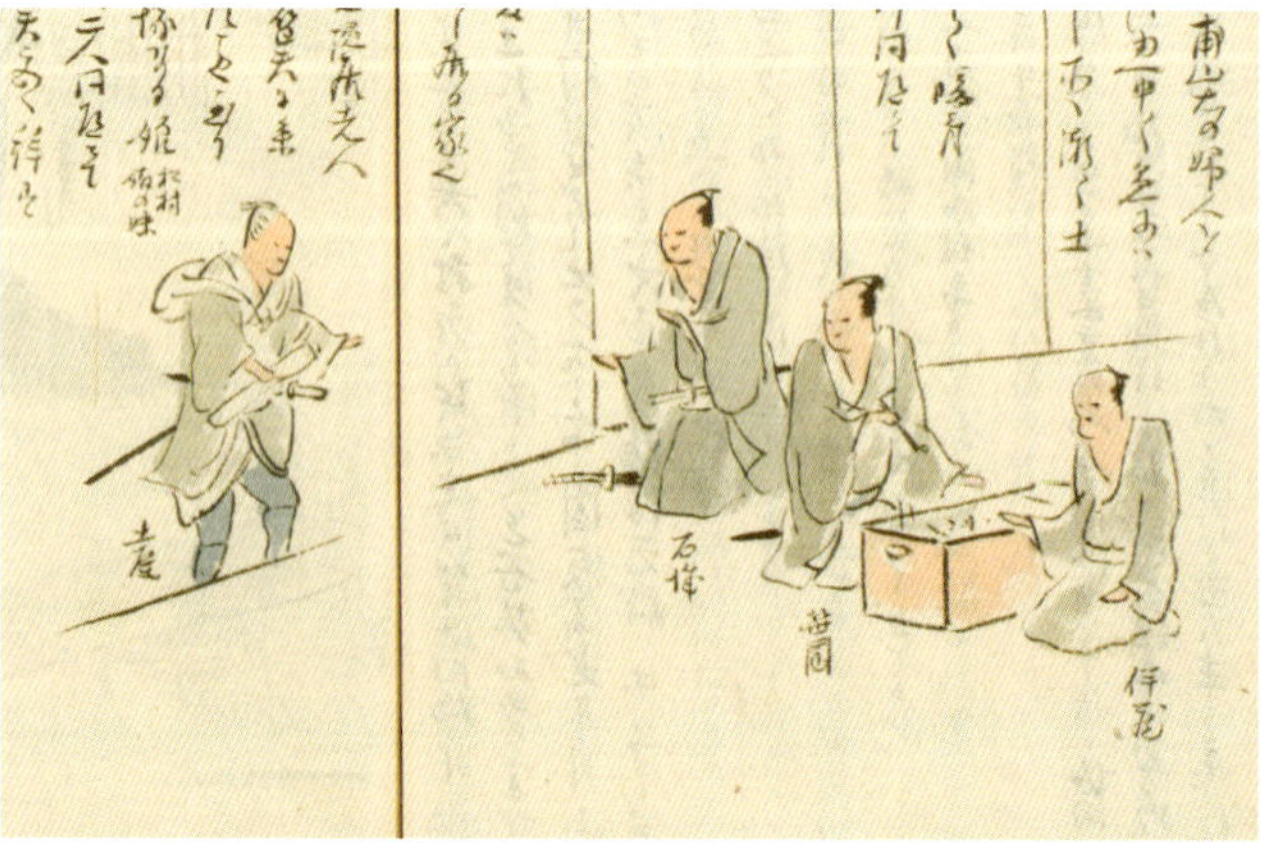

図155　目沼の旅に出立

図 156　土屋縁者の納見家で午飯

みを付けたもので、それを塩いわしといっしょのおかずはなかなか風流だ。石城と土屋の二人は銘々膳で庭の風景を楽しみながらそれをゆっくりと食べている。その二人の横で、円いお櫃《ひつ》を前にしてごはんを給仕するのはこの家の倅であろう。

二人はやがて納見家を辞して南良村の松村家に至る。そこは納見家娘のお逸《いつ》の嫁ぎ先であった。土屋はこのお逸と深い因縁があるようだ。しかしちょうど主人は伊勢参宮にて不在であり、隠居の老父がお茶を出して対応する。二人はその後に、お逸とその子どもを連れて目沼の聖天宮《しょうてんぐう》に参詣したが、その見事さに感激する。聞いていたよりも荘厳であり、その建物の巧みさなどすべてを語るのも難しいという。そして境内は広く、そこら辺りを丹念に歩きまわる。その後に門前の小倉屋という茶店に入り、酒一二合を飲み、料理を食べる。その風景が図157である。

そこにはお逸とその子どもの市二郎とふさもいる。障子の外には縁があり、その床に薄縁《うすべり》を敷いている。そして庭のなかを通る渡り廊下で向こうの部屋と結んでいた。またその庭には飛び石もある。

図 157　茶屋の小倉屋

図 158　松村宅の酒宴

茶店とはいっても料亭の構えをした風流な店だ。

土屋は煙草をふかしながら、石城は酒を飲みながら料理がくるのを待つが、やがて通《かよ》い（料理を給仕する女）がいろいろな料理を運んでくる。その料理は「まくろさしミ、いりうまに、口取《くちと》りもの、めし、さけ」と挿し絵に記す。ここでもまぐろの刺し身が出た。そして「口取りもの」とは料理の最初の皿盛りのことであろう。ただ「いりうまに」とはよくわからない。煎りうま煮のことであろうか。それらの値段は弐朱と三〇〇文であった。すこし高いような気もするが、挿し絵を見ると、料理が大皿にたっぷりと載せられているので、そのくらいかもしれない。

その夜はお逸の嫁ぎ先の松村宅で隠居の老父と主人の室（家内）の歓待を受ける。主人とお逸の夫の親子二人で伊勢参宮をしているようだ。その松村家での歓迎風景が図158である。座敷とみられる部屋に立派な折れ曲がりの屏風を背景にして酒宴は開かれる。長方形の平膳の上に大皿二つが置かれ、それにたくさんの料理が盛り付けられている。お逸は寒さに気配りして火鉢の炭を起こす。その姿は可憐で優しく、となりの石城も見惚れているようだ。

図159はその夜の寝床《ねどこ》の風景である。先ほど宴をした座敷に床を敷いたのであろう。頭の方に屏風を置くことで寒い空気を隔て、また落ち着いた雰囲気をもたらす。お逸は土屋の枕元で煙草を吸いながら、土屋と昔の思い出尽きぬ話や、今の暮らしのことなどを語り合っているようだ。その横の石城は疲れてすっかり寝込

図 159　松村宅のおいつと土屋

んでしまう。

そして翌日のことはつぎのように記す。

―二月十八日快晴夜少し雨

「起出《おきいで》て盥漱《かんそう》（盥《たらい》で口《くち》を漱《すす》ぐ）、拝畢《はいひつ》（四方を拝み終わる）、朝食す、玉子とうふ、大根汁。辰碑《たつひ》（八時）後より老父扇子一二本出ス。右にしたゝめ（認め）、近隣の医生より半切二まい来る。右もしたゝめ。萩餅《はぎもち》出す。午前この家を辞す。おいつも同道にて八ッ（二時）前肥塚《こいづか》に至り、夫《それ》より熊谷四ッ目屋に遊ふ。（後略）」

松村家での朝食は玉子豆腐と大根汁であった。石城は食後に隠居から扇子二本の絵を頼まれ、すぐさま快く描く。また近隣の医学生からも頼まれ、半切の紙二枚に絵を画く。その風景が図160である。

萩餅でお茶を飲みながら隠居老父が自慢の三幅対《さんぷくつい》（三幅で一対の掛け軸）の掛け軸を床の間に掛けて説明しているのであろう。石城を含めた皆がそれに聞き入り眺めているようだ。右手にいるお逸のしなやかな後ろ姿がとくに印象的である。

土屋と石城は午前に松村宅を辞し、肥塚村から熊谷を経て城下へと戻ろうとする。お逸はその途中の肥塚村まで同行したが、肥塚の実家に帰るためであった。二時ごろに二人はそこでお逸と別れ、それから熊谷宿の料亭四つ目屋に立ちよる。そこで女将のおよしの歓待を受けてぐでんぐでんに酔い、土屋に導かれてふらふらしながら土屋宅にやっと帰り着いたが、そのことについてはすでにのべた。

村のうつし絵見物

城下町近郊の村にもいろいろな催しがあった。石城は友人に誘われてその見物に行くが、そのことをつぎに記す。

―首夏《しゅか》（四月）二十一日曇

「うつしもの読書。夜独酌《どくしゃく》せし後《あと》、加藤喜春に誘引《ゆういん》せられて清水村のうつし絵見物に至る。酔余《すいよ》の興《きょう》ニ而《て》ハいへとも吾輩《わがはい》の見るへきものにあらす。笑ふへし〳〵。九ッ（一二時）過《すぎ》帰る」

石城は写した書物を一日中読んでいた。珍しくも夜になって一人で酒を飲んでいたところ、下級武士の友人加藤喜春がやってきて、清水村のうつし絵を今から見物に行こうという。その風景が図161である。

その催し物は大人ばかりの娯楽で夜遅くに開かれるらしい。その場所は村のどこかの広場のようだ。うつし絵とは大きく描いた絵のことで、今でいう幻燈のようなものであろう。映画のスクリーンほどの大きな幕に絵が描かれている。それは腰巻だけの裸の女が大きな男根を背負うという場面だ。当時、男女の性器は信仰や家の守り神とされ、村の祠《ほこら》や家の屋根裏に石や藁でつくったその模型を置いたが、このようなあからさまで滑稽なものはあまりない。さらにたくさんの面白いうつし絵があるのであろう。まっ暗な夜であるから、その絵を提灯の明かりで照らす。

見物人は壮年男女の五〇人ほども集まっている。そのなかに、石城と加藤喜春、それに龍源寺の修行僧の良祖までいる。さらに「おたの」という若い女もいる。とくに良祖は坊主頭に小さな頭巾のようなものを被っての見物である。坊主頭が目立つのを避け、僧であることを隠そうとしたのであろう。

描かれた見物人全体の雰囲気は楽しそうにも見える。ただ石城曰《いわ》く「酒に酔ったあまりの興といえども、吾輩《わがはい》の見るべきものに非《あら》ず」といって、しらけていたようだ。思いのほか真面目である。うつし絵の催しが終わって帰ったのはすでに一二時になっていた。

図 160　松村宅の三幅対

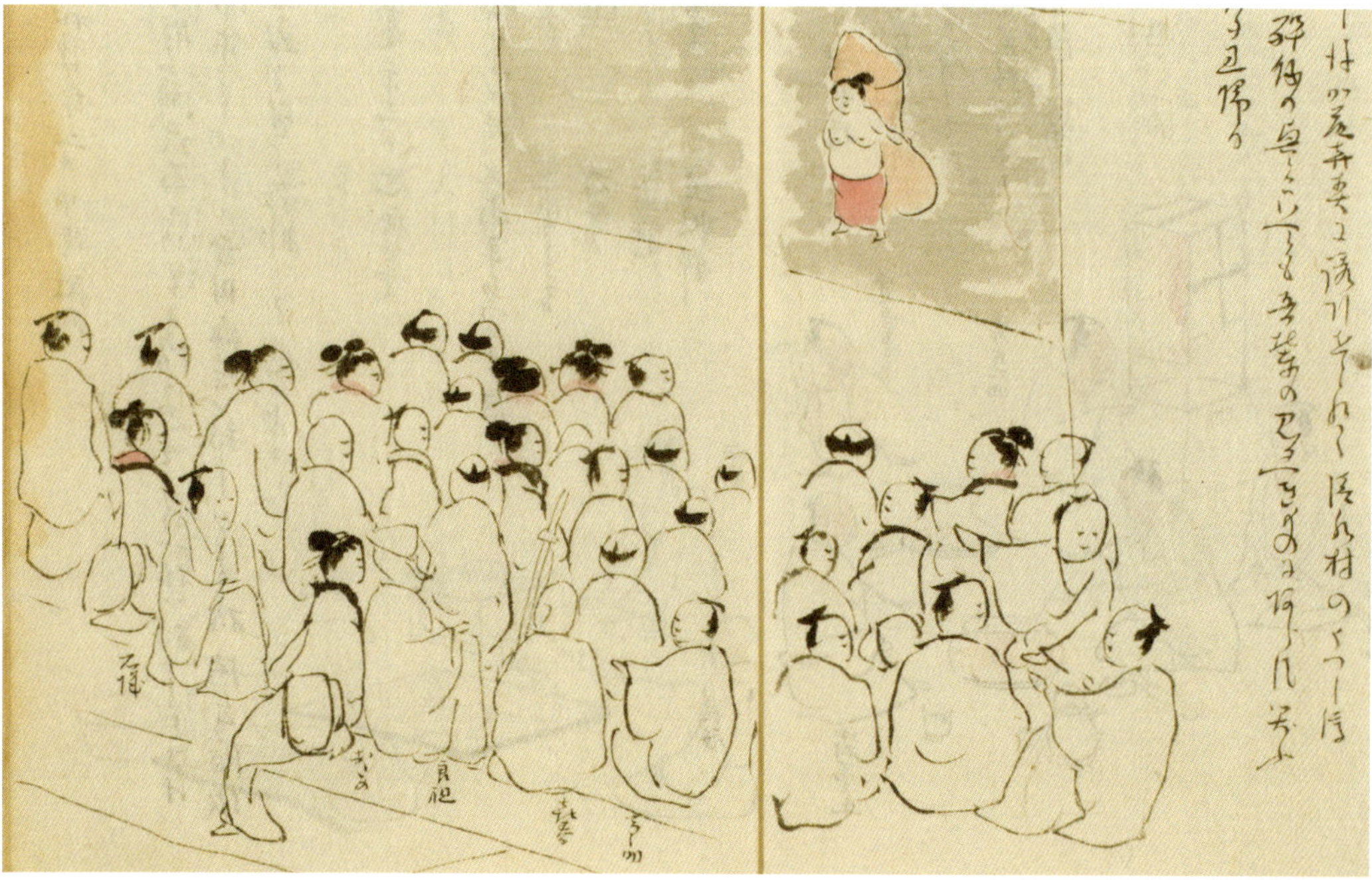

図 161　村のうつし絵見物

第九章——世相と時代

絵日記にはさまざまな世相と幕末の激動に関することも記されている。つぎのそれらのことをみてみよう。

男女の関係—不義密通

—九月七日晴

「昨夜、吉田甚之助《じんのすけ》母、中春《なかはる》の嫁、同道ニ而近付《ちかづき》に来る。右ハ加藤雄助《ゆうすけ》の女《むすめ》にして昨年中より毎日中嶋《なかじま》方へ遊ひに行《いき》し由《よし》、春三郎《はるさぶろう》と密通せしに、当年に至り甚《はなはだ》しく、春三郎家内を追出《おいだ》して此《この》女を迎《むかえ》んと両親に談《だん》せしに、雄助夫婦大《おおい》に怒りて娘を遠方に遣《よこ》したり。然《しか》るに又、雄助春三郎内実相和《ないじつあいわ》して此事《このこと》を津田にたのミて頻《しき》りに諂諛《てんゆ》（媚《こ》びへつらう）せしか、その同人も曲道《まがりみち》をえらはす（選ばず）其《その》旨《むね》に任せ、卒《つい》に一点の罪もなき家内を先月末離別して江戸に帰《かえ》し、未《いまだ》一月を過《すぎ》さるに、今日其女《そのおんな》を娶《めと》りて、けに（とんでもない）、アヽ、世上《せじょう》（世の中）此道《このみち》に砕《くだけ》てふものハ尤《もっとも》（はなはだ）論《ろん》なし。是《これ》をたすけ（助け）、是をすゝむ（進む）るもの則《そく》罪人なり。悪計《あっけい》（邪悪なはかりごと）一端《いったん》時を得るとも豈《あに》（どうして）永久《えいきゅう》あらん。禍《わざわい》遠からす、歎《たん》すへし（嘆くべし）」

わかりやすくいえば、下級武士の加藤雄助なる者の娘が昨年より、同じ下級武士の中嶋春三郎と密通に至る。この二人とも石城の友人であり、彼の自宅にもときどき訪ねてくる。この春三郎には妻と年ごろの娘もいる。しかし春三郎は長年連れ添った妻と別れてでもその娘といっしょになりたいと娘の両親（加藤雄助夫婦）に懇願した。当初はそのことに怒り心頭した夫婦は娘を春三郎から引き離すために遠方の知人に預けるが、しばらくして雄助と春三郎は和解する。結局雄助は人の道よりも娘の気もちの方を選んだわけである。そこで雄助と春三郎は、それが叶うように中級武士の津田に媚びへつらって懇願する。津田は結婚や離縁などのさまざまな事柄を藩へ届け出をする任務にあったらしい。そしてついに先月、春三郎は妻を離縁して江戸の実家に帰すが、それから一か月も経たない今日、その娘を娶《めと》る。

石城はこのことにとんでもないことと驚き怒り、これを進めた者と手助けした者は、則罪人であるとまでいい切る。またこのことを悪計《あっけい》すなわち邪悪なはかりごとともいう。そしてそれは一時のことであって、どうして永くつづくわけがあろうか、いずれ禍《わざわい》が必ずやってくるであろうといいながら、人の道を外れたこの出来事に嘆くこと頻《しき》りであった。

前にのべたように、この加藤雄助と中嶋春三郎は翌年の二月一二日の夜に開かれた津田宅の引っ越し祝いに参加していた。それは図72にみる風景であるが、左手の向こうに二人仲よく並んで酒を飲んでいる。手前に坐って岸左右助と飲み合う石城は、二人の方に目もくれず無視しているようにも見える。また同じ年の正月一二日に津田宅で開かれた福引きには中嶋春三郎の娘が参加していた。それも前にのべたように、図74にみる風景であるが、右手の前にその場を楽しんでいる。おそらく新しく娶《めと》った雄助の娘と同じぐらいの歳ではないか。母が江戸に去っても、自分と同じような歳の新しい義母《ままはは》と実父と暮らせねばならない彼女の気もちはいかばかりであったか、それは想像を絶する哀しみであろう。

江戸時代の不義密通はきわめて重罪であったが、何らかの理由をつけて妻と離別したことを前もって藩に届けていれば問題はなかったようだ。それにしても男優位の制度である。その制度は姦通罪《かんつうざい》として明治以降にも残る。詩人北原白秋が人妻と恋に陥《おちい》り、その夫から姦通罪で訴えられ、東京市谷の未決監に人妻と二人が収監されたのは哀しい事実である。

姦通された武士の妻

前のようなことは他にもある。

—宿月《しゅくづき》（三月）二十四日晴

「風呂をわかす。朝、松村俊平《しゅんぺい》より木《き》瓜《うり》の枝貰《えだもら》ふ。同人事《どうにんこと》、大蔵寺の達宗《たつしゅう》の為に妻を姦通《かんつう》せられ、右の事露顕《ろけん》し、此節《このせつ》御咎中也《おとがめちゅうなり》。妻ハ離別。右木瓜写生、終日かゝる。夜早く臥す」

下級武士友人の松村俊平《しゅんぺい》の妻が大蔵寺の修行僧達宗《たっしゅう》に姦通《かんつう》された。このことが世間に知れ、松村は藩から咎めを受ける。そして妻を離別したという。姦通されたと記しているので、それは不義密通にあたる。このことについての記述はそれだけであり、石城のそれに対する考えは記していない。姦通した達宗とは大蔵寺の修行僧であり、龍源寺にもよく行き、そこで手伝いもしている。よって石城と彼とは日ごろからの顔なじみであり、酒も飲み合う気心知れたあいだである。前にのべた昨年の八月五日には、龍源寺の庭に出した床几《しょうぎ》の上で猷道和尚とともに酒を飲んだ（図99）。また一方の松村俊平も龍源寺によく出かけ、和尚と石城らと交わる（図101）。石城の複雑な思いがうかがわれる。

岡村の娶る相手

石城は親友の岡村のことでもまた悩む。それは彼が娶《めと》ろうとする女のことである。絵日記にはつぎのように記す。

—余月《よげつ》（四月）五日辰碑《たつひ》半（九時）より雨終日

「起《おき》いてゝ蘭菊《らんぎく》根わけ、雨降《ふり》出しかゆへ止《や》む。篦頭《へらず》（髪結い）にて髪月代《かみさかやき》（頭頂を剃り、髪を結う）し、又龍源寺へ至る。岡村甫山会す。一昨日、土屋来りて、甫山事《こと》、同僚なる伊藤庄内《しょうない》の娘を迎《むか》ひ候《そうろう》よし、願書《ねがいしょ》も出候《いでそうろう》趣《おもむき》、同人も殊《こと》の外《ほか》気の毒の由申《よしもう》ス。右娘定女《さだじょ》と申《もうす》ハ、当年十四才にして昨年中より早くも春心《しゅんしん》（好色な気もち）を発し、そこゝの少年とみたり（妄《みだ》り）の事も多く、近隣皆是《きんりんみなこれ》を知る。甫山も常々其事《つねづねそのこと》を申《もうし》てハ忌嫌《きげん》（嫌忌《げんき》＝いやがる）たるものゝいかなれハ不偶《ふぐう》（不遇《ふぐう》＝よい相手にめぐまれず）と申具《しんぐ》（具申《ぐしん》＝詳しくのべれば）、多淫《たいん》の女を娶《めと》る事、旁謂《あまねくいわ》れなし。此事《このこと》、予、切諫《せっかん》（つよく諫《いさ》める）すへしと思ひたれとも、既に願書《ねがいしょ》も出たりとの事なれハ其詮《そのせん》なし（しかたがない）。扨《さて》と苦々敷事也《にがにがしきことなり》と思ひしに、今日、和尚其事《そのこと》を申《もうし》出たるゆへ、予も又甫山と論弁《ろんべん》（論じること）数刻に及ひぬ。去《さる》とも彼人《あのひと》も心改《あらたむ》へきにもあらす、いたつらに（いたずら）に切諫《せっかん》して友の心をやふらん（傷つける）よりも、しハらく(しばらく)世評《せひょう》(世間の評判)をもたゝし（正し）、猶《なお》又申《もう》すへき事も遅からすと決しぬ。八碑（二時）後かへりて書を読《よむ》」

一番の親友のこととあって、石城のこの文はまことに気づかいに溢《あふ》れた心優しい内容である。岡村が娶《めと》ろうとする女は、土屋仁右衛門の同僚なる伊藤庄内《しょうない》の一四歳になる娘であるが、彼女は昨年から多くの少年たちと淫《みだ》らな交際をくり返していた。藩への結婚の願書もすでに出していたが、そのような娘であり、しかもそのことが近隣の噂にもなっており、岡村が気の毒だと土屋はいう。そして龍源寺の猷道和尚もまた心配する。岡村自身もそのような娘の行いを嫌ってはいるが、一人身を長くつづけてきたからなのか、それでも止むなしと考えているようだ。石城は岡村に多淫《たいん》の娘は諦《あきら》めるようにとつよく諫《いさ》めるが、彼の気もちは変わらず、これ以上いいつづけても親友の心を傷つけるばかりであり、しばらくは娘への世間の評判を正しながら様子をみて、それからいうべきことをいっても遅くはないであろうと決心する。

その後、岡村がこの娘と結婚したかどうかは、絵日記がこの四月で終わっているのでわからない。それにしても石城の男女関係への見方は厳しい。

石城の女性観

彼は、この絵日記を書いた三三歳から三四歳までは一人身であった。まだ理想の伴侶《はんりょ》にめぐり会えていないのであろう。絵日記には彼の女性観を端的にうかがえるような記述はあまり出てこない。しかし女性に対しては至って真面目で誠実である。それは女性にかかわる絵日記の文においてもそうであるが、挿し絵の人物表現にもそれをみる。その描く彼の目線はいつも皆と同じ高さにあり、一人一人のさまざまなしぐさとあるときの表情を的確にとらえている。とくに女性の描き方はいずれもしなやかで優しい。それは料亭四つ目屋女将のおよし、山本屋女将の末摘花《すえつむはな》、それに大利楼の女将にそれをみる。なかでもきわめて美しい描き方は土屋の縁者にあたるお逸《いつ》であろう。それらの表現のなかに彼の理想の女性像が込められているように思える。そして文のなかに彼の女性観を直接にうかがえる記述は一か所しかないが、それはつぎのようである。

—仲春《ちゅうしゅん》（二月）十五日晴

「（前略）吾《われ》、常に婦人を見る毎《ごと》に、此女《このおんな》終身、予配偶《よのはいぐう》と為《なす》にたれる（足りる）や否《いなや》を黙算《もくさん》する也《なり》。此《この》よし女、一時の快《かい》を追《おう》るハよろし、終身の嫁と為《なす》へからす。まして父と母とに孝養を尽《つく》す為にハ　企《くわだて》もすへからす」

それは終生夫婦として添い遂げ、父母にも孝養を尽くすという忠孝の儒教的倫理観にもとづいていた。四つ目屋女将のおよしとも仲がよかったようだが、やはりそれは一時の快楽であって、終身連れ添う相手とはみていなかった。この幕末の時代、夫婦の離婚率は意外に高かったが、その風潮に対する反発もあったのであろう。

彼は酒をよく飲み、周囲を楽しませるような愉快さとひょうきんさを持つ。しかし往々にしてはめを外し、またドジも多い。その一方で、絵、随筆、詩歌といった文芸を究め、多くの日本と中国の古典や小説、それに思想哲学書などを幅広く読む。お金はないので、その書物の多くは書肆《しょし》（貸し書物屋）や友人から借りて写し取る。そして幕末の動きにも敏感に反応し、勢いあまって上書で藩政を論じたため、禄と役職を取り上げられて隠居を申し渡される。多感で烈しい一面も持つが、まさに実直な生き方である。それは女性にたいしても同じで、一貫して真面目で誠実であった。

情の心―元太郎兄弟の出家

絵日記にみる世相には情の心を感じる風景が多い。たとえば、石城の寺嶋元太郎兄弟や岸お俊たちへの思いやり、万福寺隠居の元太郎への一朱援助の心づかい、そして重陽《ちょうよう》の日に着ていく寒服《かんぷく》（袷《あわせ》の着物）がないことから仮病して止めようとした矢先、それをどこかで調達してきた養子進の情などがあった。さらにつぎにみる出来事もその風景である。

―**乾月《けんげつ》（四月）十五日晴**

「（前略）龍源寺明日佐野表《おもて》へ出立《しゅったつ》ニ付《つき》、少し内用有之《これあり》。右ハ寺嶋の男児出家いたし度《たく》のそミ（望み）の所《ところ》、和尚も右をあわれに思ひ、其事《そのこと》、世話致すへしと申せしに、寺嶋よりも予にたのミ（頼み）くれとの事、先日相談有之《これあり》。夫《それ》らの事、弥《いや》（いよいよ）、此度《このたび》心当り有之由《これありのよし》、申談《もうしだん》する由《よし》。其旨《そのむね》同人へも申《もうし》くれ、且《かつ》いろ〳〵用事の事も申ス。承知《しょうち》の趣《おもむき》返答いたし帰る」

寺嶋の男児とは、石城が日ごろから面倒をみている元太郎《げんたろう》と牛六《うしろく》の兄弟のことである。母親の寺嶋おすかが二人を出家させたいと、その世話を龍源寺の和尚に頼む。万福寺の隠居が寺嶋家族の貧困を哀れんで一朱援助したが、それほどにひどい貧しさであったようだ。この寺嶋家族も名字を持つことから武士の系譜と思われる。おそらく父は部屋住まいの次三男であったが、すでに亡くなり、二人の子どもの養育はすべて母の手にかかっていたようだ。家の嫡男《ちゃくなん》の子であれば、その父が亡くなっても家禄はその子に引き継がれることもあるが、次三男の子ではそのことも叶わない。和尚も彼らの貧しい暮らしを見かねて、出来るだけ世話をしてやりたいと石城に告げる。すでに石城へも寺嶋の母よりそのことを和尚に頼んでくれとの橋渡しの依頼をされていた。そしていよいよ出家先の心当りが見つかり、そのことについていろいろと申したいことがあるから寺嶋おすかに伝えて欲しいと和尚は石城に頼み、彼は快く承諾して帰宅する。

暮らしの窮乏から出家して仏門に入ることは古来よくあることで、かつての日蓮《にちれん》もそうであり、貧しい漁村の生まれであった。和尚は寺嶋の子どもを不憫《ふびん》に思い、出家先を探して奔走《ほんそう》したものとみられる。どこへ出家したかは、これも絵日記が四月で終わっているので知る由《よし》もない。

篤雲和尚の病

二つめの出来事は長徳寺の篤雲和尚のことである。和術稽古の指南でもある和尚が急な病《やまい》に臥せってしまい、しかも一人暮らしで貧窮していた。それを石城たち武士仲間や町人たち、それに他の寺の和尚たちがともに助けようとする。そのいきさつを正月二十六日の日記につぎのように記す。（原文略）

長徳寺の篤雲和尚が急な病で臥せってしまった。しかもすこぶる貧窮している。

大蔵寺や龍源寺のように修行僧もおらず、一人暮らしであった。よって彼の身のまわりの世話をする人もいない。石城はそのことの相談で龍源寺を訪ねるが、そこには猷道《ゆうどう》和尚と町人の越中屋政二郎《えっちゅうやまさじろう》、それに近くの遍照院《へんしょういん》の和尚もいた。その和尚がいうには、篤雲和尚には確かな弟子と定めし者はいないとのこと。そして美濃屋《みのや》と越中屋が町の世話人に頼んだところ、剃髪《ていはつ》して出家した身なれば、世話は出来かねるといわれたという。そのような藩の規定があったのであろうか。世話をしてくれる人をいろいろと探したが、この篤雲には身寄りはなく、そのような人はいない。よって石城と猷道和尚がさらに話し合って篤雲和尚を龍源寺に引きとることを決める。龍源寺は石城の自宅の近くであり、彼も看病に行きやすいからという。その旨《むね》を一時《いっとき》も早く伝えるために、龍源寺で餅を食べた後に長徳寺の篤雲和尚のもとに駆けつけた。その途中で、お金がないのできちっとした医者にはかかっていないだろうと知り合いの医者の遠藤執庵《しつあん》を訪ねるも、不在であったのでそのまま長徳寺に行く。

　重い病に臥せっている篤雲和尚は苦痛がつづいていた。どうしたのか和尚、日頃の豪快な元気はどうしたのか、といっていたわり励まし、龍源寺に引きとって猷道和尚と自分とで世話をするから安心して何でもいってくれというと、篤雲和尚は大いに喜んで、後々のことも話し合いながら速やかにその意向に従うとのべる。それからこの地域の世話人である町人の佐野屋の家に行って、これまでのいきさつと今後を話し、ここで医者の執庵へ書状を出して篤雲の診察を依頼する。

　そして石城は「ほくちゃ」という店に立ちより、寺の古道具をその店に預ける旨と、またそれを他の人に貸してもよいということを伝える。

　その帰りに、これらのことを岡村（甫山）と土屋にも話すべく、まず岡村の家に立ちよるが、不在であったので土屋宅に行く。そこに岡村がちょうどおり、そのことを聞いた彼は今からすぐに見舞いに行くというので、石城といっしょに一旦岡村の家に戻る。そこで岡村は、篤雲

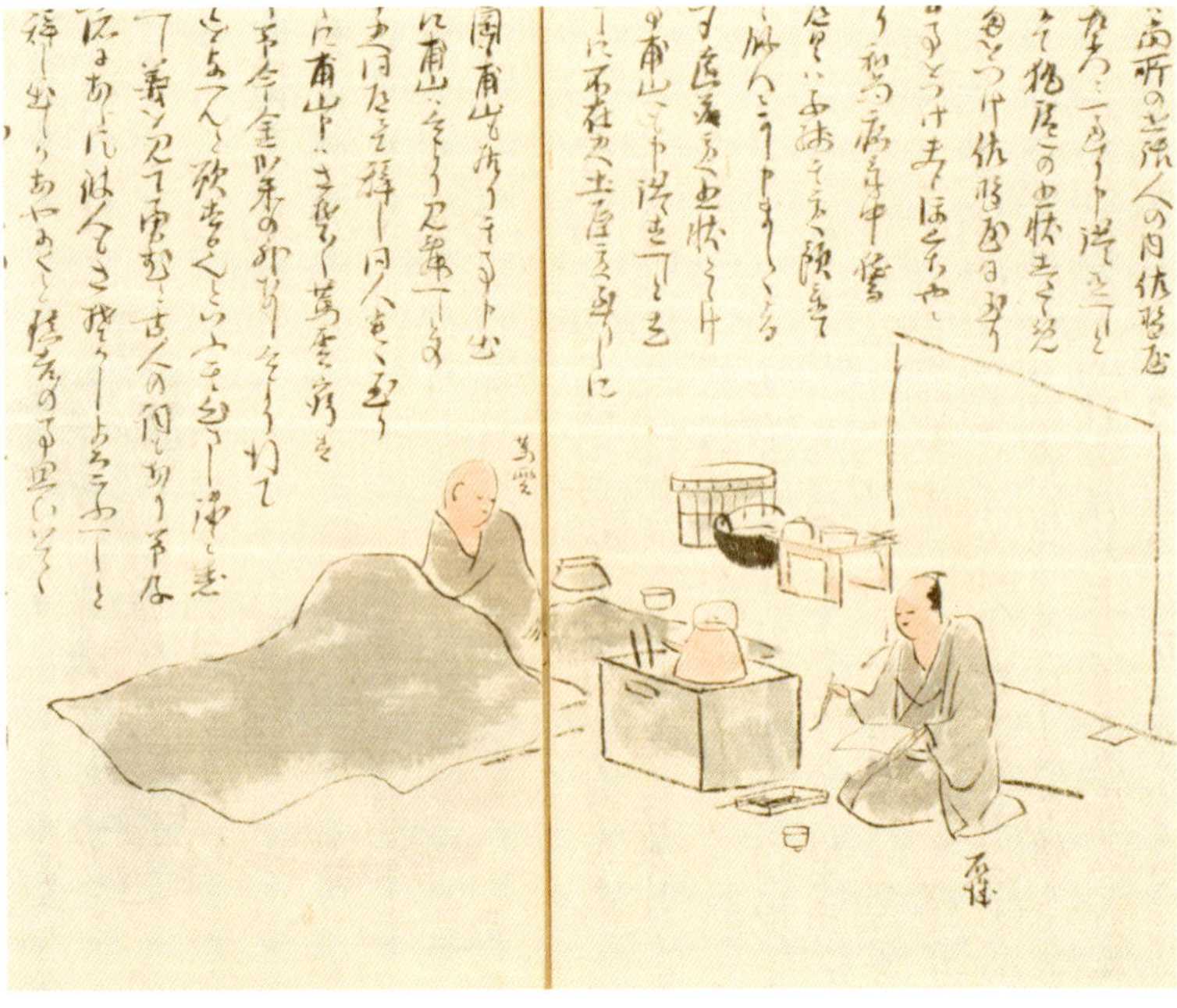

図162　篤雲和尚の病

和尚は病気ゆえさぞかし貧窮しているだろうと、有り金弐朱すべてを篤雲に差し出すという。石城はその行為に感心して「義を見て勇《いさ》む」のことばを示し、自分は今、持ち合せがないのでそうはできないが、岡村の志《こころざし》に篤雲和尚はさぞかし喜ぶであろうと記す。図162は、石城が長徳寺に駆けつけたときの風景である。篤雲和尚は寝床から必死になって起き上るが、その表情は今後のことに安心しているようにも見える。寝床の枕元近くに整然と置かれたお櫃と鍋と木具膳が印象的だ。和尚は食事の用意が出来ないので、いったい誰がしたのであろうか。それは和術稽古に通っていた町人の弟子たちかもしれない。石城は角火鉢のそばで、「ほくちゃ」に預ける古道具の明細を書いているようだ。それにしても身寄りもなく、貧窮している一人暮らしの篤雲和尚に、石城たち下級武士仲間と龍源寺の和尚、それに町人たちが温かい手を差しのべ奔走するこの風景はまさに利他《りた》にもとづく情の心といえよう。

快復した篤雲和尚

篤雲和尚はその後、どうなったのか。幸いにも快復し、龍源寺には行かずにすんだようだ。そのことを二日後の絵日記につぎのように記す。

—正月二十八日

「(前略) 土屋また参《まい》りて、先判《せんぱん》、篤雲方を見舞候所《そうろうところ》、昨日、執庵参り療治《りょうち》ニ及《およ》ひ候処《そうろうところ》、大《おおい》に気分もよろしく元気つきて聞く。此分《このぶん》にてハ龍源寺へ参《まい》り候《そうろう》ニも及《およぶ》ましく、先々《さきざき》御安心下《くだ》され度《たく》趣申候《おもむきもうしそうろう》まゝ早速御《さっそくお》しらせ申候との事也。予も大《おおい》に安心せり。あゝ人々の厚意《こうい》、篤雲もさそかし歓《よろこ》ひ成《なる》へし。夕粥《ゆうがゆ》を煮《に》、油揚《あぶらあげ》三まい求め食す。和尚常々独居《つねづねどっきょ》にてハ甚困《はなはだこまり》せりと申《もう》せしか、予、終日爰《ここ》におりてさそかしと思ひぬ。来る人ハ小野田小十郎《こじゅうろう》、土屋、小山外《ほか》、政二郎、忠二郎、お信《しん》、美濃や、お富《とみ》なれとも其内《そのうち》飯をかしき(炊き)、夫《それ》ニ用事あり」

土屋がきて申すには、先般、長徳寺に篤雲を見舞った折り、昨日執庵が治療にこられ、大分よくなりつつあるとのこと、この分では龍源寺に行くには及ばず、ご安心下されという。石城はそのことを聞いて大いに喜び、この度の人びとの厚情に篤雲和尚もさぞかし喜んでいるだろうと記す。彼はそのことに気をとられて夕飯を食べていなかったらしく、さっそく粥《かゆ》を煮て、おかずに油揚《あぶらあげ》三枚を買い求めて食事をする。

石城はこの日の早朝、すでにのべたように、龍源寺の猷道和尚に頼まれて寺の留守番をしていた。そして午後に自宅に帰って夕方までそこで過ごすが、そこへ土屋がやってきたわけである。

石城は思う。篤雲和尚はふだんから一人暮らしではなはだ困っているといっていたが、自分は家族のいるこの家に終日いて、篤雲の大変さはさぞかしと思うという。また今日の夜遅くには、土屋を始め、多くの友人たちがわが家にやってくるが、そのうち飯を炊いて皆に食事を出す。篤雲和尚は一人身で暮らしているが、自分は妹夫婦や大勢の友人たちに囲まれて暮らしている。そのことの幸せをしみじみと噛みしめるのであった。

さらに七日後には篤雲和尚の快復した姿が挿し絵に描かれ、石城、岡村(甫山)、そして小弥太たちが見舞いにきていた。

その風景が図163である。

篤雲はまだ寝床を敷いたままであるが、起き上って皆に細やかでおいしいお茶をご馳走する。そのために角火鉢に掛けられた大きな薬缶《やかん》で湯を沸かす。和やかな雰囲気だ。そこへ紙商店の盛田屋の丁知《でっち》(丁稚)が石城が注文した美濃紙《みの》と和唐紙《わとう》を持ってきた。まだ幼くて可愛いらしい丁稚さんである。その紙料金は六一二文であった。当時の紙代は非常に高かったようだ。やがて石城たちは長徳寺を辞す。彼は自宅に戻り、薄暮より辛子を制し、豆腐とで酒を一杯飲む。その辛子は辛子種をすり潰してつくり、石城の大好きな料理の一つだ。

さらにそれからが忙しい。浪二郎から頼まれていた屏風絵を持って行き、帰り道に学問仲間の川の舎から雪踏《つまご》を借りる。雪で道がぬかるんでいたのであろう。それから叔父の津田宅に寄り、借りていた草双子一五巻を返し、それから中級武士の青山又蔵宅を訪ねて過日の礼をいう。そして夜には、またやってきた小弥太と二人で土屋宅に行く。そこで小弥太と別れて岡村宅を訪ねるが、ちょうど下級武士の友人笹岡と越智がおり、皆でいっしょにまたまた土屋宅を訪ねる。土屋宅では餅と茶が出され、夜遅くまで皆で雑談にふける。その帰りに岡村宅に立ちより、瀬戸焼きの花瓶を借りて帰る。おそらく大好きな水仙を生けるためであろう。

今日はこのようにすさまじいまでの友人たちとの濃密な付き合いであった。そのことは石城だけではなく、土屋や岡村たちも同じである。

世相を皮肉る

石城はつぎのような世相の面白い皮肉も絵日記にしたためている。これは土屋が書いたのをそのまま写したものであるが、よほど気に入ったのであろう。その一部をつぎに示そう。

○早いもの…外国行《ゆき》立身、巧見《くみ》せの直し

・当時は許可を得て外国に行けば重宝がられて早く出世したという。それだけ外国の情報が欲しかったのであろう。同じく早いのは見世物小屋の役者の早変わりであった。

○役にたちそうでたたないもの…雷よけくすり、見付番人

・雷は当時も恐れられていたようだ。雷よけのくすりを付ければそれを免れるという。しかし誰も本当に役にたつとは思っていない。同じように町内ごとに設けられていた木戸門を監視する番人もただいるだけで何の役にも立たないと皮肉る。

○こわそうでこわくない…海岸の大筒《おおづつ》、芝居の化物

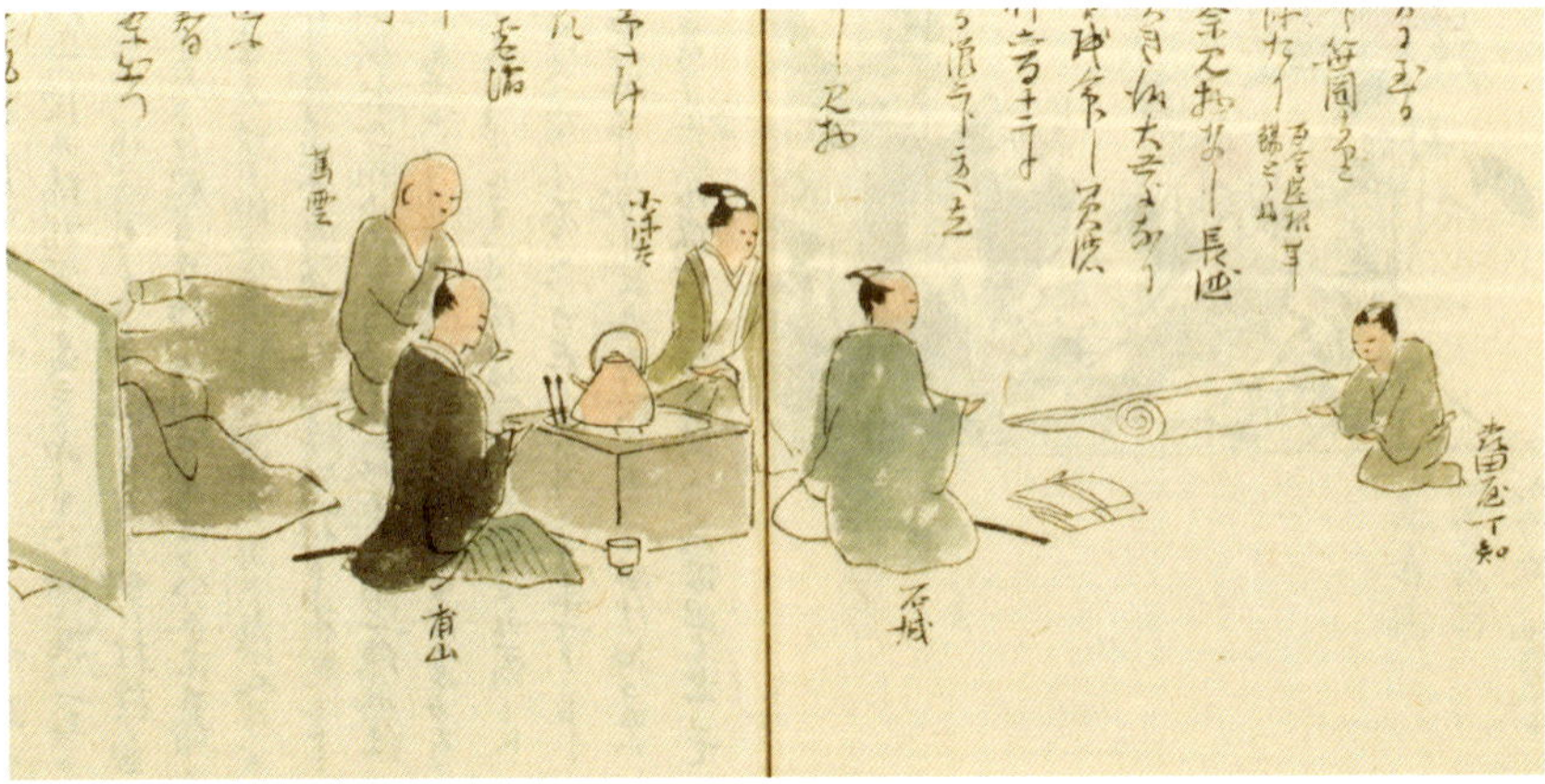
図 163　快復した篤雲和尚

・外国船の襲来に備えた海岸の大砲はちゃちなもので怖くはないという。一方芝居小屋の化け物も同じであった。

○大きに御苦労…西丸下《にしのまるした》の下り藤、夏の自身番

・城の西の丸下には見事な下り藤があった。多くの藤の花房を吊り下げるのは本当にご苦労さまといいたい。一方木戸門（自身番所）に一日中立つ番人も、夏の暑い日は本当にご苦労さまである。

○ちいさくなった…さぬきの隠居、やきとうふ

・しばらく見ないあいだにさぬきの隠居爺さんはさらに縮んで小さくなったが、焼き豆腐も値上がりはしないが、どんどん小さくなっているようだ、という。

○尻の出てもかまわない…小石川の旦那《だんな》、茶店の新造《しんぞう》（若い女房）

・小石川の旦那は着物の後ろをまくり上げるという尻端《しりはし》折りの姿で尻をよく見せる。

これはこれでよいのだが、忙しく働く茶店の若女房もそのような姿で尻を見せてくれれば目の保養にもなり、楽しいことだろう。

時代の激動―飢餓と夷人乱入

このような石城たちの暮らしがつづくなかで時代は大きく激動していた。絵日記の八年前には、すでにペリーの率いる黒船が浦賀に来航し（嘉永《かえい》六年・一八五三）、翌年にも横浜に上陸している。そして二年前には安政の大獄《たいごく》（安政五年・一八五八～安政六年・一八五九）があり、橋本佐内《さない》、吉田松陰《しょういん》らが処刑される。また昨年は桜田門外《さくらだもんがい》で井伊直弼《いいなおすけ》が暗殺された。

時代の波はこの静かな地方城下町にも押しよせつつあった。絵日記にもそのような出来事と事件が多く記される。それは出来事からかなり経っての話もあるが、世を揺れ動かすような大事件は数日のうちにこの城下町にも伝わっている。

天保《てんぽう》の大飢饉《だいききん》は前者であり、前にみた篤雲和尚の病を見舞った正月二六日の絵日記のなかにつぎのような文がある。

「（前略）昨夜、龍源寺客僧物語りに、天保八年飢饉の節、京にありしか六波羅《ろくはら》か、南無《なむ》地蔵と申す有《あり》。広野《ひろの》にて此処《ここ》に千人塚ありて、七本の塔婆《とうば》今に是《これ》あり。七千人餓死《がし》なり。其頃中夜《そのころちゅうや》（夜半）に至れハ、ひたるし（ひもじい）〱と申《もうす》声、啾《しゅう》（すすり泣き）ゝ《しゅう》と聞《きこ》ゆるを現にしりと申ス」

天保八年（一八三七）といえば、絵日記より二四年も前のことである。それが全国を行脚する修行僧によって、大飢饉の惨状が今なお語り伝えられていく。それにしても京都において七千人の人びとが餓死で死んだとは驚きである。広野の墓にはたった七本の塔婆があるだけで、夜が更けると、ひもじいとすすり泣く声が今も聞こえるという。

客僧の多少の妖気な話し方もあるが、餓死者の人数は案外真実かもしれない。史料にみる幕府に届けた被害者の人数は、上を気にして少なく見積もる傾向にあったからである。

近年の出来事もやはり行脚僧によって伝えられる。それは前に見た寺の風景のところ、八月六日の清善寺での集まりに納所《なっしょ》の普明《ふめい》がいたが、彼も旅する修行僧であった。その話をつぎのように記す。

「（前略）納所普明主ハ天草の者なり。同人はなしに、天草へハ、夷人《いじん》乱入いたし、美女を掠取《かすめとり》、塩噌《えんそ》（塩と味噌）を奪ひ甚《はなはだ》し、細川侯と境《さかい》を構《かまえ》し居れとも、熊本の方へハ一切《いっさい》足をいれす。熊本より囲《かこみ》の人数七百人ほとも出居《でい》候由《そうろうよし》」

その夷人《いじん》とはどの国で、またいつごろかはわからないが、ペリー来航前後のことであろうか。このような出来事は尾ひれが付いて話が大げさになりやすいので、真実とはにわかに信じられないが、天草に外国人が上陸したのは事実であろう。やはりこの時代、日本はいろいろな国から侵入されていたようだ。その点、ペリー一行のふるまいは紳士的であったのかもしれない。

ただし夷人とは未開人、野蛮人などという蔑視《べっし》用語である。よって攘夷《じょうい》とは、開国を阻止してそのような外敵を打ち払うことを意味する。

坂下門外の変

開国を押し進める老中の安藤信正《あんどうのぶまさ》が尊王攘夷を掲げる水戸浪士に襲撃された坂下門外《さかしたもんがい》の変はちょうど絵日記の最中に起こっている。それは文久二年(一八六二)の一月一五日のことであった。そのことはまもなくしてこの城下にも伝わる。九日後の二四日には、安藤が幕府に出した襲撃事件の届け出（書付《かきつけ》）の写しが土屋から石城の手元に渡り、それを絵日記にまるごと書いている。そのような幕府にしかわからない重要な書付が、江戸から一五里も離れたこの小さな城下町に、それもふつうの下級武士たちの手元に写しとして出回っていたとは驚きである。幕府の誰かがそれを外部に流したのであろう。

最初のたった一枚の書付があっというまに何枚も写し取られて全国の城下に流布し、それがさらに拡大して行く。江戸時代において、すでに迅速な情報伝達の早さとその広がりがあったようだ。その写し取られた書付をつぎにみよう。

—正月二十四日

「夙《つと》に起《おき》（早く起床し）、拝畢《はいひつ》（四方の礼拝を終える）。昨夜土屋か借《かり》し書付《かきつけ》。今朝《けさ》登城《とじょう》掛《かけ》坂下《さかした》御門《ごもん》下馬《げば》ニ而《て》、狼藉者《ろうぜきもの》鉄砲を打掛《うちかけ》、七八人程《ほど》抜刀《ばっとう》を以《もって》、左右より駕籠《かご》江切込《きりこみ》候付《そうろうつき》、供方之者《ともがたのもの》防戦致し、狼藉者六人打留《うちとどめ》、其余之者《そのよのもの》ハ逃去《にげさり》申候《もうしそうろう》、拙者儀《せっしゃぎ》指揮之義指揮之内、少々敷《しょうしょうしき》（僅かの）怪我《けが》候付《そうろうにつき》、坂下御門御番所ニ而手当《てあて》致し候得共《そうらえども》、出血等《など》も有之候付《これありそうろうつき》、一ト《ひと》先《まず》致帰宅《きたくいたし》、御供方初《はつ》手負《ておい》之者共も有之候由《これありそうろうよし》、相記《あいき》追而《おって》御《お》届《とどけ》可申達候《もうしたっすべくそうろう》、以上。正月十五日　安藤対馬守《つしまのかみ》」

さらに二八日の絵日記には、この事件の風説が石城にも伝わり、それをつぎのように記している。先にみた書付の内容は当然のこと安藤側からの一面的な報告文であって、つぎの文は事件を客観的にみた具体的な真相のようだ。

—正月二十八日

「（前略）先日安藤侯《こう》、登城の節、訴訟《そしょう》の体《てい》ニて一人駕籠脇へ躙寄《ふみより》し倶《とも》の者ともあやしみしと見て直《ただち》に短筒《たんづつ》を打《うち》かけそのまゝ逃出《にげだ》しけるにぞ、すハ（あっ）狼藉者かと二三人追《おい》かけ、駕籠脇まはら（疎《まば》ら）に成《なり》し所《ところ》を六人一同に抜込《ばっこみ》、その隙《すき》に安藤ハ逃出《にげだ》しを長柄持《ながえもち》の者《もの》かけ（物陰）へたてし（立てし）、浪士を防《ふせ》て門風（門のように）にて長柄ひらき益楯《ますだて》（駕籠の戸を開いて楯を増やす）になり、めん倒《どう》なりしを長柄こしに突抜《つきぬき》〳〵しけるか、安藤候に当《あた》りたり、切口《きりくち》ハ二《ふた》はりほとなれとも突疵《つききず》（傷）ゆへ大切《たいせつ》（重傷）にも及ふへきよし風説なり。右の内、惣髪《そうはつ》の者、法体《ほったい》の者も有之《これあり》、いつれも懐中脇差《かいちゅうわきざし》一《ひと》腰《こし》にて□たくよし、各懐中《おのおのかいちゅう》へ一封《いっぷう》の書簡を持せしと申ス。先より大橋順庵《じゅんあん》揚《あげ》屋《や》（牢獄）入仰付《いりおおせつ》けられ候由《そうろうよし》。右、水戸浪士と内通せしとも、又は和宮御《かずのみやおん》下向《げこう》の事ニ付《つき》、きひしく（厳しく）せしゆへとも申ス」

　この二つの文のちがいは、前者の書付では安藤が毅然として狼藉者に対処したことになっているが、後者の風説では、安藤は逃げ出して長柄持《ながえもち》（駕籠《かご》）の後ろに隠れ、それを浪士たちが長柄越しに安藤を何度も刀で突き刺し、その傷口は深くて重傷とも記す。また浪士は一封の書簡を持って突撃している。そして浪士のなかには惣髪《そうはつ》の者、すなわち月代《さかやき》を剃《そ》らず、頭の髪をばさばさに伸ばした者や、法体《ほったい》すなわち僧のような姿をした者もいたという。浪士たちはまさに食うや食わずの窮した暮らしから決起したのである。この忍藩にも水戸浪士の尊王攘夷《そんのうじょうい》の考えと同じにする者もいたようで、その一人の大橋順庵《じゅんあん》なる武士はすでに牢獄に入れられていた。それは水戸浪士と内通したとされ、また昨年の和宮《かずのみや》下向《げこう》警備との関連も疑われるという。

水戸浪士の斬奸趣意書

　石城の心に共鳴するのも水戸浪士のその姿と純粋さである。まして彼は藩政を批判して禄を取り上げられ、窮する身でもあったからなおのことであろう。そして水戸浪士の各藩士たちへの呼びかけ文も岡村から石城の下に届いている。石城が仕える忍藩領主は親藩の松平氏であり、幕府側であったから、水戸の動きには絶えず神経をとがらせ、藩内にも目を光らせていたはずである。

　それにもかかわらず、このような文書が石城たち武士のあいだに出回っていたことは、やはりそれに共鳴する空気がこの藩にもあったからであろう。それは何も尊王攘夷の思想には賛成せずとも、また彼らのテロリズム的な過激な行動に同意できずとも、藩上層部における閉塞《へいそく》した状況を打ち破ることへの一種の期待感にほかならない。その文書は「斬奸趣意《ざんかんしゅい》書《しょ》」という内容である。すなわち汚れた為政者を斬り殺すことへの賛同と決起を促すものであった。

「斬奸趣意書

　申年《さるとし》三月赤心《せきしん》報国《ほうこく》之《の》輩《ともがら》（仲間）、御《ご》大老《たいろう》井伊《いい》掃部頭《かもんのかみ》殿を斬殺《ざんさつ》ニ及《およぴ》、毛頭《もうとう》幕府に対し奉《たてまつ》り候《そうらい》而《て》、異心《ことごころ》（反逆心）を挟《はさみ》候《そうろう》儀《ぎ》は無之《これなく》。掃部頭殿執政《しっせい》に在《ある》以来《いらい》、自儘《じまま》（好き勝手）の権威而已を振《ふり》、天朝《てんちょう》（朝廷）を蔑如《べつじょ》（さげすむ）奉《たてまつ》り、只管《ひたすら》（一途に）夷狄《いてき》を恐怖致し候《そうろう》心情《しんじょう》より、慷慨《こうがい》（憤慨する）忠直《ちゅうちょく》（正義）之《の》戦士を悪ミ、一己《いっこ》（自己のみ）之《の》威力を示さんか為ニ奸《かん》謀（策略）を相廻《あいまわ》し候体《そうろうたい》、実ニ神州《しんしゅう》之罪人ニ御座《ござ》候故《そうろうゆえ》右之巨奸《きょかん》（巨悪）を倒し候《そうらい》而《て》、自然於《しぜんにおいて》

幕府御悔心《ごかいしん》（くい改める心）も出来させられ、向後《こうご》（これから後）は天朝を尊《たっと》シ、夷狄を悪ミ、国家の安危《あんき》（安全と危険）、人々の向背《こうはい》（成り行き）に御心《おこころ》を付けさせられ候事《そうろうこと》も可有之《これあるべく》と存込《ぞんじこみ》、身命《しんめい》を抛《なげうち》、及奸殺候処《およびかんさつそうろうところ》、其後一向《そのごいっこう》（全く）御悔心《ごかいしん》之《の》御模様も相《あい》見へ不申《もうさず》。弥《いや》（ますます）御暴政《ごぼうせい》之筋《のすじ》而已《のみ》ニ成行候事《なりゆきそうろうこと》ニ而《て》、幕府之御役人一同《いちどう》之罪ニは候得共《そうらえども》、畢竟《ひっきょう》（最終的に）ハ御老中安藤対馬守《つしまのかみ》殿、井伊執政之時より同腹《どうふく》ニ而《て》暴政之手伝ひ致《いた》し。（中略）皇国《こうこく》之《の》形勢委敷《けいせいくわしく》、彼等ニ相教《あいおしえ》へ、近頃は品川之《の》御殿山《ごてんやま》を不残《のこらず》彼等達へ貸《かし》遣候《つかわしそうろう》、江戸第一の要地を外夷狄共《がいいてきども》へ渡し候類《そうろうのたぐい》ハ、彼等を導き而《て》我国を取《とら》しめ（占領し）候も同然の儀ニ有之《これあり》。其《その》上《うえ》、外夷狄応接之儀は、差向《さしむかえ》ニ而《て》密談数刻《すうこく》ニ及《および》、骨肉同様《こつにくどうよう》ニ親睦致《しんぼくいたし》候《そうらい》而《て》、国中《くにじゅう》忠義ニ骨憤《こっふん》（奮い立つ）之《の》者共《ものども》を却《かえっ》而《て》仇敵《きゅうてき》之《の》意《い》へに忌嫌《いみきら》ひ候段《そうろうだん》、国賊ニも

有余事《ありあまること》ニ御座《ござ》候故《そうろうゆえ》、対馬守《つしまのかみ》殿長々執政《ながながしっせい》致《いたさ》れ候而《そうらいて》は、終《つい》ニは天朝を廃し、幕府を制し、自ら謀罰《ぼうばつ》を外夷ニ請《うけ》候様《そうろうさま》ニ相成候《あいなりそうろう》儀明白之事《ぎめいはくのこと》ニ而《て》、言語同《ごんごどう》（道）断不届之《だんふとどきの》至所行《いたるしょぎょう》と可申《もうすべく》、既《すで》ニ先達而《せんだって》シイホルト申《もうす》醜夷《ひい》ニ対し、日本之政勢《せいせい》ニ携《たずさわ》り呉候様相頼候《くれそうろうさまあいたのみそうろう》風評《ふうひょう》も有之候《これありそうろう》ニ付《つき》、対馬守殿存命《ぞんめい》ニ而《て》ハ数年を不出《でず》して、各国神霊之運（道）を廃し、耶蘇耶教《やそやきょう》（キリスト教）を奉《ほう》して君臣父子之大倫《くんしんふしのたいりん》（大なる道理）も忘れ、利欲攘奪《じょうだつ》（盗み奪う）之《の》筋而已《すじのみ》ニ落入《おちい》り、夷狄同様禽獣《いてきどうようきんじゅう》（鳥や獣）之挙《のきょ》（振る舞い）ニ相成候事《あいなりそうろうこと》ニ《に》存候《ぞんじそうろう》由《よし》。微臣《びしん》（取るに足らない臣下）共痛哭《どもつうこく》流涕《りゅうてい》（涙を流して泣き叫ぶ）大息《だいそく》（溜《た》め息《いき》）之余《あま》り無余儀《よぎなく》奸邪之小人《かんじゃのしょうにん》を令斬戮《ざんりくせしめ》（斬り殺せり）、上《かみ》は天朝幕府、下《しも》ハ国中之《くにじゅうの》万民共夷狄《ばんみんどもいてき》と成果候処之《なりはてそうろうところの》禍《わざわい》を防候《ふせぎそうろう》儀《ぎ》ニ御座候《ござそうろう》。先頃《さきごろ》も公辺《こうへん》（公儀《こうぎ》）に対し奉《たてまつ》り、異心《ことごころ》（反逆心）を存候儀《ぞんじそうろうぎ》ニは無之候由之肯状而申候《これなくこれそうろうよしこうじょうてもうしそうろう》、此処《ここ》井伊安藤ニ奸之遺轍《かんのいてつ》（これまでの道）を御改革遊《あそば》され、外夷《がいい》共を攘退《じょうたい》（追い散らす）ニ而《て》叡慮《えいりょ》（天皇のお考え）を慰《なぐさ》め給《たま》ひ万民を御救遊《おすくいあそば》され候而《そうらいて》。（中略）何卒《なにとぞ》、此度《このたび》御勘考遊《ごかんこうあそば》され、傲慢無礼之外夷共《ごうまんぶれいのがいいども》を疎《そ》割《かつ》（粉砕）して神州之御《ご》国体も幕府之御威光《いこう》も相立《あいたて》、大小之士民《しみん》（武士と民）迄も一心合体候而《いっしんがったいそうらいて》、尊王攘夷《そんのうじょうい》之大典《たいてん》（大なる法）を正し、君臣上下《くんしんじょうげ》之大倫《たいりん》（大なる道理）を明《めいに》して国家と死生《しせい》を共ニ《に》致候《いたしそうろう》様《さま》ニ御所置願度《ごしょちねがいたく》、是則臣等身命《これそくしんなどしんめい》を抛而《なげうちて》奸邪《かんじゃ》を殺戮《さつりく》して幕府要路《ようろ》（重要なる藩）之《の》諸司《しょし》（諸士）へ熟願愁訴《じゅくがんしゅうそ》（歎き訴える）する所之微忠《ところのびちゅう》（ささやかな忠義）ニ御座候《ござそうろう》。誠恐謹言《せいきょうきんげん》（心から恐れ謹んで申します）。

水戸浪人　内田万之助《うちだまんのすけ》」

まさに諸藩の志士にたいしてともに決起することを呼びかけた尊王攘夷の趣意書である。

とくに身命《しんめい》を抛《なげう》って奸邪《かんじゃ》を放逐《ほうちく》すべしとの訴えには石城も心動かされたであろう。その絵日記の終わりには、

「斬奸書《ざんかんしょ》をよむ時ハ奮烈《ふんれつ》（奮い立つ）の気《き》（心）、生《しょう》して、一身《いっしん》ハ天下の為に毛髪より軽し、予、百年の生命を保つにあらす、この義党に組して奸人《かんじん》を一刀《いっとう》なりとも討《うち》はやと、心しきりニ（頻りに）いらたつ（苛立つ）」

と記す。

それは尊王攘夷への大義への共鳴もあるが、むしろ彼の藩政への不満、苛立ち、失望とつよく重なる。

この尊王攘夷の発信地は水戸藩であり、その中核は急進派の天狗党であった。翌々年の元治《げんじ》元年（一八六四）三月、彼らは筑波山《つくばさん》で決起する。ところがしだいに幕府軍に追い詰められ、京都の禁裏《きんり》（御所）御守衛総督の任にあった一橋慶喜《ひとつばしよしのぶ》を頼って西に向かう。朝廷へ尊王攘夷を訴えるためであった。

しかしこの年の一二月、苦難の長い道のりを経てやっとたどり着いた越前今庄《いまじょう》から急峻な山の上にある雪深い木《き》の芽《め》峠を越えて敦賀《つるが》の新保《しんぼ》に下ったが、そこに待ち受けていた幕府軍に包囲され無念にも降伏する。

彼らがいちるの望みとして頼りにした水戸藩出身の慶喜は、何と天狗党討伐《とうばつ》を自ら朝廷に願い出て追討軍の総大将になっていた。それに心砕け、力尽きてしまったのであろう。総勢八二八名であり、そのうち三五二名が処刑され、しかも水戸にいる家族縁者たちにも容赦のない処罰が及んだという。その僅《わず》か四年後に明治維新となるが、いつの世も、そのような痛ましい若い命の犠牲の上に時代が大きくうねり、よくも悪くも時代は変わる。

第十章――ふたたび自宅の風景

突然の自宅謹慎

　穏やかな日々がつづいていた師走《しわす》の中ごろに思いがけず進に自宅謹慎が命ぜられた。二か月前の足軽集会においての過《か》酒《しゅ》による不行《ふぎょう》がその理由である。そのことをつぎに記す。

―十二月十八日晴

「二幅対《にふくつい》（二幅で一対の掛け軸）出来。午後、笹岡来《きて》遊ふ。同人江全唐紙たのミ。同夕より行田へ出て道ニて篤雲にあふ。同人へ歳暮ワたす二朱。夫《それ》より金蔵方にゆき、爰《ここ》にてさけ出《いで》つ、やきつきの事たのむ。かへり土屋に遊ふ。今日、浪二郎《なみじろう》に二幅対表具たのむ。四ッ半（一一時）後かへりしに皆々いまた（未《いま》だ）臥さす。今夕さし紙（差し紙＝日時を指定した藩の呼び出し状）到来《とうらい》せしとの事也。奥山名代《みょうだい》に届《とどけ》しとの由物語《よしものがたり》る。九ッ（一二時）過《すぎ》、捨二郎《すてじろう》（奥山）かへり来る。御書付受取《おかきつけうけとり》、去々《さるさる》十月十二日夜、過酒《かしゅ》の上、不行跡《ふぎょうせき》の儀《ぎ》有之《これあり》の趣《おもむき》不埒《ふらち》（ふとどき）の至《いたり》ニ付《つき》、小普請入逼塞被仰付《こぶしんいりひっそくおおせつけられ》候由《そうろうよし》なり。身のあやまち（過ち）せし事、今更《いまさら》いたし方なけれとも、不政の咎《とが》めニて洩《も》る々もの（いいたい事）も少なからぬハ不便の事也。此上《このうえ》ハ家事《かじ》（家の事のみ）の貧《ひん》（不十分）を治め不時《ふじ》（思いがけない時）なきやう心かくる（掛ける）事、専一《せんいち》なるへし（その事だけにしよう）と申ス。当秋中小足軽集会の事ニ付、頭取《とうどり》のもの三人隠居御知《おち》行《ぎょう》被取上《とりあげられ》、残り差控《さしひかえ》、御物頭《おものがしら》また御馬《おうま》廻《まわり》十八人差控、屋美門左衛門《やみもんざえもん》倅馬廻《せがれうままわり》被仰付逼塞《ひっそくおおせつけられ》のよし、寄合《よりあい》当冬御迎《おむかえ》ニ出候節《いでそうろうせつ》、大宮ニて遊興《ゆうきょう》ニ《に》及《およ》ひしよし、渡辺善左衛門《ぜんざえもん》寄合格差控被仰付候《よりあいかくさしひかえおおせつけられそうろう》よし。すへてハ（全ては）百八十人余《あまり》と申ス。不政とし〳〵《どし》（年々）に長ス（長く）歎《たん》すへし（嘆くべし）。（後略）」

　午前中に頼まれていた軸物絵をやっと画《えが》き上げ、午後から笹岡、篤雲和尚、土屋などと会い、一一時ごろの夜遅くに帰ってみると、いつもは寝ているはずの皆が起きていた。理由を聞いてみると、夕方に藩からの差《さ》し紙《がみ》（呼び出し状）が届き、名代《みょうだい》として友人の奥山の養子（捨二郎《すてじろう》）が役所まで行っているという。一二時過ぎに捨二郎が帰り、藩からの書付を進に渡す。

　それは逼塞《ひっそく》、つまり昼間は家の戸を閉じて謹慎《きんしん》せよ（閉居《へいきょ》または閉戸《へいこ》）という咎《とが》めであった。ただし夜は潜り戸から人目につかず外に出ても構わないという。

　咎めの理由は、昨年一〇月一二日の夜に中小足軽集会が行われたが、そこで過《か》酒《しゅ》による不行《ふぎょう》に至り、それはまことに不埒《ふらち》な行為であるからという。酒を飲んで当直に登城するのも珍くない当時において、過酒の上の不行にたいして咎めを行うのはいかにも唐突である。おそらく酒の勢いで藩政批判を喋《しゃべ》ったために、それを洩《も》れ聞いた重役たちがカチンときたのであろう。

名代の奥山養子が藩からの書付を進に手渡し、それを読んでいる風景が図164である。進は辛そうに読み、妹の邦子は心配そうに後ろでみている。石城はすこし離れた櫓こたつでその様子を眺めている。

この咎めを受けた足軽の下級武士はかなり多く、一八〇人あまりにも及んだという。とすれば足軽集会に参加していた武士たちの多くが咎めを受けたとみられ、まさに藩の破れかぶれの処罰といえる。まず役職が高い頭取《とうどり》の三人は隠居の知《ち》行《ぎょう》（土地）まで没収され、残りの者は差《さし》控《ひかえ》である。前者の処罰はかなり厳しく、後者の差控とは、出仕《しゅっし》（登城）には及ばずといい、家でじっとおとなしくしておれという罰である。よって家人の出入りや親戚友人の訪問は自由である。さらに物頭《ものがしら》と馬廻《うままわり》の一八人は差控、そして屋《や》美門左衛門《みもんざえもん》の倅《せがれ》は逼塞であった。後者は足軽集会での不行とは直接の関係はないが、出迎いに出た大宮で遊興三昧をしたことへの処罰らしい。石城の知り合いでは友人の土屋の倅も咎められていた。翌年の三月二一日の絵日記には、

「夜久々《ひさびさ》にて土屋方を訪しに、真蔵御《しんぞうお》咎《とがめ》にて差扣《さしひかえ》（控）のよし、尤《もっとも》連中多し、近隣人見も差扣也」

と記す。

土屋の倅《せがれ》の真蔵《しんぞう》は出仕差し止めの差控であり、また友人の人見甚三郎も差控であった。

石城はいう。身の過ちせしこと今更いたし方なけれども、これは不政の咎めであり、これから年々長く嘆くことになるだろう。いいたいことは山ほどあるが、この上はじっと我慢して家事を治め、思いがけないときに不十分にならないように心がけ、それに専念しようと記す。

ところで石城は篤雲和尚に歳暮二朱を贈る。当時の歳暮はお金だったようだ。前にのべたように、篤雲和尚は正月二六日に急な病に臥せり、しかもすこぶる貧窮していた。すでに一二月の師走のときにその傾向があったのであろうか。そうであれば、石城の差し出した二朱に篤雲は大そう喜んだことであろう。篤雲が病に臥せったときに岡村は有り金全部の二朱を篤雲に差し出したが、石城はそれをみて「義《ぎ》を見て勇《いさ》む」といって賞賛したが、何とその前に彼も二朱差し出してい

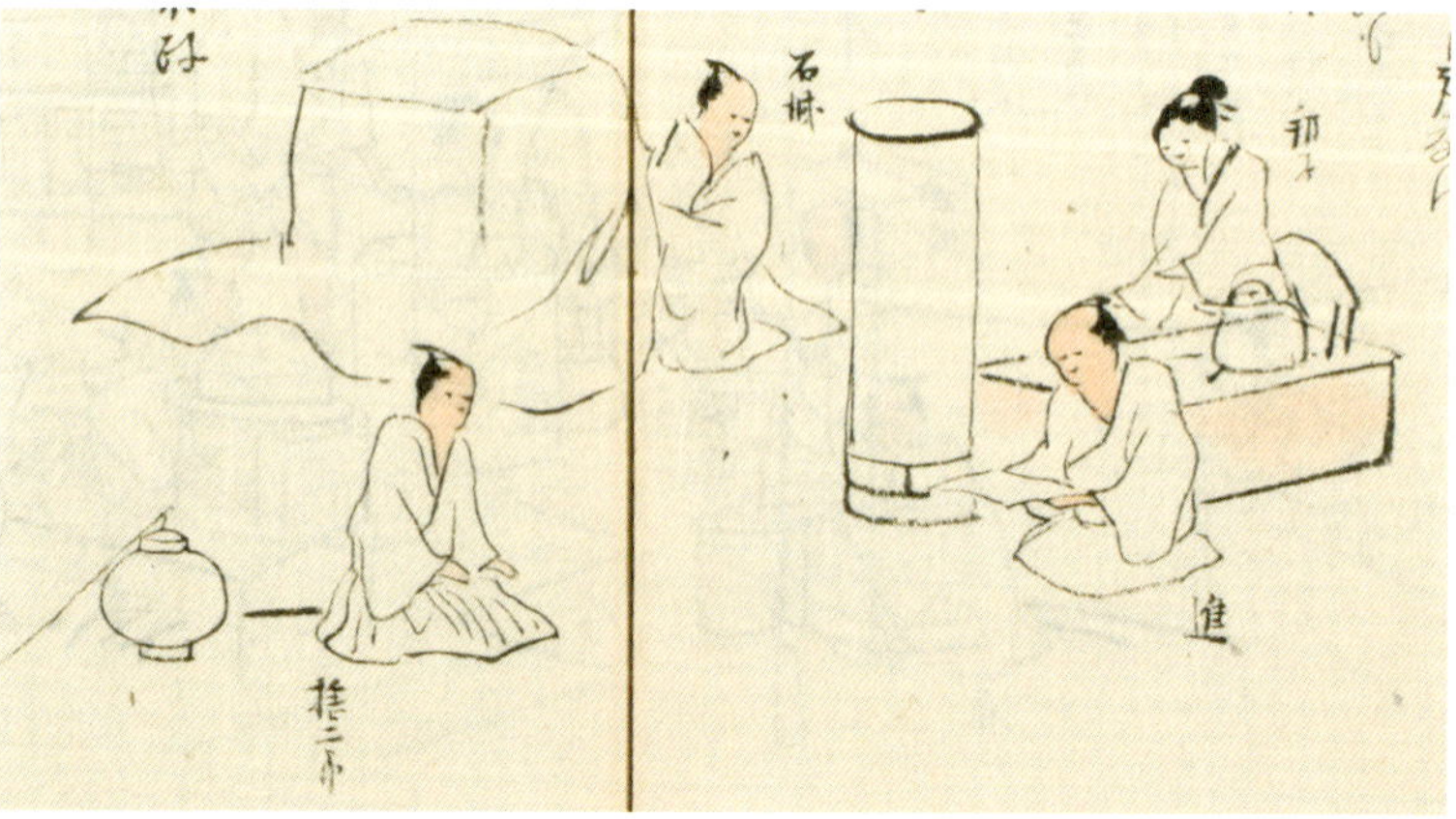

図164　自宅謹慎の書付

た。助け合いの心温まる風景であった。

餅つきでへこたれず

前にみた逼塞《ひっそく》を申し渡された日の絵日記の終わりには、つぎのことも記す。

「（前略） 明日餅搗《もちとう》（餅つき）の用意せし処《ところ》、右の儀ゆへ止《やむ》へきなれとも此所《このところ》ハ人も少《すくな》し、明日成《なる》へしとて岸左右助《そうすけ》たのむ」

明日の一二月一九日は正月に向けての餅つきを予定していたが、このような突然の辛いことが舞い込み、よって餅つきを止めようかと思ったが、手伝ってくれる人も少ない折り、前もって約束していた友人の岸左右助に頼み、それを行おうとする。

翌朝の餅つきの風景が図165である。岸左右助も朝早くから手伝いにきてくれた。台所の土間にある大きな竈《かまど》では、左右助が蒸籠《せいろ》で餅米を蒸《む》している。その右手の木臼《きうす》で餅をつくのは石城、左手の板間では進がつきたての餅をこねている。また邦子は右手の二つ穴の竈に掛けた鍋であんこにする小豆《あずき》を煮ているのであろうか。それぞれがにこやかに作業をする姿に昨日の辛いことを跳ね返すような雰囲

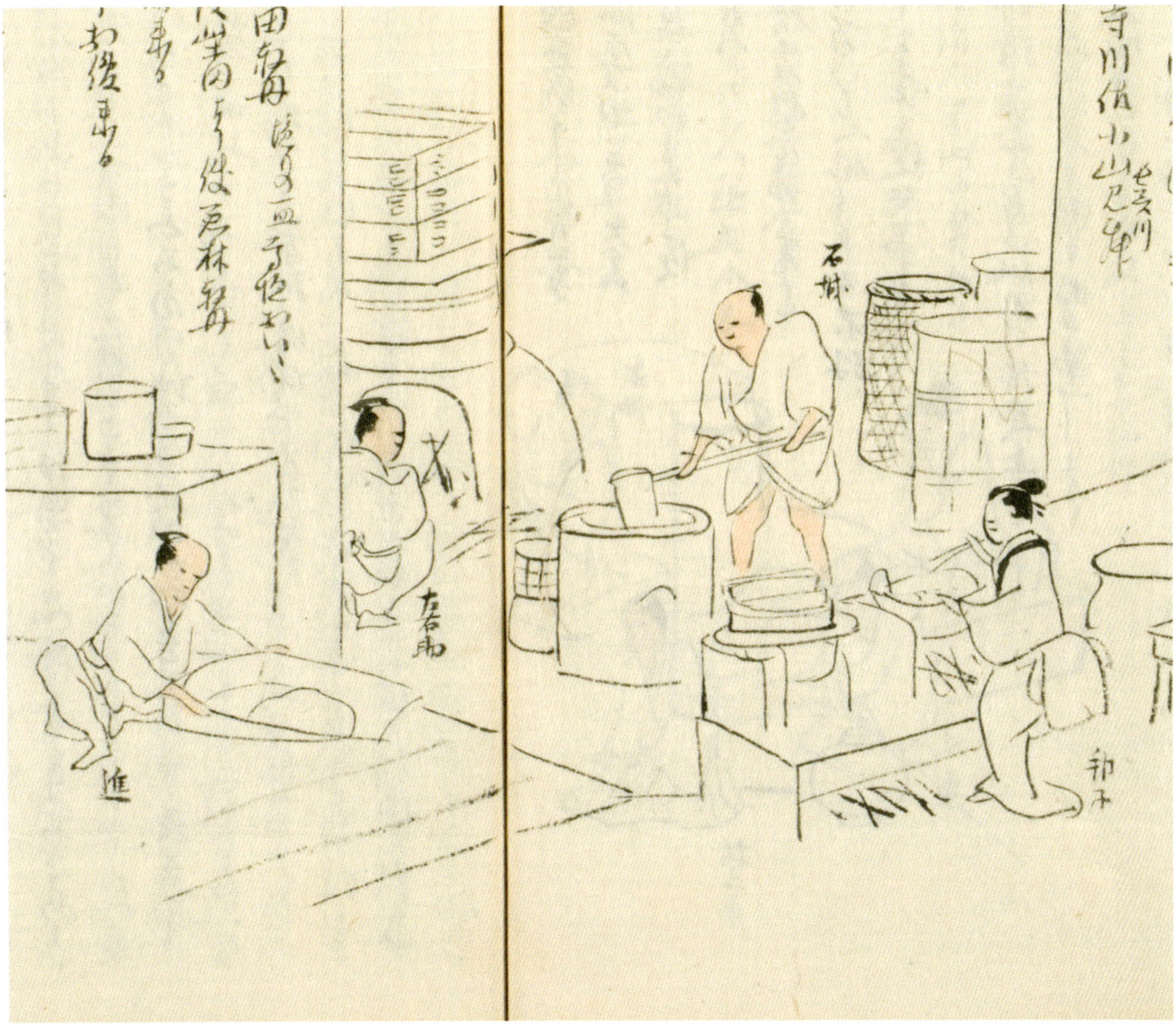

図 165　餅つきでへこたれず

気がみられ、しかも新しい年に向けての希望がにじみ出ている。閉居であるからして雨戸は閉め切っている。よって家のなかはまっ暗である。

幸い台所はどの家も格子窓（または板格子を横方向に開閉する無双窓《むそうまど》）であったから、そこから外の光が入ってくるのですこし明るい。今日の餅つきのことを絵日記につぎのように記す。

――十二月十九日雨夕晴

「早朝より左右助来り、進三人にてもちつき、午前すむ。（後略）」

大勢の見舞い客

さっそく友人知人たちが逼塞のことを聞きつけ、石城宅に見舞いに駆けつける。絵日記のつづきにはつぎのように記す。

「（前略）午後長徳寺より内用の事に付《つき》、佐助と中男《もうすおとこ》来る。返事遣《つかわ》ス。大龍寺、川佐《かわさ》（川の舎）、小山、長谷川（常之助）見舞。夜、津田叔母、塩もの一皿。高垣おいた来る。後、柴田より使《つかい》。若林叔母、永之助来る。釜二郎、お俊《しゅん》来る」

ともかくそれは、実にさまざまな人たちが午後から夜にかけて続々と見舞いにやってきた。長徳寺の篤雲和尚は大工の佐助を遣わす。そして極貧の仲のよい長谷川常之助と学問仲間の川の舎も心配して駆けつけた。さらに津田叔母は塩物一皿を持ってきてくれた。昼間の買い物も出来ないので、食事も疎かにしているであろうと、嬉しい差し入れである。そして友人の高垣半助の家内のおいた、日ごろ面倒をみている岸お俊も駆けつけた。翌々日の二一日には奥山治兵衛《じへえ》と笹岡たちもくる。

――十二月二十一日晴

「左右助にたのミて江戸に状出ス。母等に歳暮《せいぼ》二朱まいらす。岡実《おかみ》へ古学大意、初まねひ、鈴屋集外《ほか》ニ一冊〆《しめ》四冊返却。夜、奥山治兵衛さけ一升、目さし持参ニて見舞。すくに（直《す》ぐに）あたゝめてくむ（温《あたた》めて汲《く》む）。折《おり》から笹岡も来る。餅やきてすゝむ（勧《すす》む）。すへて（全て）此度《このたび》の御咎《おとがめ》、甚《はなはだ》不当の趣《おもむき》なり、人心《じんしん》一和《いちわ》せさるの事、歎《たん》すへし」

石城は家の外に出られないため友人の岸左右助に江戸の母と友人への手紙を出すのを頼むが、併せて歳暮の二朱も母へ贈る。軸物絵などの不定期収入ゆえに前の篤雲への二朱と併せて大変であろう。

それにしても母へは絶え間なく手紙を

図166　友人たちの見舞い

出して母のことを気づかう。さらに歳暮のお金も贈る。実直な人柄の上にきわめて親孝行である。

夜になって、奥山治兵衛が酒一升と目ざしを持って見舞いにやってきたが、その目ざしを焼いて酒をいっしょに飲む。

図167　さらなる見舞い客

その風景が図166である。石城と奥山が向かい合って酒を飲み交わし、向こうにいる邦子が長火鉢で酒を温め、目ざしを焼いているようだ。そのうち笹岡もきたので、昨日ついたばかりの餅を焼いて出す。彼は手前の角火鉢に手をかざしながらそれをおいしそうに食べる。左手の奥にあるこたつには進と赤子のおきぬが寝ている。おきぬは片袖《かたそで》の夜着が掛けられ、その頭の下に敷いた小さな丸い枕がとても可愛い。

石城はこの絵日記のなかで、この咎めは甚《はなは》だ不当であり、人の和を乱すものであると嘆く。さらに二五日にも多くの見舞い客がやってくる。

――十二月二十五日晴

「終日、林和靖《りんわせい》の図彩色夕方出来。夜、小弥太来遊《らいゆう》。高垣おいた数の子見舞《みまい》。柴田後室、おすへ余坊《よぼう》、見舞にまめ持参。甫山（岡村）よりねんころ（懇《ねんご》ろ）の手紙幷《ならびに》数の子一皿《ひとさら》来る」

今日の見舞い客も多彩な顔ぶれであった。手習いを教えている小弥太、それに友人の高垣半助の妻おいたである。おいたは一九日にもきたが、今日は数の子を持ってきてくれた。そして柴田母におすえである。おすえは余坊という子どもまで連れて見舞いに豆を持参する。石城と進、それに妹の邦子と赤子のおきぬも加わっての、それは賑やかな風景であった。その風景が図167である。そこには咎めを受けた後ろめたさは微塵《みじん》もなく、非常に楽しそうな明るい雰囲気だ。そこへ親友の岡村（甫山）から懇《ねんご》ろな手紙と数の子一皿が届けられた。このとき彼は病気がちであったようだ。よって手紙での励ましと数の子を贈ったのであろう。ところで数の子は進物に多く利用され、正月だけでなく年中食べていた。

このように咎めを受けた閉居の家を訪ねることは藩や世間の目もあってはばかられたはずである。それでも大勢の友人や知人たちが見舞いにやってくる。このようなときにこそ人としての真価が問われるが、ここには虐げられた者への励ましと思いやりがある。また一八〇人余りの咎めを受けた多くの下級武士のなかでも、石城一家のように閉居しなければならない逼塞《ひっそく》の罰を受けた武士は少ないようだ。よってそれらの家は藩の監視役人が見張っていたかもしれないが、そこへ大勢の人びとがやってきて酒を飲んだり食べたりして石城一家を励まして帰って行く。その帰り際には、寒い外に佇《たたず》む同輩の役人へのご苦労を思い、温かい一杯を差し出したという場面もあったかもしれない。

おきぬの誕生祝い

ところで妹の邦子の赤子、つまり石城にとって姪のきぬ子は一二月二六日で一歳の誕生日を迎える。その日の絵日記にはつぎのように記す。

――十二月二十六日晴

「今日、おきぬ誕生日ニ付、赤のめしたき（炊き）、元太郎よはれ（呼ばれ）。夕、予一盃《いっぱい》を独酌《どくしゃく》して砕臥《くだけふ》す。早くも一年を迎へぬ。是《これ》につけても予業《よのごう》のすゝまさる、歎《たん》すへし（嘆《なげ》くべし）〳〵」

図168はささやかな誕生祝いの風景である。赤飯を炊き、元太郎も招待して皆おきぬの誕生日を祝う。邦子がおきぬをあやしながら酒を飲んでいる進の方へ差し出すが、そのおきぬがとても愛らしい。手を伸ばして父の進に何かをねだっているようだ。その様子を眺める石城の表情もきわめて穏やかにみえる。左手にいて、赤飯をおいしそうに食べる元太郎も満足そうだ。

しかし一方で石城は業《ごう》が進まないと嘆く。すなわち自分の人生が思い通りに行かないことに苛立《いらだ》つことと頻りであった。それはこれまでの藩からの仕打ちや処分のことであろう。

一二月二一日の江戸の友人への手紙にも「来る春も学びの窓のあけやらて、いつ迄くらきわか身成りけり」と記す。

もらい湯と人の情け

その後、大晦日にかけてもさらに多くの人たちが見舞いに駆けつける。二七日は夕方に川上善四郎《ぜんしろう》が食べ物を、二八日は大蔵寺の和尚が良敬に託して酒札を、そして柴田母は「したしもの」すなわちおひたしを持ってきてくれた。

また嬉しいのは風呂である。二七日の夜には近くに住む長谷川常之助から風呂が沸いたのでどうぞ、との知らせが入った。石城と邦子は喜んでもらい湯に出かける。そのことをつぎのように記す。

――十二月廿七日晴

「終日巨燵《こたつ》を擁《よう》す、寒甚《かんはなはだ》し。（中略）夜、五ッ（八時）過《すぎ》、長谷川より風呂申来《もうしく》る。邦《くに》、予《よ》ゆきて浴す、茶いつ」、

図 168　おきぬの誕生祝い

前にのべたように、石城たち一家が受けた咎めは逼塞の閉居であった。昼間は自宅で謹慎するが、夜は外に出ても構わないという。しかし昼間は雨戸を閉め切って家のなかに閉《と》じ籠《こも》り、夜になってのこのこ出て行くというわけにもいかない。今日は寒さがとくに厳しいので終日こたつに入っていたというから、風呂の用意もしていなかったであろう。下級武士の家の庭には井戸はなく、近くの共同井戸を使う。よって昼間は外に出られないので、そこへ風呂の水を汲みに行くわけにもいかない。また夜になっての水汲みもさらに大変だ。そのようなときのもらい

図 169　茶をよばれる

図 170　皆で餅を食べる

湯の申し出はとても嬉しい。おそらく人目を忍んでそっと裏口から出たのであろう。このようなもらい湯は常日ごろからも互いにしていたようだ。しかし閉居のときにはその有り難さがいっそう身に滲《し》みたにちがいない。

長谷川常之助のもらい湯に浴した後に、彼の家の茶の間でお茶をよばれる風景が図169である。小さな角火鉢のまわりで、湯上りの石城と常之助、おはるの三人が語り合う。左手に描かれた石城の月代《さかやき》（頭頂）には毛がたくさん生えている。閉居ゆえ髪結いにも行けないからであろう。

そして二九日の絵日記にはつぎのように記す。

――十一月廿九日晴

「此日《このひ》、寺しま元太郎すへて（全て）の御用をたし（足し）候《そうろう》まゝ進よりそり下駄《げた》おくる。予も今日、白足袋《しろたび》一足《いっそく》求めてあたへぬ、百五十文。なさけは人の為ならす、みたりに飲食についやすへからす。夜、拓殖《たくしょく》元三郎《げんざぶろう》見舞くわし持参。小弥太、左右助来遊《きてあそ》ふ」

閉居の咎めを受けて石城も進もすこしまいっているはずなのに、手伝ってもらった元太郎へのお礼を込めて下駄《げた》と足袋《たび》のプレゼントをする。進が贈ったそり下駄とは反《そ》り下駄といい、台が幾分反った下駄のことであろう。また石城は白足袋一足を贈ったが、その値段は一五〇文であった。

そして「なさけは人の為ならす」と記す。それは古くからの諺であり、その意は、なさけは人のためにするのではなく、やがて巡り回っていずれ自分にも返ってくるからして自分のためでもあるという。これは仏教の説く慈悲《じひ》と利他《りた》の思想にも由来し、人はさまざまなつながりのなかで生きていることを諭す。石城はそのような深い思いを元太郎によせていた。

この日の夜も小弥太と岸左右助らがやってきた。彼らは見舞いというよりは、閉じ籠って淋しいだろうからいっしょに賑やかに遊ぼうと思ったのだろう。その風景が図170である。左右助と邦子が餅をたくさん焼き、それをこたつに入る石城と進がほうばっているようだ。この二人の月代《さかやき》はこの日も剃っておらず、毛がたくさん生えて若々しくみえる。

無念の除夜

このところ石城はやり場のない思いが

高まっていた。くり返される自分と一家への藩の仕打ちであるが、それが一挙に吹き出すのは大晦日《おおみそか》の三〇日であった。その日の絵日記は除夜の鐘を聞きながら書いたのであろう。それはつぎのように記す。

――十二月三十日晴

「笹岡へ軸物遣《つかわ》ス。右手紙の奥に、重役の人々外見《がいけん》かさる（飾る）を嘆《なげ》して

人目見《ひとめみ》ハ直《ちょく》に見せても呉竹《くれたけ》の横にのミ根をはるそかなしき

当冬閉居《へいきょ》のこゝろを

埋《うめ》られて午庚《うまかのえ》まち〳〵とし籠《こも》（年籠）、やかて目出《めでた》しハきさらき（如月）の前。（後略）」

友人の笹岡に軸物絵を画いて贈る。それは歳暮の意味もあったのであろう。それといっしょに手紙も添えるが、その奥に石城の気もちを二つの歌にして記す。そこには藩の重役たちへの批判と皮肉が込められている。

まず始めの歌の詞書《ことばがき》は、外見ばかりを飾る重役たちを嘆いてと題し、人目には直《ちょく》に（正しいことに）見えても、呉竹《くれたけ》の横にのみ根を張るように群れてばかりいて、一人では何もできない哀しさよ、という。つぎの歌の詞書は、この冬の閉居の心と題して、その咎めに心が埋もれてしまったが、庚午《かのえうま》の月を待ちわびて年籠《としこも》すなわち大晦日の夜に社寺に参り新しい新年を迎えよう、やがてくる目出たい仲春《ちゅうしゅん》如月《きさらぎ》（二月）の前、と結ぶ。

そして大晦日の日もやることは多い。しかも友人たちも続々とやってくる。そのことを前の絵日記のつづきにつぎのように記す。

「川佐（川の舎）より半紙三条求め、銀二郎より弐朱、二幅対《にふくつい》四匁《もんめ》五合、一幅壱匁とふさ、〆《しめ》銀三匁内三朱ト百文遣ス。残り七貫五□。唐紙仮はりかけ、跡かさりつけ（飾り付け）いろ〳〵掃除。河合勇、柴田母、左右助、川佐来て髪を結ふ。とうさむ（寒い）〳〵」

大晦日になっても軸物絵の制作に熱中する。その料金を受け取ってはすぐまた唐紙などの紙を買う。その軸物の仮貼りや飾り付け、そして家の掃除が終わったころに多くの友人や柴田母がやってきた。石城はそのなかの誰かにぼうぼうと生えていた月代《さかやき》を剃ってもらい、髪をきちんと結ぶ。久しぶりの髪結いはとても寒かったようだ。

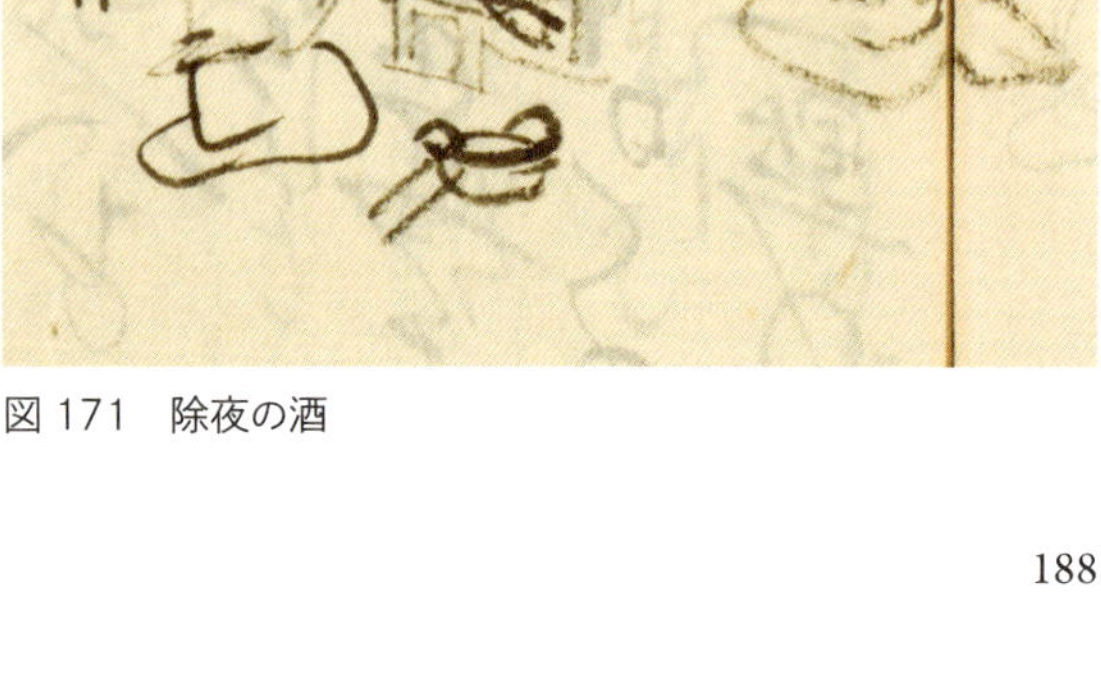

図 171　除夜の酒

この文の後に図171の風景を挿入している。その挿し絵はいつもの繊細さとはちがって非常に荒っぽい。絵は妹邦子の酌で石城が酒を飲んでいる風景である。おそらく友人たちが帰った後の除夜のころであろう。彼のやるせない思いが切々と伝わってくる。そしてつぎにみる文でこの年の絵日記を締めくくる。

「荏苒《じんぜん》たる歳（歳月は長びいて）、行人《こうじん》（旅人）をまたす（待たす）。いつしか年たちて、

図 172　元旦の祝い

予《よ》三十四歳の春を迎ふる除夜となりぬ。行年《こうねん》（年取る年数）かくのことくたる偏々《へんへん》（翻《ひるがえ》れば）行事《こうじ》（行った事）一点の称《しょう》すへきなし（讃えること無し）。志《し》かのミならす。義孫《ぎそん》また罪かふむりて（被《こうむ》りて）日も呉竹に松たつ（立つ）るわさ（技《わざ》）もあたわす（能《あた》わず＝できない）。たれ込《こま》せる心くるしさ、さそかし思ひやるへし。予《よ》、大丈夫《だいじょうぶ》（一人前のりっぱな男子）の士と生まれてむなしく（空《むな》しく）死すへからす。是《これ》らの笑覧《しょうらん》、物の数ならす。業《ごう》すゝまん（進まん）してむなしく成《なり》、この春を迎ふるを咲《さく》するのミ。来陽《らいよう》をまちて、予、又噴起《ふんき》（奮い立つ）絶《たつ》きせすんハ有《ある》へからすと、もの心を先の御詠《ごえい》（歌い）して禍《まが》津《つ》日《ひ》の神（災厄の神）のにくミ（憎み＝無愛想さ）になやむ（悩む）とも、なやミ事果《ことはて》しまつしを。我《われ》ハ此志《このこころざし》、寔《しょく》（まことに）枵《きょう》（空しい）へけんと、文久二年辛酉《かのととり》冬十二月三十日 鴛《おしどり》城新邸の隅邸《ぐうてい》、忍《おし》桃《とう》冠《かん》湖《こ》海《かい》之《の》士《し》、尾崎石城、酔《よい》にまかして筆を採《と》る」

右の文も、原文は大きな字で書き、また非常に荒っぽい。この乱れる思いは、文久元年と書くところを二年と書きまちがえていることにも表れている。しかしかなり酔ってはいてもその文章は確かである。文中の「義孫《ぎそん》（進のこと）また罪かふむりて（被りて）」は、四年前の自身の上書による咎めに加えて、この度も養子の進がまた閉居の咎めを受けたことへの悔しさが凝縮されている。しかし前半のやるせない思いの文から後半の「大丈夫《だいじょうぶ》の士《し》と生まれ」を含めて、自覚を持って何くそと奮い立つような思いの文に心救われる。

ところでこの忍《おし》城は鴛《おしどり》城とも亀城とも記す、典型的な水城である。おしどりが城の広い堀にたくさん遊んでいたのであろう。そして終わりの「尾崎石城、酔《よい》にまかして筆を採《と》る」が実にいい。

元旦の風景

さて石城一家にも新しい年を迎えた。絵日記には心機一転の気もちが現れる。

—正月大建元日雪竟日《けいひ》（終日）夜霄《みぞれ》

「七鼓《ななこ》（四時）にして起出し、盥漱拝畢《かんそうはいひつ》。雑煮《ぞうに》祝ふ。十五切れ。屠蘇《とそ》を喫《きっ》し先《さき》新年を迎えたり、賀《が》すへしく〳〵。予、志《こころざし》は所々《ところどころ》に遊ふ。（後略）」

元日の朝から降りつづく雪は夜になってみぞれに変わる。朝は四時に起き、盥で口を漱いで顔を洗って身を浄め、それから四方に向かって礼拝する。ところがその礼拝はいつも庭に出てしたのであろうが、閉居ゆえに暗い家のなかの一角でそれをする。礼拝が終わると屠蘇《とそ》と雑煮《ぞうに》での祝いだ。その風景が図172である。これもいつもは朝の明るい部屋で行うが、今年は行灯を灯《とも》した薄暗い部屋での正月祝いである。

石城と養子の進が銘々の木具膳で対面して坐り、その横に邦子と赤子のおきぬがいる。皆が手に持つ大きなお椀には雑煮が入っているのであろう。石城は餅を何と一五切れも食べたと記す。左手には蕎麦を入れた四段の丸い重箱と蕎麦つゆを入れた急須が置かれている。今は大晦日に年越し蕎麦として食べるが、江戸時代には元旦の祝いに食べていた。石城は「賀すへし〳〵」と記して、志《こころざし》を新たにする。

祝いが終わったころに、さっそく友人たちが大勢やってきた。前の絵日記にはつづいてつぎのように記す。

「寺嶋元太郎、丑六《うしろく》、岸左右助来《き》遊《て》ふ。川佐（川の舎）、川柳《せんりゅう》迄かりに（借りに）来る。則《そく》、墨《すみ》の外《ほか》ニ半紙料八文遣《つかわ》ス。今日、試筆《しひつ》せしやと巳碑《みひ》（一〇時）より筆をとりしに寒甚《かんはなはだ》しく、夕暮《ゆうぐれ》に至りていまた（未《いま》だ）畢《おわ》らす（終わらず）ゆへに止《や》む。当年ハ元日吉書始《きっしょはじめ》ゆへなり。終日雪かきくらし、寂寞《せきばく》たる事、四隣《しりん》人なきかことし」

元太郎と丑六《うしろく》（牛六のこと）の兄弟、そしてお馴染みの岸左右助も元旦早々にやってきた。おそらく雑煮と屠蘇をご馳走したであろう。そして川佐（川の舎）もきたが、大晦日に彼から半紙三条をもらっていたので、その料金と墨代を併せて八文を渡す。新年になって初めて筆を採るが、寒さがはなはだしく、手がかじんでなかなか進まない。家のまわりは昨夜から今日にかけて降りつづく雪が積もり、石城は終日雪かきに追われた。閉居なので雨戸と玄関戸を閉め切っており、しかも昼間は外に出られない。よって人目を忍んで、そっと庭まで出て雪かきをしたのであろう。辺《あた》りは人がいないかのような静寂そのものであった。

元旦の座敷の風景が図173である。前にその座敷の風景をみたが、石城がそこを書斎に使っていた。それは正月二日の風景である。元旦はこの座敷で祝いをし、また多くの友人たちがやってくるのでそれに使い、石城の書斎は大晦日の前に南の部屋に移っていたようだ。座敷からこの南の部屋に移ることが絵日記にも記されていた。よって二日にまた書斎を座敷に戻したのであろう。また前にみた元旦の祝いの風景は茶の間ではなく、座敷であったとみられる。

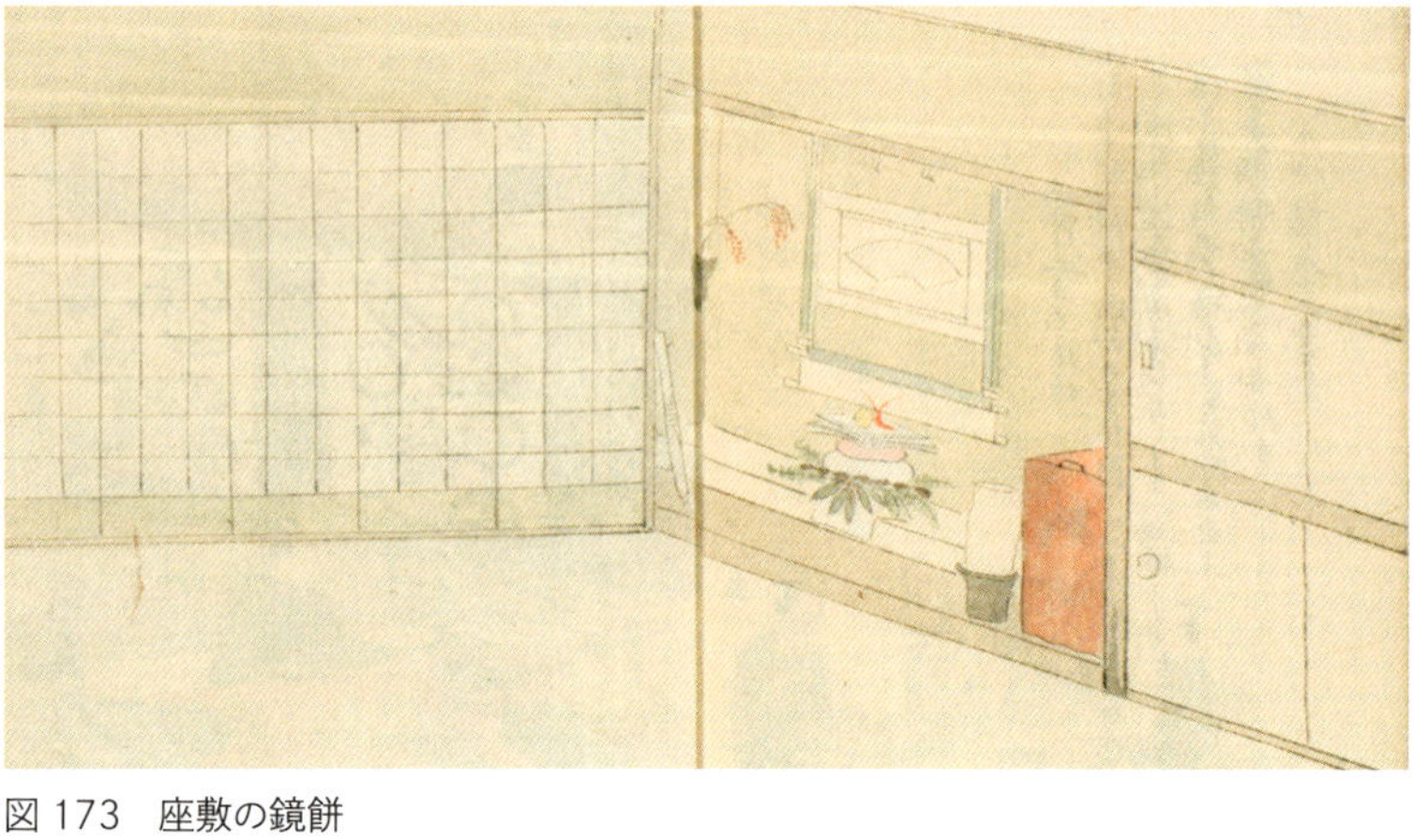

図173　座敷の鏡餅

座敷の床の間には正月祝いの鏡餅が飾られている。それは大きい丸餅の二段重ねだ。その下に竹の笹、裏白《うらじろ》、そして干し柿を備え、上の丸餅には半紙三枚を置き、その上に橙《だいだい》のみかんと伊勢海老を乗せている。立派な鏡餅の飾りである。さらに目を引くのは、床の間の左に上から吊るした小さな籠がある。そのなかに花瓶を入れて、南天の実を生けているようだ。まことに風情の趣ある床の間の風景である。これらは石城の趣味であろう。しかしこの座敷も暗い。よって鏡餅が飾られた床の間はやはり行灯を灯していたことであろう。

土屋と和尚たちの見舞い

翌日の二日以降にも大勢の人たちが見舞いや遊びにやってくる。その風景をつぎにみよう。

―正月二日晴

「六鼓（六時）にしておき拝畢《はいひつ》。庭前の雪掃除し、昨日の試筆を着色するに硯《すずり》水皆氷《こお》りて詮《せん》なし。午後まで書をよミ（読み）しにやゝ解《とけ》たり。七ッ（四時）前出来。小弥太、皆右衛門、常之助、元太郎、左右助来《きて》遊ふ。夜、豆腐を烹《に》て一盃《いっぱい》をきつし臥《ふ》す」

今日も庭の雪かきに外に出た。それから昨日の試筆に着色をするため硯を出すが、その水は氷っていた。家のなかの水まで氷るとはよほどの寒さである。やがてその水も溶けたので四時前に着色を終える。そして夕方になってまた大勢の人たちがやってきた。元太郎や長谷川常之助、それに左右助である。とにかく彼らは毎日のようにくる。皆に餅を焼き、酒も出す。石城はまだ飲み足らないのか、夜になって彼らが帰った後に豆腐を煮《に》て一杯を飲み、そのまま寝てしまう。

四日にも友人たちが見舞いにやってきた。

―正月四日晴

「遊仙窟《ゆうせんくつ》写《うつ》し軌範《きはん》（手本）をよむ。午後、土屋、長徳寺、龍源寺見舞に来る。篤雲たのミに付半切《つきはんきり》（唐紙半切れ）かく、同人大小持参。龍源寺酒一壺《いっこ》にまめ持《じ》してけるゆへ夜に入《いり》、右をあたゝめ両人ニて喫す。和尚大《おおい》ニ酔《よう》てかへりぬ。（後略）」

午前中は中国唐代の古典的怪奇小説の遊仙窟《ゆうせんくつ》を写《うつ》し取り、そして軌範なる書物を読んでいた。午後になって友人の土屋仁右衛門と長徳寺の篤雲和尚、それに龍源寺の猷道和尚の三人が見舞いにやってきた。彼らと語らう風景が図174であるが、その部屋は茶の間であろう。そこで篤雲和尚に頼まれた唐紙に絵を画き、それを障子に立て掛けて皆に説明をしている。この篤雲和尚、武芸にも優れているが、さらに絵についても造詣が深いようだ。前にのべたが、元はやはり武士ではなかったか。

当時、武士のしがらみを捨てて仏門に入ることはよくみられたからである。たとえば芭蕉が奥の細道の旅をしたときに伴《とも》にしたのは曽良《そら》という僧である。彼は諏訪藩の武芸に優れ、指南をしていた武士であったが、後にその身分を捨てて江戸に向かい僧となる。また石川啄木の叔父（母の兄）は盛岡藩の武士工藤家の次男であったが、幕末のころに出家して諸国を行脚《あんぎゃ》し、慶応二年に大泉院の住職となる。このような事例は枚挙にいとまがない。

挿し絵にみる篤雲和尚は毅然として坐り、じっと石城の絵を見つめている、その姿はやはりどこか武士の風格を感じる。その右手に同じく背筋を伸ばして威厳の趣で坐るのは土屋である。ところが土屋の倅の真蔵《しんぞう》もこの度の咎めを受けていた。それは差控《さしひかえ》という罰であり、出仕（登城）を差し止められていた。石城一家より軽い処分ではあるが、それでも罪を被ったことには変わりない。土屋は倅のこともあって苦しい思いもあろうが、そのことを押さえてもっと大変な石城一家に見舞いにきた。この老武士の人間的大きさがうかがえる。

そして左手には進と猷道和尚が仲よく櫓こたつに入って絵を眺めている。やがて土屋と篤雲和尚の二人は帰るが、夜になって猷道和尚が壺に入れて持ってきた酒を温め、同じく持参した豆をかじって酒を酌《く》み交わす。和尚は大いに酔って、夜遅く寺へ帰って行った。

それにしても咎めを受けた閉居の家での正月の集まりと酒宴はさぞ賑やかであったにちがいない。そこには藩からの科《とが》をはじき返すようなおおらかさと愉快さがある。

ところで、正月元旦と二日の食事の内容は記していないが、三、四、五日は記しているのでそれをみよう。

三日　（朝食）・ぞうに　（午飯）・茶つけ　（夕食）・貝さし
むきミ
数の子
さけ六合

四日　・茶つけ　・にまめ　・目さし

図 174　土屋と和尚の見舞い

さけ六合
五日　・菜しる　・目さし　・茶つけ

三日の夕食はまだすこし豪華である。朝は雑煮、昼は茶漬けで済ますが、夕食は貝《かい》さしである。それは貝、すなわち赤貝の刺し身ではないか。前にみた川上宅の酒宴のときに、近所から新鮮な赤貝の差し入れがあり、川上の家内が刺し身に調理していた。それに剥《む》き身《み》と数の子もある。ところが四、五日になると、三食ともにふだん通りの質素な内容に戻る。

読書三昧と見舞い客

では正月五日から七日の風景をすこしみてみよう。その間、石城はどこにも行けず、家で読書三昧の毎日であったが、さらに多くの人たちが見舞いにやってくる。三日間の絵日記をつぎに示す。

—**正月五日晴**

「今暁《こんぎょう》（夜明けごろ）行燈《あんどん》の油その外《ほか》皆氷《こお》り、寒甚《かんはなはだ》し。遊仙窟《ゆうせんくつ》三葉写《うつ》ス。書をよミ、日本史、軌範閲《えつ》す。川佐（川の舎）に小弥太来ル。今夜節分とてなやらう声四方より聞《きこ》へて賑《にぎわ》しけれとも予家《よのいえ》ハ寂然《じゃくぜん》として更無人場《さらにむじんば》のことく心たのします（楽しまず）。夕飯を喫して速《すみやか》に臥ス」

—**正月六日晴**

「遊仙窟六葉出来。吉田おやす来る。夜、筆記数巻を閲してしましかしつ。夜、岸母、お俊、おふち来る。また左右助、若井、廣馬《こうま》来る。餅やき茶出る。四ッ（一〇時）過かへる。桃林寺《とうりんじ》、良宗年始《りょうしゅうねんし》ニ来る。皆々かへりて後《のち》また〱書をよむ。八ッ（二時）過《すぎ》ニ至りて臥す」

—**正月七日晴**

「夙《つと》（早く）におき孟子《もうし》二巻をよミ日筆四五巻を閲しぬ。遊仙窟六葉出来。（中略）午後、柴田母、安養院、元太郎、小弥太来る。夜、長谷川より津田の倭文庫十七巻かりる」

この三日間も遊仙窟を写しつづけ、その他に日本史、孟子《もうし》などの書を読む。五日の朝はとくに寒く、行灯《あんどん》の油などすべてが氷ってしまった。またこの日は陰暦の節分（立春の前日）である。夜になると、となり近所の四方からなやらう声が聞こえて賑わしい。「なやらう」とは「追儺《なやら》ふ」と書き、それを「おにやらい」ともいい、悪鬼を追い払う儀式のことをいう。しかし石城の家は空き家のごとく静寂でひっそりとし、わが心も楽しまずと記す。ちょうどこの時間は各家で節分が行われていたから誰もやってこないようだ。しかしそれが過ぎると、やはり多くの友人知人たちが見舞いにかけ参じる。六日の夜は日ごろから面倒をみている岸お俊とその母親の岸お仲、それに妹の岸おふちがきた。さらに左右助と廣馬《こうま》（津田叔父）もやってくる。石城たちは餅を焼いてお茶を出す。その風景が図175である。すでに岸の親子は帰ったのであろう。廣馬が長火鉢の前で、邦子が焼く餅をお茶を飲みながら食べている。そして左右助と石城はこたつに入ってくつろいでいる様子。その左手にはいつものように可愛い赤子のおきぬが寝ている。一〇時過ぎに彼らは帰るが。その後にさらに桃林寺《とうりんじ》の和尚と修行僧の良宗《りょうしゅう》が見舞いにやってきた。その日の石城は夜中の二時ごろまで書を読む。さらに七日も賑やかだ。午後になって柴田母、安養院の和尚、それに元太郎と小弥太、そして長谷川常之助もやってきた。

自宅謹慎の赦免

一家を苦しめた自宅謹慎は正月の八日にして急遽赦免《きゅうきょしゃめん》される。その日の絵日記には、咎めからやっと解放された喜びがにじみ出ている。

――正月八日晴

「此日《このひ》にして閉戸《へいこ》二十日に及ひぬ。今日、赦免せらるや、且此上永慎《かつこのうえながのつつしみ》（ずっと慎む）にも相成《あいなり》やと筮卜《ぜいぼく》（めどきでの占い）をたてしに。予《よ》、考《かんがえ》る所《ところ》にてハ、今日、赦《しゃ》ありし後《のち》、災《わざわい》来《こ》らす。去《さる》とも其事申《そのこともうし》出《だ》して、若違《もしちが》へたる時ハ却《かえっ》てよろしからすと口外《こうがい》せす。午後に至りて佐藤孫之《まごの》進《しん》来り。逼塞御免《ひっそくごめん》ニ相成候旨申来《あいなりそうろうむねもうしく》る。早速諸方《さっそくしょほう》へしらせ、直々《じきじき》柴田母来る、一宿《いっしゅく》。世間一般永慎たるへきと存《ぞんじ》たる所《ところ》ゆへ一同大賀《いちどうたいが》（大変喜ばしい）と謂《おもう》へし。

予、雨戸をくりひらきなから、

戸あくれハおとろきぬへし、呉竹の近き軒端《のきばた》に来居《きい》るうくいす

皆《みな》右衛門《えもん》、左右助、弓之助、岸祖母来る。夜、長谷川より風呂申来《もうしく》る、皆々《みなみな》ゆく。夫《それ》より賀酒《がしゅ》をくミて臥す。元太郎いろ〳〵使用ニて飯を出す」

石城も妹夫婦も、そして友人たちも一様に閉居はまだ永らくつづくと思っていたので、この日の突然の赦免は驚きであり、また大きな喜びであった。すでに午前中にその情報を得ていたが、正式な知らせがあるまで人に口外《こうがい》しなかった。午後になって、藩から使いの佐藤孫之進が赦免を申し伝えるためにやってくる。親戚などの藩の重役たちへの熱心な赦免嘆願《たんがん》が行われていたが、それが功を奏したのであろう。ただし土屋の倅《せがれ》の真蔵《しんぞう》や友人の人見甚三郎の差控《さしひかえ》の咎めは三月二一日の時点ではまだ赦免されておらず、それが解かれるのは石城一家よりずっと後であった。

石城はすぐに方々に知らせた。すぐさま進の実母（柴田母）が飛んできて赦免の祝いをともにする。その風景が図176である。祝い酒を飲みながら喜びに溢れるような皆の顔が印象的だ。この挿し絵を画くときの石城のはずんだ気もちが伝わってくる。

やがて岸左右助ら友人たちも大勢駆けつけて祝いの酒となる。もちろんそのなかには、閉居のあいだ、いろいろと外への使いを頼んでいた元太郎もいる。石城

図 175　さらなる見舞い客

は彼の労をねぎらい、また感謝を込めて夕飯をともにする。この赦免に一番喜んだのは元太郎かもしれない。そして近くの長谷川常之助から風呂が沸いたのでどうぞ、という知らせが入った。昨年の暮れの二七日にも彼から風呂の申し出があって、石城と邦子の二人で喜んで出かけたが、この日のもらい湯はとくに嬉しく、進と柴田母もいっしょに出かけた。

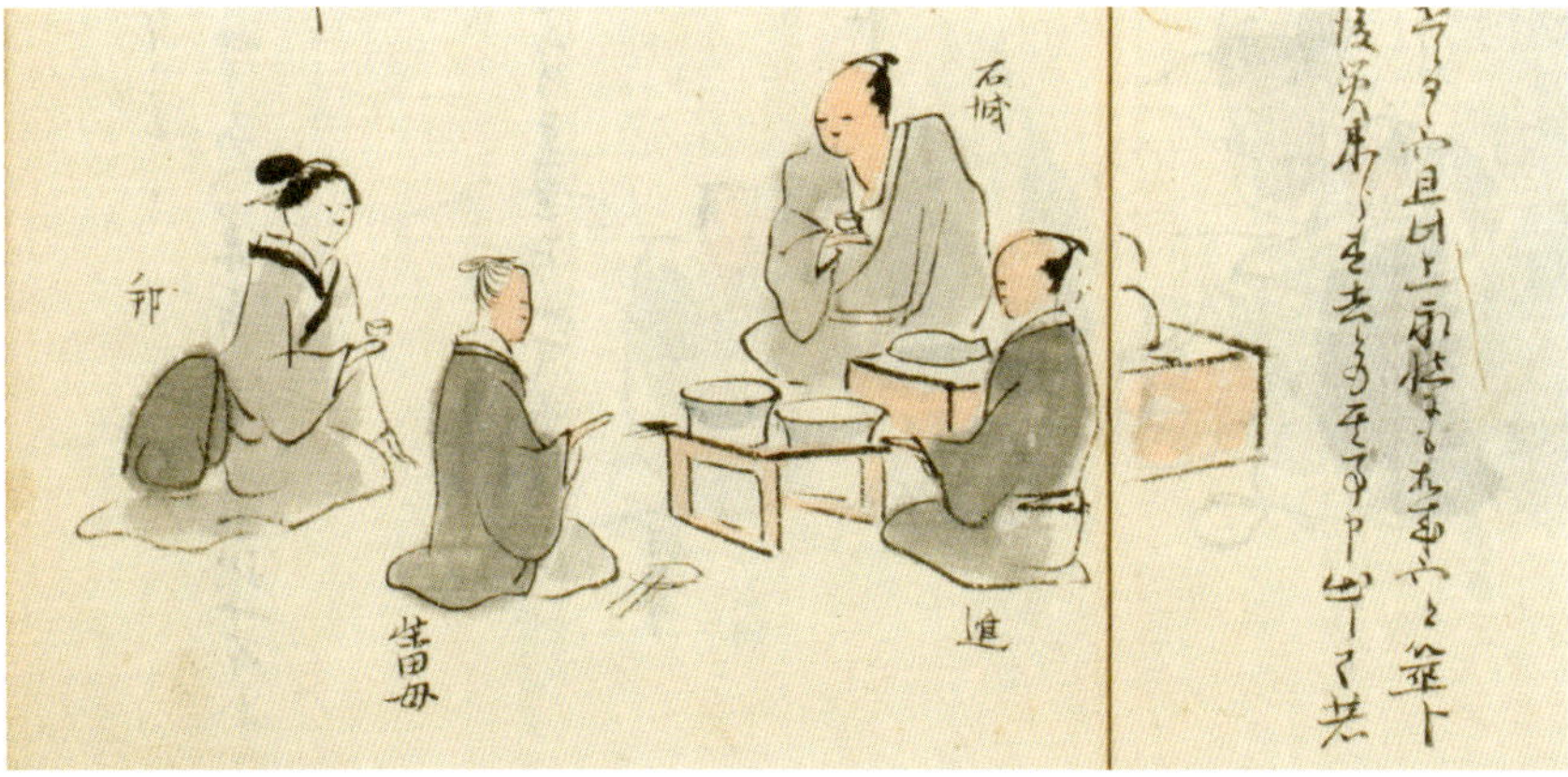

図 176　赦免の祝い

図 177　岡村宅を訪ねる

　そして閉居のあいだは雨戸を閉め切ったままであったので、それを開けたときの驚きと感動をつぎの歌に詠む。

　戸あくれハおとろきぬへし、呉竹の近き軒端《のきばた》に来居《きい》るうくいす

　久しぶりに雨戸を開けると、庭に植わっている呉竹の近くの軒端に楽しそうに自由に飛びまわるうぐいすがいた。それをしばらくじっと見つめて開放の喜びを噛みしめる石城であった。

　翌日、自由になった石城はさっそくこれまでのように友人宅や大蔵寺などを訪ねるのに忙しくなる。その風景をつぎの絵日記にみてみよう。

—**正月九日晴**

「夙《つと》に起《おき》、門外《もんがい》四面《しめん》掃除し、新《あらた》に春を迎えしかことし。昨日書肆《しょし》（貸し書物屋）伝六《でんろく》来る。見料五百八十文つり無《なし》よしゆへ弐朱遣《つかわ》し置《おき》、西遊記十巻おく、右を今日閲す。午後、河合勇来る。柴田母帰る。髪月代なし気色快然たり。昨日書肆、予試筆《よしひつ》の画《え》を見て、

　犬ころの重りあふて雪の朝

　夜まつ、岡村甫山方を訪しに同人いまた（未だ）不快のよしにて居れり。久々

にて語談し、餅をやき数の子抔《など》出しもてなし、五ッ（八時）過此所《すぎこのところ》を辞して、夫《それ》より土屋ニ至りぬ」

赦免になった翌朝はまことにすがすがしい朝であった。朝早く起きて、門の外や周囲を掃除するが、それは新たに春を迎えたような気もちという。また昼間から外に出てもよいので午後になって、しばらく行っていなかった髪結いに行き、月代《さかやき》をきれいに剃って髪を結う。その気分は爽快なりと喜ぶ。昨日は貸し書物屋の伝六《でんろく》がきたが、西遊記一〇巻の見料《けんりょう》すなわち貸代《かしだい》は五八〇文である。江戸時代の貸し書物の値段はかなり高かったようだ。石城はつり銭がないというので弐朱を払う。その借りた西遊記一〇巻を今日から読みつづけるという。やはりすごい読書家である。その書肆は石城の試し書きの絵を見て右のような歌を詠んだというが、なかなか素朴で優しい思いの歌である。その絵は雪の朝に子犬が数匹じゃれ合う楽しそうな風景であろう。

石城は夜になって岡村宅を訪ねるが、彼は身体の調子が悪そうで不快な様子であった。石城一家が逼塞の咎めを受けたときにも見舞いにはこず、手紙でその意を伝えるが、そのときすでに病の兆候があったのであろう。石城が訪ねた折りの岡村宅の風景が図177である。岡村は餅を焼き、さらに数の子などで石城をもてなす。久しぶりに会ったので話がはずんだようだ。右手にいて、焼く餅を丸火鉢の網に置くのは弟の保二郎である。岡村は石城のこの間の苦労を慰めているようにみえる。

八時ごろに岡村宅を辞した石城は土屋宅に寄るが、その風景が図178である。ちょうど笹岡と鈴木の下級武士仲間もきていた。石城もその場に加わってお茶を飲んでいる様子。その前にいる土屋が石城の労をねぎらっているようだ。まだ土屋の倅の咎めも解かれていないにもかかわらずである。その右手の行灯の向こうにいるのは土屋の妻であり、左端の櫓こたつに入っているのは土屋の縁者のお逸である。

石城はさらに翌日の一〇日には大蔵寺など諸方をいつものように忙しく駆けめぐる。いつもの彼の復活であった。

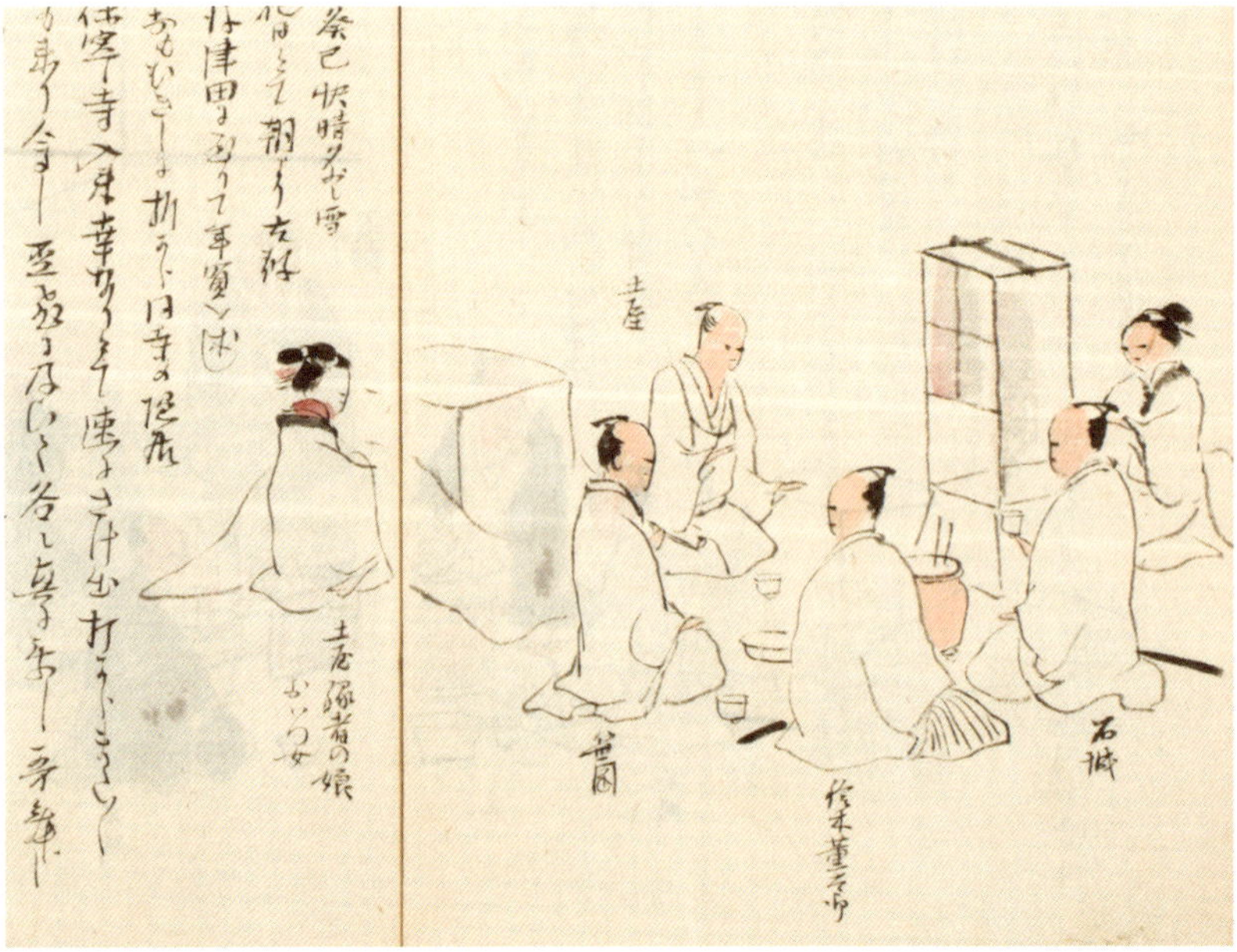

図178　土屋宅を訪ねる

第十一章――母よりの手紙とやすらぎのひととき

江戸の母よりの手紙

石城の母と兄は江戸で暮らす。父は奥州羽前《うぜん》の庄内藩江戸詰めの浅井勝《かつ》右衛《え》門という藩士であった。

石城は江戸で育ち、そこから一五里ほど離れた忍藩士の尾崎家へ養子に入る。また妹の邦子も尾崎家の跡目養子になった進と夫婦になった。石城はこの歳になってもまだ一人身であり、また度重なる咎めを受けた自分の不詳を詫び、いつまでも心配をかける母への思いはつよい。その母へはたびたび手紙を出しているようだ。そして窮しながらも僅かな仕送りもしている。

また兄は父の亡き後、浅井家を継ぐ。妻と子ども、それに母との四人暮らしである。その家は長屋であり。おそらく台所と畳の部屋が二室しかない狭い家であろう。もちろん井戸も便所も共用である。

石城は母の手紙全文を記し残している。ここではそれをみてみよう。

石城一家を苦しめた自宅謹慎の赦免が正月八日に思いがけず早くに下されたが、それから一か月半ほどを経た二月二〇日に母からの手紙がきた。赦免されたことを母に知らせ、その返事であろう。そこには、いつの世も変わることのない母の子にたいする深い思いと情が込められている。

「江戸表より母の状来る。

前略、左様《さよう》ニ御《ご》さ候《そうら》へハ、進殿ニも正月八日御免《ごめん》に御成《おなり》なされ候《そうろう》よし（だそうで）、誠ニ御めて度難有存候《たくありがたくぞんじそうろう》。皆々様ニも嘸々《さぞさぞ》御安心の御事《おんこと》と存候。跡《あと》も何事も無之由《これなくよし》、いか計《ばかり》〱（どれほど、どれほど）御悦《おんよろこび》（お喜び）申上候。私も誠ニ御安事申上、後なから先年より神〱《かみがみ》をいたし居《お》り候所《そうろうところ》、存《ぞん》の外《ほか》（思いの外）かる〱《がる》（軽《かる》々）相済候《あいすみそうろう》沙汰《さた》下《くだ》され何寄《なにより》〱大安心いたし候。其儀《そのぎ》ハ御酒も御止《やめ》成《な》され候由《そうろうよし》、猶々《なおなお》安心いたし候。此度《このたび》もそもし殿（貴方《あなた》様）、宗七朗《そうしちろう》始《はじめ》、近藤様親類、御ほねおり成され候由、かい（甲斐）も御さ候て丁目《ちょうめ》〱（運もよくよく）御めてたく御悦申上候。此上《このうえ》ハとふそ（どうぞ）大事ニ御勤《おつとめ》なされ候様存上候《そうろうようぞんじあげそうろう》。

そもしとの（貴方様）初《はじめ》おくに（お邦）も嘸々《さぞさぞ》心配と日々《ひび》申《もうし》くらし（暮らし）候。扨又《さてまた》誠ニめつらしき（珍しき）おんしやく（御試薬《おんしやく》）御廻《おまわ》し下され、御添先年《おんそえせんねん》（去年）より承《うけたまわ》り居候《おりそうら》へとも、とゝのへ（調《ととの》え＝調合）候も出来不申《できもうさず》、とふほしく（乏《とぼ》しく）と存居候所《ぞんじおりそうろうところ》、御《おん》いたいけ（幼《いた》気《いけ》＝いじらしいこと）ニ御《おん》とゝのへ下《くだ》され、さっそく御思《おぼ》し下され、いか計《ばかり》（どれほどか）之《これ》よろしく、さっそく用《もち》ひ申候《もうしそうろう》。御《お》かけ（お陰《かげ》）ニてさむさ（寒《さむ》さ）をしのき（凌《しの》ぎ）候御事《そうろうおんこと》、有《あり》かたく（有り難く）、代《だい》（お金）まて御思《おぼ》し下され、重々《じゅうじゅう》うれしく誠ニ御礼の申上尽《もうしあげつく》しかね候。そもしとのニも何かと不自由かちニ御出成《おいでな》され候半《そうろうなかば》といか計《ばかり》、御さっし（察《さっ》し）申候。其中《そのなか》ニてもわたくしニ御いたいけ（いじらしく）成され候事、なミた（涙）の出《いで》候様《そうろうのよう》ニうれしく存候《ぞんじそうろう》。

当年ハ朝夕ま事《こと》ニ（誠に）御寒強《おんさむさつよく》御座候間《ござそうろうあいだ》（ですので）、別而《べっして》（とくに）有難くたへす（絶えず）用《もち》ひ候。篤司《とくし》様（母の長男、石城の兄）も御供《おとも》の節抔《せつなど》ハていほう（重宝《ちょうほう》）いたし候事ニ御さ候。只今ハそもしとの（貴方様）、其内御見合成《そのうちおみあいな》され、御出《おいで》され候やう御待《おまち》申上候。

おきぬ事も丈夫ニ成人（成長）いたし候由、嘸々《さぞさぞ》あいらしく（愛らしく）成り候事と存候。とふか（どうか）そもしとの（貴方様）ハ午透《うますくい》（午の透《す》かし紙）の節、おきぬ形《かたち》を御うつし（写《うつ》し）なされ、私ニ御見《おみ》せ下され度《たく》御たのミ（お頼《たの》み）申候《もうしそうろう》。私もとても近々《ちかぢか》の内、其御地《そのおんち》（忍城下）へ御参られ不申《もうさず》と、もはや（最早《もはや》）あきらめ（諦《あきら》め）の申候間《もうしそうろうあいだ》（ですので）、何とも御めんとう（面倒《めんどう》）なから、え（絵）になり御めもし（御目文字《おめもじ》＝お目にかかる）いたし度《たく》、御たのミ申上候。

扨又《さてまた》、御本家尾崎ニも正月十四日御死去成され候由《そうろうよし》（だそうで）、御きのとく（気の毒）の事ニ御さ候。そもしとの（貴方様）御友達御大病《おともだちごたいびょう》の由《よし》、となた（何方《どなた》）に御さ候や、御安事《ごあんじ》申上候。若林ニ而《て》も又々御縁女不えんの由、是又《これまた》御きのとく（気の毒）の御事《おんこと》ニ御さ候。とかく御縁無之《ごえんこれなき》て御困《おこま》りの御事《おんこと》と存候《ぞんじそうろう》。

此御地《このおんち》（江戸）ニ而《て》も元日初《はじめ》、いろ〳〵の御事《おんこと》御さ候て、誠ニおたやか（穏《おだ》やか）ならぬ事ニ御座候。此節《このせつ》の世からニ而《て》ハ御国《おくに》（忍城下）の方しつか（静か）にてよろしくと存候。

跡先《あとさき》なから冬ニては歳暮御文《せいぼおふみ》（手紙）下され、殊《こと》ニ何寄《なにより》の御品《おしな》御祝ひ下され、誠に〳〵うれしく、さっそく（早速《さっそく》）色々にていほう（重宝《ちょうほう》）いたし候。（中略）

当年ハ小袖帯《こそでおび》も御座なく、いまた（未《いま》だ）御ちちうへ（父上）にも参り不申《もうさず》。横山より度々参り候間《そうろうあいだ》（ですので）、さっそく（早速）御伝言申上候、又々《またまた》よろしく申度候《もうしたくそうろう》。

当年は鎮坊（鎮吉）死去いたし、誠にかっかり（がっかり）致し候。此間《このあいだ》、そもしとの（貴方様）の御手紙拝見いたし、打寄《うちよせ》三人ニてなミた（涙）にくれ候。かへらぬ御事なから思ひ出し候《そうらい》てハなき（泣《な》き）居候《おりそうろう》。御さっし下さるへく候。

夫《それ》ニ付けても、そもしとの（貴方様）初《はじめ》丈夫《じょうぶ》ニ御出成《おいでな》され候様《そうろうよう》ニ、朝夕夫《あさゆうそれ》のミいのり（祈《いの》り）居候《おりそうろう》。私も先々《さきざき》つよき（強き）事もなく、丈夫《じょうぶ》ニ御さ候間《そうろうあいだ》（ですので）、御安事《ごあんじ》（心配）成されましく候。つね（いつも行く所＝酒店と料亭）へハ相替《あいかわ》らす御出成《おいでな》され候や、是又《これまた》いとと（いっそう）御あんし（案《あん》じ＝心配）候。そもしとの（貴方様）ニハ御酒はあまり（余り）すき（過《す》ぎ）ぬ様御上《おあが》り成さるへく候。（中略）

進殿へ別々御文不申上《おふみもうさずうえ》よろしく御伝言たのミ申候。こなた（此方）いつれも（何《いず》れも）御しうき（御祝儀《しゅうぎ》）よろしく申上度《もうしあげたく》申出候《もうしでそうろう》。まん〳〵年めてたく（万々年《まんまんねん》めでたく＝いついつまでも目出度い日々がつづきますように）、以上。

早之《ママ》助との　人々中《ちゅう》（皆々様によろしく）

浅井母」

母は進への藩の咎めに心を痛め、神々にお祈りをつづけていた。それが赦免されたことを石城からの手紙で知って喜び大いに安心する。思いのほか軽くて早く赦免になったといい、石城を始めご親戚の人たちの赦免嘆願の働きが功を奏し、運もよかったと胸をなでおろす。これからは気をつけて大事に勤めるようにと願い、そして過酒のことにも気にかける。石城はこの際に禁酒することを母に手紙で告げていたらしく、母はなお安心したという。母にはこれ以上心配をかけまいという思いであろう。しかしながら石城の酒好きは変わらず、友人たちが見舞いにきたときにもいっしょに酒を飲み、大晦日の除夜には邦子の酌で大酔いする。さらに四月八日の龍源寺での花まつりの夜には大酔いして暴れまわり、そこら辺の障子を破り壊し、床の根太までを打ち抜いてしまう。

母はまた、進が昨年贈ってくれた懐炉《かいろ》と薬灰《やくばい》にも、そのお蔭で寒さを凌ぐことができると非常に喜ぶ。そして石城が贈った歳暮の二朱にも感謝し、彼のいじらしい親孝行に涙が出るほどに嬉しいともいう。そして当年の朝夕は誠に寒さが厳しく、兄が藩主の御供に付いていくときにもそれを重宝し、とくに有り難く用いているという。進と石城のちょっとした心づかいが、江戸の母と兄たちを心温かくしていた。

邦子の赤子のおきぬについても、さぞ愛らしくなったであろうと、先々そちらへ行けそうもないので、得意の似顔絵を描いて送って欲しいともいう。また長徳寺の篤雲和尚の病のことも名を伏せて伝えていたのか、そのことについても母は優しく気づかう。そして江戸はこのごろ坂下門外の変などが起こり、日本の行く末をめぐって騒がしくなってきたが、石城が暮らす所はまだ静かであろうとうかがう。

母は浅井家を継いだ兄夫婦と暮らしていたが、孫の鎮吉が正月一五日に突然の風邪の病で早世《そうせい》してしまった。それから一か月半ほどを経たこの母からの手紙のなかでも、石城の慰めの手紙を読んで「打寄《うちよせ》二人ニてなミた（涙）にくれ候」と記す。その文には、母と兄夫婦の深い哀しみの様子が切々と伝わってくる。

父はすでに亡くなっている。当年は小袖帯《こそでおび》がないので父上のお参りには行っていないという。小袖帯とは表着《おもてぎ》（外出着）のことであり、当年はそれがないというから最近まで所持していたようだ。鎮吉の病の治療代に当てるためにそれを典《てん》（質入れ）したものかと思われる。とすれば、母と兄の家もかなり窮しているようだ。

石城も昨年の九月九日の重陽の節句に着ていく寒服《かんぷく》（袷《あわせ》の着物）がないので、風邪の仮病をしてまで行くのを止めようとした。だが本当に風邪を引いてしまい、それを幸いと思っていたところへ進が帰り、そのようなことをさせたくないので、粗末だけれどこれを使って欲しいと差し出す。それは進がどこかで調達してきた袷の着物であった。そのことは自宅の風景のなかでですでにのべた。

石城は髪結い代のたった二八文にも窮することもあり、それを親友の岡村から借りる。しかし昨年の一二月一日には一両三朱、さらに暮れの歳暮には篤雲和尚に弐朱、母にも弐朱を贈っている。また親友の岡村にしても有り金の弐朱すべてを窮する篤雲に差し出していた。このような不安定な下級武士たちの窮する暮らしではあっても、晴の場所へ出るときは身支度を整えてけじめをつけ、そして人へのするべきことはきちんとした。そこに武士の誠実な価値観と生きざまをうかがい知る。

この母の手紙は最後まで石城のことを気づかう。いつもよく行っていた酒店や料亭には、今も行っているのかと尋ね、あまり過ぎないようにと優しくたしなめ、健康面をも心配して朝夕そのことを祈りつづける。ここにはいくつになっても、いつの時代も、子を思う母の心が綴られている。

おきぬと買い物

石城は姪のおきぬをすこぶる可愛がる。今日はおきぬを連れてすぐ近くの金毘羅《こんぴら》に参り、その後におもちゃの手遊びを買いに出かけた。

――二月十日晴

「(前略)朝、おきぬを抱《だい》て金毘羅に賽《さい》し、大黒屋《だいこくや》に至りて手遊ひ求めかへる。いと(とても)あいらし(愛らし)。(後略)」

大黒屋《だいこくや》とはおもちゃ専門の店であろうか。このような店がすでに江戸時代の地方城下町にあったとは興味深い。その風景が 図179 である。大黒屋の店の間には、斜めに置かれた箱のなかにいろいろな小さな人形がいっぱい並べられている。石

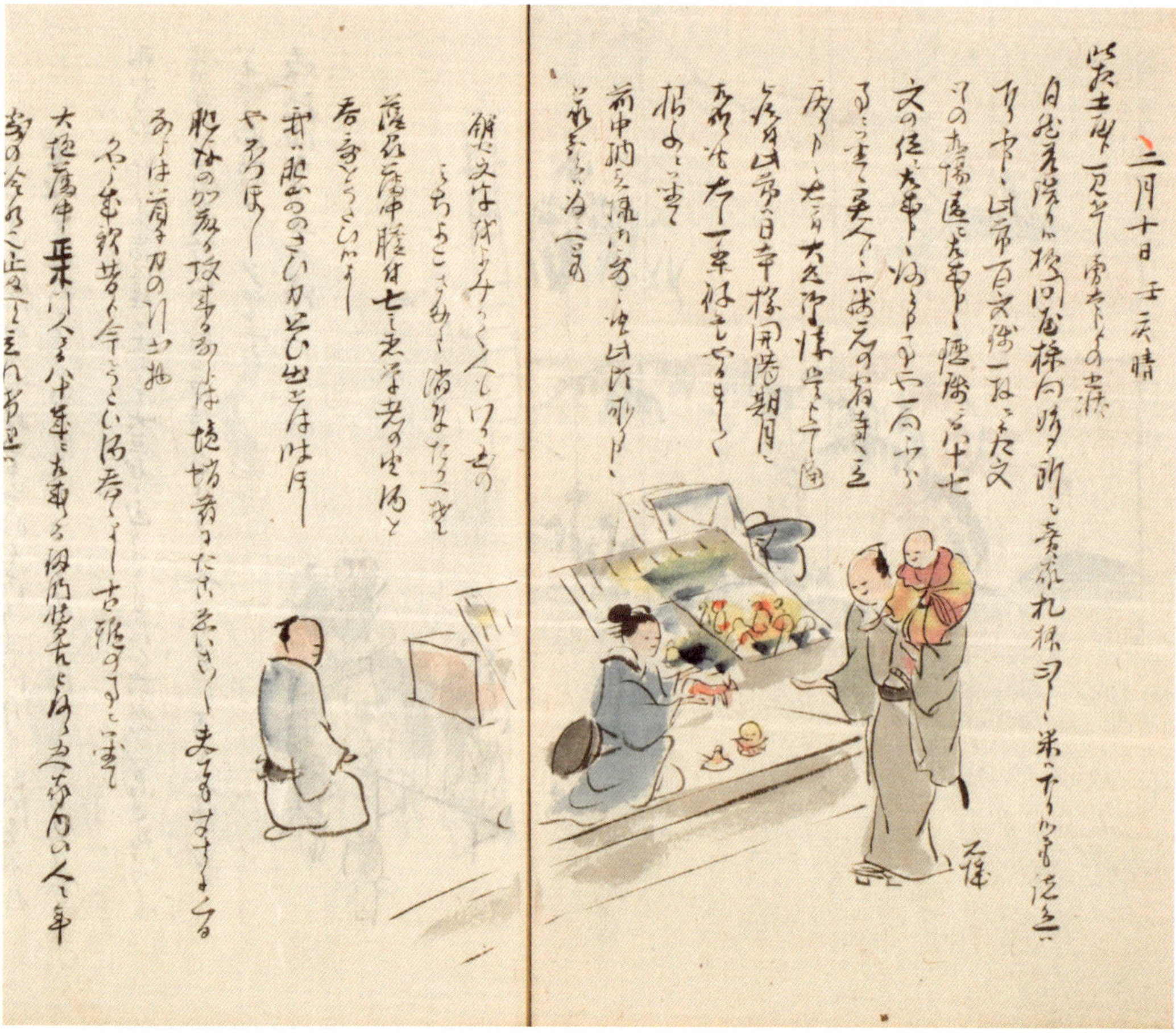

図 179　おきぬと買物

城はおきぬを左肩に担ぎながら馬の手遊び人形を買う。それをおきぬが手を差しのべて欲しがっているようだ。石城はこのおきぬをとても愛らしいと記し、可愛くて可愛くてたまらないようだ。しかも挿し絵に描かれたおきぬの首元のよだれかけがとくに可愛い。左手には店の主人が坐ってその風景をにこやかに眺めている。石城にとっては心休まるひとときであった。

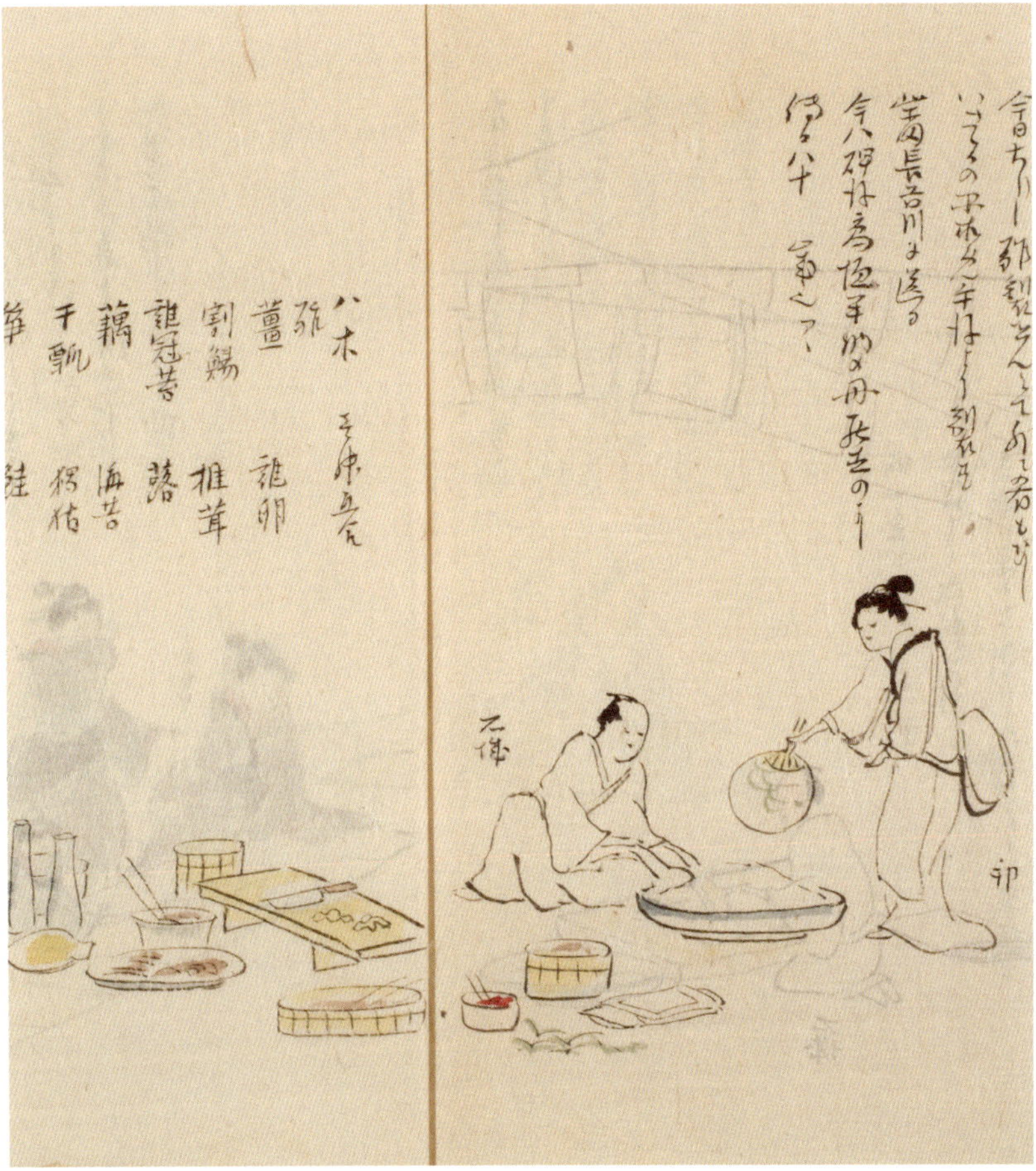

図 180　妹とちらしずしをつくる

妹とちらしずしをつくる

また妹の邦子といっしょに料理することもある。今日はすこし離れた東照宮《とうしょうぐう》の祝い日なのでちらしずしをつくることになった。そのことをつぎに記す。

——鎮月《ちんげつ》（四月）十七日快晴

「東照宮の祝日とて、朝より参詣《さんけい》の男女多し。今日、ちらし酢《すし》製せんとて外《ほか》ニ肴《さかな》もなし。いさゝかの品《しな》求め、午後より製す。柴田、長谷川に送る。（後略）」

今日は東照宮の祝い日である。朝から参詣の男女が多い。午後になって妹といっしょにちらしずしをつくる風景が図180である。

大きな皿に炊きたてのご飯をたくさん盛り、石城はそれに酢を入れてしゃもじで混ぜ、前かけをした妹の邦子が熱いご飯を覚ますために団扇《うちわ》であおっている。その横には、ご飯に混ぜる酢やたくさんの具が用意され、石城がまな板で細かく切っていた。

その内容は「八木酢壱升五合、薑《はじかみ》（しょうが）、鶏卵《けいらん》、割鯣《わりずるめ》（するめ）、椎茸《しいたけ》、鶏冠苔《とさかのり》（鶏のとさかに似た海苔《のり》）、蕗《ふき》、藕《はす》（れんこん）、海苔《のり》、干瓢《かんぴょう》、独活《うど》、筍《たけのこ》、鮭《さけ》」と挿し絵に記し、きわめて多彩な食材で

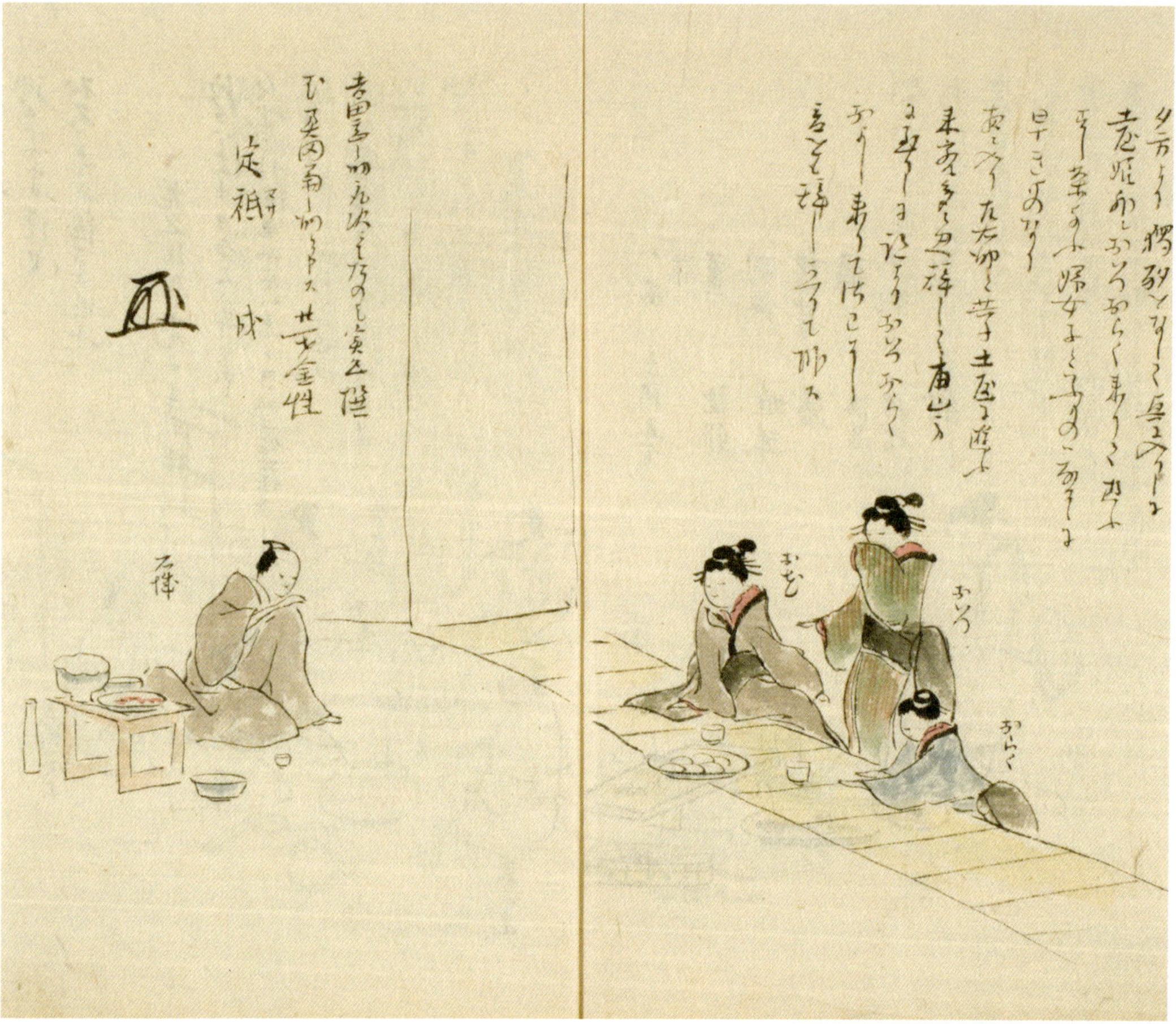

図 181　ひとり酒と近隣の娘たち

ある。そのちらしずしを柴田母と長谷川常之助に持って行く。

ひとり酒と近隣の娘たち

石城のひとり酒はたいがいが自宅での夕食時であるが、たまには夕暮れから飲むときもある。図181は、ちらしずしを妹とつくった日の夕暮れに、その具を肴にして自宅の座敷で静かに酒を飲んでいたところへ、近隣の娘たちが遊びにやってきた風景である。

娘たちは庭を通って縁にきたのであろう。その縁鼻で楽しそうにはしゃぐ。左手にいるのが近くに住む土屋仁右衛門の娘のお花であり、右手のおいろとおらくもこの近くに住み、お花とは友だちであろう。娘たちは、石城から出された饅頭とお茶を前にして、何が可笑しいのか笑いこけている。石城もそれに合わせて笑っていることから、彼が娘たちに何か面白い話を投げかけたのかもしれない。すこし騒がしいが、穏やかで心地よい夕暮れのやすらぎのひとときであった。

絵日記のつづきにはつぎのように記す。

「夕方より独酌《ひとりしゃく》をなして興《きょう》に入りしに、土屋娘外《ほか》おいろ、おらく来《きた》りて遊ふ」

あとがき――明治維新と石城たちのその後

この絵日記の六年後に日本は明治維新となる。明治元年一一月、石城は藩政改革の多大の功績により一連の咎めを赦免され、藩校培根堂《ばいこんどう》の教頭となる。彼の才能がやっと認められたといえよう。しかし明治四年の廃藩によって藩校は廃止される。その後石城は、仙台県に出仕し大属、その後仙台県が宮城県に統合されたのにともない中属となる。租税事務の中位の役人である。そして明治九年一月二六日、その地で死去し、仙台元寺小路満願寺に葬られた（菊田定郷『仙台人名大辞書』）。享年四八であった。

一方石城の養子・進は、明治四年のころ名を藤馬と変え八六石に昇格し、銃士隊を経て埼玉県貫属士族を命じられる。石城が仙台で没した明治九年ごろは旧忍城下の成田町（旧武士地）に居住していた。おそらく石城は独身のまま仙台にてその波瀾万丈な生涯を閉じたが、進（藤馬）と妹の邦子、それに姪のきぬはその地で仲よく暮らしつづけたにちがいない。

残念ながら土屋と岡村などの友人たち、さらに寺の和尚たちの消息は知る由もない。石城が毎日のように通った猷道和尚の龍源寺、和術稽古をした篤雲和尚の長徳寺は明治の廃《はい》仏毀釈《ぶっきしゃく》で廃寺となったが、幸い大蔵寺や清善寺、遍照院は今も残っている。そして、石城が描いた軸物絵一点が忍東照宮に残され、行田市郷土博物館に所蔵されている。

石城年譜

年	月	年齢	石城とその一家の動き	世の動き
文政一二年（一八二九）		一歳	庄内藩江戸詰め武士浅井勝右衛門の子として生まれる。名は舒之助、貞幹。	幕府、シーボルトを国外追放（一八二九・九）
弘化三年（一八四六）	八月	一八歳	忍藩尾崎家の養子となる（八代目）。名を一～六代目の隼之助に倣って隼之助に改める。七代目の養父（竹之助）は咎めにより隠居中。石城は家督相続小普請入り、在所（国許）の勝手を命じられる。	アヘン戦争（一八四〇～四二）
嘉永三年（一八五〇）	一二月	二二歳	養父の咎めが赦免され御馬廻りを命じられる。	
四年（一八五一）	九月	二三歳	石城への咎めにより、小普請入り、逼塞、在所への引っ越しを命じられる。その後永慎（ながのつつしみ）を命じられる（江戸詰めか？）。	
六年（一八五三）	四月	二五歳	二年前に逼塞と在所勤務が命じられ、その日延べがされていたが、「此度之次第」のため早々に在所への引っ越しが命じられる。	ペリー浦賀へ（一八五三・六）
	九月		同年四月の在所への引っ越し命令は不調があったがために「以前と相心得候様」と命じられる。（江戸詰めに戻されたか？）	日米和親条約（一八五四・三）
安政二年（一八五五）	三月	二七歳	永慎が許される。	
	一〇月		在所への引っ越しを命じられる。	
四年（一八五七）	二月	二九歳	咎め（上書による？）のため小普請入り、逼塞、在所への引っ越しを命じられる（それまで江戸詰めであったか？）。その後永慎（江戸詰めか？）、そして隠居を命じられ、一〇〇石前後の知行も召し上げられる。	ハリス、江戸城で将軍に米大統領親書を提出（一八五七・一〇）
	四月		石城の養子に入った九代目隼之助が家督相続、新たに一〇人扶持が与えられ、小普請入りとなる。	井伊直弼大老就任（一八五八・四）
六年（一八五九）	八月	三一歳	養子の九代隼之助病死。	橋本左内、吉田松陰処刑（一八五九・一〇）
	九月		柴田家の進、急養子にて石城の家に入る。一〇人扶持の家督相続、小普請入りが命じられる。石城は進の養祖父となる。進の妻は石城の妹邦子。	桜田門外の変。大老井伊直弼水戸浪士に暗殺される（一八六〇・三）

文久元年（一八六一）	五月	三三歳	進、御馬廻りを命じられる。	
	六月		しばらく江戸で暮らした石城帰藩、絵日記を書き始める。	米公使通訳官ヒュースケン、薩摩藩士らに斬殺（一八六〇・一二）
	一〇月		夜に中小足軽集会行われる。藩政への不満続出か？	水戸浪士ら高輪東禅寺英国仮領事館を攻撃（一八六一・五）
	一一月		進、皇女和宮下向による熊谷通與のため、その警護に出立。	皇女和宮江戸到着（一八六一・一一）
	一二月		進、二か月前に行われた中小足軽集会にて、過酒による不行跡により、逼塞と小普請入りを命じられる。石城一家は閉居となる。その後、翌年一月の赦免まで、大勢の友人知人たちが見舞いと励ましに訪れる。 二六日、進の長女きぬの一歳の誕生日。	
二年（一八六二）	一月	三四歳	八日、進の逼塞赦免。	坂下門外の変。老中安藤信正水戸浪士に襲撃される（一八六二・一）
三年（一八六三）	一〇月	三五歳	石城、たびたび他出しており、「行田町江借宅一件」のため仏参も差し留めとなる。進、養祖父の不心得のため差控を命じられる。	長州藩、下関で米商船を砲撃（一八六三・五）米仏が報復攻撃（同年六）薩摩藩英艦隊と交戦（同年七）
元治元年（一八六四）	七月	三六歳	進、御馬廻りを命じられる。	天狗党筑波山で決起（一八六四・三）
慶応三年（一八六七）	一〇月	三九歳	進、表銃隊予備を命じられる。	薩長連合成立（一八六六・一）
明治元年（一八六八）	一一月	四〇歳	石城、一連の咎めを赦免され、藩校培根堂の教頭を命じられる。藩校はその年の九月に忍藩の藩政改革によって設立。	戊辰戦争始まる（一八六八・一）
四年（一八七一）		四三歳	藩校廃止。石城は後に仙台県大属、宮城県中属となる。租税事務を担任し、当時勢力あり。進はこのころ藤馬と名を変え、八六石に昇格。一一月、進（藤馬）、埼玉県貫属士族を命じられる。	廃藩置県（一八七一・七）
九年（一八七六）	一月	四八歳	二六日、石城死去、仙台元寺小路満願寺に葬られる。進（藤馬）はこのころ旧忍城下の成田町に居住。	神風連の乱、秋月の乱、萩の乱（一八七六・一〇）

典拠）『従先祖之勤書』行田市博物館所蔵・尾崎家文書／『旧忍藩士官歴秩禄集 1』行田市博物館所蔵・柴田家文書／菊田定郷『仙台人名大辞書』続「仙台人名辞書刊行会」、昭和五六年／石島薇山『新修忍の行田』行田時報社、昭和二年／『松平家分限帖』行田市博物館所蔵／『庄内藩諸役前録』鶴岡市立図書館所蔵

石城真蹟画

忍東照宮所有・行田市郷土博物館提供

大岡敏昭　おおおか・としあき

1944年、神戸市生まれ。熊本県立大学名誉教授。九州大学大学院工学研究科博士課程（建築学専攻）修了。工学博士。歴史は現代の問題から遡るべきとの理念をもって、古代から現代にかけての日本住宅と中国住宅、およびその暮らしの風景を研究している。主な著書に『日本の住まい　その源流を探る―現代から古代、中国の住まい』（相模書房）、『清閑の暮らし―陶淵明、白楽天、兼明親王、慶滋保胤、西行、鴨長明、芭蕉、良寛たちの家と暮らしの風景をたどる』（草思社）、『江戸時代の家―暮らしの息吹を伝える』（水曜社）、『三人の詩人たちと家―牧水、白秋、啄木、その暮らしの風景』（里文出版）、などがある。

新訂《しんてい》　幕末下級武士《ばくまつかきゅうぶし》の絵日記《えにっき》
――その暮《く》らしの風景《ふうけい》を読《よ》む

発行日　二〇一九年四月二十五日　初版第一刷
二〇一九年十二月三十一日　初版第二刷
二〇二三年六月八日　初版第三刷

著　者　大岡 敏昭
発行者　仙道 弘生
発行所　株式会社 水曜社
〒一六〇―〇〇二二
東京都新宿区新宿一―三一―七
TEL　〇三―三三五一―八七六八
FAX　〇三―五三六二―七二七九
URL　suiyosha.hondana.jp
装　幀　西口雄太郎（青丹社）
印　刷　株式会社 丸井工文社

　ISBN 978-4-88065-459-1　C0021